2015年　第1卷
VOL.1，2015

金砖国家法律评论

BRICS LAW REVIEW

西南政法大学金砖国家法律研究院　主办

主编　邓瑞平

厦门大学出版社
XIAMEN UNIVERSITY PRESS
国家一级出版社
全国百佳图书出版单位

图书在版编目(CIP)数据

金砖国家法律评论. 第1卷/邓瑞平主编. —厦门:厦门大学出版社,2015.10
(金砖国家法律评论)
ISBN 978-7-5615-5759-4

Ⅰ.①金…　Ⅱ.①邓…　Ⅲ.①法学-文集　Ⅳ.①D90-53

中国版本图书馆 CIP 数据核字(2015)第 227379 号

官方合作网络销售商:　当当 dangdang.com　亚马逊 amazon.cn　JD 京东.COM

厦门大学出版社出版发行

(地址:厦门市软件园二期望海路 39 号　邮编:361008)
总 编 办 电 话:0592-2182177　传真:0592-2181406
营销中心电话:0592-2184458　传真:0592-2181365
网址:http://www.xmupress.com
邮箱:xmup @ xmupress.com
厦门市明亮彩印有限公司印刷
2015 年 10 月第 1 版　2015 年 10 月第 1 次印刷
开本:720×1000　1/16　印张:16.5　插页:2
字数:290 千字
定价:68.00 元
本书如有印装质量问题请直接寄承印厂调换

金砖国家法律评论
学术顾问委员会
（以姓名英文字母先后为序）

一、中国专家

陈高山　　陈　敏　　丁　丁　　丁丽柏　　伏　军
冯　果　　顾敏康　　何　力　　孔庆江　　刘想树
刘　颖　　卢代富　　慕亚平　　邵京春　　孙长永
沈四宝　　石静霞　　汤　巍　　唐忠民　　王玫黎
王　瀚　　汪　鑫　　谢石松　　杨国华　　杨　松
岳彩申　　张庆麟　　张宪初　　张晓君　　张　怡
赵万一　　周余云

二、外国专家

Alexandre Gossn Barreto（Brazil）

Bordunov V D（Russia）

Evandro Menezes de Carvalho（Brazil）

Ivana Amorim de Coelho Bomfim（Brazil）

Kapustin A Ya（Russia）

Karamkarian R A（Russia）

Kartashkin V A（Russia）

Olga Berzin（Russia）

Reinaldo Guang Ruey Ma（Brazil）

Rodrigo do Val Ferreira（Brazil）

Stardubtzev G S（Russia）

Zhdanov N V（Russia）

金砖国家法律评论

2015 年第 1 卷

名誉主编	张国林　付子堂			
编委会成员	曹兴权	高维俭	管光承	胡仁智　梅传强
	潘国平	任惠华	盛学军	孙　鹏　谭宗泽
	唐　力	王　衡	汪太贤	徐　泉　徐以祥
	许明月	杨丽艳	袁　林	张晓君

主　　　编　邓瑞平

副　主　编　张建文　刘　新

编　　　辑	陈咏梅	冯静如	刘　彬	刘　畅　刘元元
	田　路	徐　鹏	徐智莉	张春良　张剑波
	张芷凡	周　卉	周　江	岳树梅

本 卷 编 辑　邓瑞平　徐智莉

通信单位： 西南政法大学金砖国家法律研究院《金砖国家法律评论》编辑部

通信地址： 重庆市渝北区宝圣大道 301 号

邮政编码： 401120

电子邮箱： bricslawreview@126.com，bricslegalreview@126.com

BRICS LAW REVIEW
Vol.1,2015

Chief Honorary Editors: Zhang Guoling   Fu Zitang

Editor Committee:

Cao Xingquan	Gao Weijian	Guan Guangcheng	Hu Renzhi
Mei Chuanqiang	Pan Guoping	Ren Huihua	Sheng Xuejun
Sun Peng	Tan Zongze	Tang Li	Wang Heng
Wang Taixian	Xu Quan	Xu Yixiang	Xu Mingyue
Yang Liyan	Yuan Lin	Zhang Xiaojun	

Chief Editor: Deng Ruiping

Vice Chief Editor: Zhang Jianwen Liu Xing

Managing Editors:

Chen Yongmei	Feng Jingru	Liu Bin	Liu Chang
Liu Yuanyuan	Tian Lu	Xu Peng	Xu Zhili
Zhang Chunliang		Zhang Jianbo	Zhang Zhifan
Zhou Hui	Zhou Jiang	Yue Shumei	

Editors of This Volume: Deng Ruiping   Xu Zhili

Address: Academe of BRICS Laws, Southwest University of Political Science and Law

Add: No.301, Baosheng Avenue, Yubei District, Chongqing, China

Post Code: 401120

E-Mail: bricslawreview@126.com, bricslegalreview@126.com

目录
CONTENTS

✴ 彭德雷　费秀艳*

WTO 多边贸易体制下金砖国家的治理参与与合作研究

内容摘要：金砖国家备受世界关注，作为一支新兴的力量，它对 WTO 多边贸易体制的发展走向和未来世界格局变化有着重要的影响。习近平主席将俄罗斯作为上任后访问的首站，凸显出金砖国家对中国大国战略的重要性。一方面，金砖国家是多边贸易体制的坚实维护者，为多边贸易体制的发展贡献自己的资源和智慧，积极参与争端解决和各议题的谈判，借助国际规则维护自身利益，但依然存在参与赤字。另一方面，金砖国家内部存在贸易摩擦，尤其是金砖其他国家对中国的贸易调查日趋严重。因此，作为一个整体，金砖国家必须拓展和创新合作模式，实现互利共赢。

关键词：WTO　多边贸易体制　金砖国家　治理与合作

---

* 彭德雷（1984—　），男，华东理工大学商学院国际商法教研室讲师，法学博士，主要研究方向为国际贸易制度、国际经济法和世界贸易组织法；

费秀艳（1980—　），女，中国人民大学博士研究生，爱尔兰都柏林大学法学博士。

基金资助：本文为第一作者主持中国法学会部级课题"中国视角下的金砖国家贸易合作机制研究"（CLS2013D231）以及上海市社科规划课题（2013EFX005）的阶段性成果。

高盛集团在对金砖国家的研究中指出,中国有望在2027—2035年间超过美国成为世界最大的经济体,印度则有望在2050年超过美国。整体而言,金砖国家经济总量有望在2032年超过由发达国家组成的G7(七国集团)。① 按照这一预判,到2050年,世界经济格局或将重新洗牌,全球新的六大经济体将变成中国、美国、印度、日本、巴西和俄罗斯。然而这毕竟是一种预测,未来结果还有待现实的检验。更应关注的是,在WTO中金砖国家面临着双重挑战:外部"参与赤字"与内部"南南摩擦"。在此以WTO为分析框架,实证研究金砖国家在多边贸易体制下的治理参与和合作。

一、多边贸易体制下的金砖国家:"入关"与"入世"

(一)金砖国家的"入关"

"二战"后,国际贸易组织(ITO)胎死腹中,GATT以协定的方式维持多边贸易体制近48年之久。事实上中国作为战胜国,同印度、巴西都是GATT的原始缔约方。受"冷战"思维和美苏争霸的影响,俄罗斯长期缺席GATT和WTO,南非由于当时仍属英联邦成员,因此未以独立身份作为GATT缔约方。需要指出的是,中国尽管是GATT的原始缔约方,但受国内政治格局的影响,中途退出该协定。新中国成立后,长期受到西方世界的孤立,所以直到1982年,中国才成为GATT的观察员列席缔约国大会,直到1995年WTO成立,中国开始由"复关"转为"入世"的谈判。

巴西、印度尽管一直保有GATT原始缔约方的地位,但在GATT最后一轮乌拉圭谈判中,对新增的服务贸易和知识产权议题持谨慎态度。然而,20世纪80—90年代,两国都面临国内经济发展的改革和转型。巴西当时国内面临债务危机,急需摆脱经济停滞,因此着力推动国内产业由"进口替代型"战略向"出口导向型"转变。印度自1947年独立后一直保持相对封闭的经济发展模式,1991年正式展开经济自由化改革,实施结束国营公司垄断、扩大市场准入和减少外资审批等措施。此后,印度服务业(如IT产业)得到迅速发展,并希望谈判中扩大自然人流动(服务贸易模式四)领域的开放。巴西、印度国内改革,与正在进行的GATT第八轮乌拉圭回合时间表正好一致,最终使得两

---

① Goldman Sachs, BRICs and Beyond: Global Investment Research - November 2007, p.155.

者接受了乌拉圭回合的各项议题。

(二)金砖国家的"入世"

经过长达 15 年的马拉松谈判,中国于 2001 年成为 WTO 的第 143 个成员。巴西和印度则由 GATT 原始缔约方自动成为 WTO 的原始成员方。南非作为原始成员方于 1995 年加入 WTO。经历了 19 年的谈判历程,2012 年俄罗斯正式成为 WTO 第 156 个成员。自此,预示着作为新兴经济体代表的金砖国家全部纳入到 WTO 多边贸易体系中。事实上,金砖国家对于加入WTO,最初都心存疑虑。如前所述,巴西和印度最初对于乌拉圭回合新议题持保守态度,中国则担心"入世"或将"引狼入室",俄罗斯国家杜马则仅以 238票对(需要获得至少 226 票才能通过)208 票的微弱优势通过"入世"协议。

金砖国家的"入世"更是几经挫折。由于中国和俄罗斯并非 WTO 的原始成员方,且经济总量巨大,因此"入世"需要与 WTO 每一个成员进行双边谈判,道路漫长艰辛,成本高昂。此外,作为新成员,中国还承担了所谓的"超WTO 义务"(WTO-plus),①如长达 15 年的"非市场经济国家"地位、过渡期特殊保障措施、过渡期每年一次的贸易政策审议以及将涉外法律条文翻译成英文等特殊要求。与之相比,WTO 中有关发展中国家的"特殊和差别待遇"则含糊其辞。由于产业结构和国内改革的需要,巴西和印度都经历了对新议题由最初保留到最后接受的立场变化。南非作为发展中国家,为了不被边缘化,其"入世"代表了典型发展中国家的普遍心态。总之,从历史和现实发展的角度而言,金砖国家的"入世"显示出全球化和多边贸易体制的强大力量,同时也是金砖各国现实发展的必然选择。

二、WTO 中金砖国家的治理参与:关键人物与关键机构

(一)WTO 关键人物与金砖国家

WTO 作为当今最大的国际经济组织,维持了目前世界贸易基本秩序。在 2014 年 WTO 官方推荐的出版物《世界贸易组织的历史与未来》中,详细介绍了 WTO 自 1995 年至 2012 年 106 位关键人物,范围仅限于 WTO 总干事、

---

① See Julia Ya QIN, "WTO-Plus" Obligations and Their Implications for the World Trade Organization Legal System: An Appraisal of the China Accession Protocol, *Journal of World Trade*, Vol.37, Issue 3, 2003, pp. 483-522.

副总干事、总理事会主席、上诉机构法官(还有如"WTO之父"杰克逊教授等少数旗帜性人物)。如果涵盖2013年新一届总干事和副总干事则共计111位,WTO中国籍副总干事易小准和上诉机构法官张月娇,位列其中。关键人物来源国籍如下表(表1)所示。

表1　WTO关键人物的来源分布(人数相同按国家拼音先后排列)①

排名	国籍	人数	排名	国籍	人数
1	美国	19	15	澳大利亚	2
2	巴西	8	15	爱尔兰	2
2	英国	8	15	菲律宾	2
4	加拿大	6	15	哥斯达黎加	2
5	新西兰	5	15	韩国	2
5	印度	5	15	肯尼亚	2
7	德国	4	15	尼日利亚	2
7	法国	4	15	西班牙	2
9	埃及	3	15	意大利	2
9	墨西哥	3	15	中国	2
9	挪威	3	15	智利	2
9	瑞士	3	27	泰国	1
9	日本	3	27	南非	1
9	乌拉圭	3	……		
15	比利时	2	……	俄罗斯	0

　　基于统计的研究发现,WTO关键人物中的总干事、副总干事一般曾担任驻WTO代表、驻其他国家及国际组织的负责人等。上诉机构成员则多为法学教授或国内贸易官员,他们经贸和法律功底深厚。一个明显的特征是在这些关键人物中,有95位具有北美或是英国教育背景,其中又有29%的人在北美或是英国研习过法律。基于美国的贸易地位,美国籍关键人物共计19位,比例近1/5,其中不少出自美国贸易代表办公室。根据统计,金砖国家的关键

---

　　① 根据WTO官方推荐书籍Craig VanGrasstek, *The History and Future of the World Trade Organization* (World Trade Organization Press, 2013)整理并有补充,截至统计日期2014年4月1日。

人物共计 16 人,比例约为 14.4%,数量少于美国一国。由于中国"入世"较晚,基础较薄弱,所占比例不到 2%,这实际上反映出中国参与国际事务能力的不足和国际一流人才的匮乏,将影响中国的话语权。由于俄罗斯 2012 年 8 月"入世",因此暂无人员列入。

(二)WTO 关键机构与金砖国家

WTO 司法裁判机构的人员结构在一定程度上反映出各成员在 WTO 中的参与水平。除俄罗斯外,其他四国均有人员担任或曾任 WTO 上诉机构成员(如表 2)。同时一个很明显的特征是从 1995 年到 2015 年,美国在上诉机构的位置从没有中断过。对中国而言,张月娇法官到期之后,能否顺利延续该席位,尚不确定,但应积极争取。与裁判相关的还有 WTO 专家组成员,尽管他们并非属于 WTO 的专门职位,但充分体现了一个成员参与 WTO 的能力和水平。目前为止,中国政府共推选了四批专家组成员,并有 19 位国内WTO 领域的专家、学者和官员入选 WTO 专家组指示性名单。但目前只有张玉卿于 2007 年参与了厄瓜尔提出的香蕉执行案的审理,参与实际案件审理的人员极少,这和中国的国际贸易地位不相适应。同时,目前还没有专业律师进入中国推荐的专家组指示名单。

表 2　WTO 上诉机构大法官国籍分布①

国籍	法系	人员/任期	比例(按任期计算)
美国	普通法系	3 人/5 任	12.5
日本	大陆法系	3 人/5 任	12.5
埃及	大陆法系	2 人/4 任	10
印度	普通法系	2 人/3 任	7.5
菲律宾	多元法系	2 人/3 任	7.5
澳大利亚	普通法系	1 人/2 任	5
巴西	大陆法系	1 人/2 任	5
中国	大陆法系	1 人/2 任	5
南非	多元法系	1 人/2 任	5
新西兰	普通法系	1 人/2 任	5
……			
俄罗斯	大陆法系	0	0

①　WTO 官方网站,统计日期截至 2014 年 4 月 1 日。

WTO另一关键机构是WTO秘书处。根据统计,金砖国家在WTO秘书处的总人数为39人,比例约为6%。从表3可看出目前金砖国家在WTO中秘书处的人员与美欧等成员,还有较大差距,这与金砖国家的贸易总量不成比例。尽管秘书处人员不代表任何国家,但他们却是宝贵的人力资源,如离职后可到国内任职等。今后,金砖国家可以考虑向WTO秘书培养输送更多人才,进一步增加WTO秘书处工作人员数量,增强在WTO事务中的参与质量。中国基于自身大国地位,更应积极参与WTO各项事务。

表3 WTO秘书处人员国籍来源排名(部分列举)①

排名	国家	女性	男性	总人数
1	法国	101	74	175
2	英国	50	15	65
5	美国	19	9	28
9	印度	2	10	12
12	澳大利亚	5	5	10
12	中国	6	4	10
16	巴西	3	5	8
……				
51	南非	0	1	1
	俄罗斯	0	0	0
总计		349	290	639

三、WTO中金砖国家治理参与的角色:支持者与变革者

(一)金砖国家作为WTO多边贸易体制的支持者

1.金砖国家领导层对多边贸易体制的支持。自2009年以来的金砖国家领导人历次会晤中,都强调多边贸易体系尤其是WTO领域的合作。如2013年《德班宣言》指出:重申支持公开、透明、基于规则的多边贸易体系,重申将致

———————————

① WTO官方网站,截至2014年4月1日。

力于维护国际法、多边主义的中心地位。[1] 2012 年《德里宣言》提及推动多哈回合取得平衡成果,加强和发展多边贸易体系。2011 年《三亚宣言》承诺并呼吁 WTO 其他成员支持以世界贸易组织为代表的强大、开放、以规则为基础的多边贸易体系。2010 年巴西《联合声明》重申推动多哈回合早日取得全面、均衡的结果,实现"发展回合"目标。2009 年《俄罗斯联合声明》敦促各方保持多边贸易体系稳定,遏制贸易保护主义。这些声明和呼吁表明了金砖国家对多边贸易体制的维护和支持。

2. 通过参与实践表达对多边贸易体制的支持。自"入世"至今,中国一直积极参与 WTO 的各项活动。在国际会议和国际谈判规则谈判方面,中国2005 年承办 WTO 大连小型部长级会议,2006 年参与承办香港部长级会议;同时顺利完成 WTO 对中国的历次贸易政策审议等。巴西曾精心筹办 WTO 争端解决十周年的年会,印度积极参与 WTO 规则谈判的提案工作,同时印度和巴西积极参与 WTO 争端解决,这显现出他们对该机制的信任。俄罗斯"入世"后,加速融入 WTO 各项谈判的进程,如 2013 年 5 月 29 日,俄罗斯作为政府采购协定的观察员,2013 年 9 月 13 日俄罗斯加入信息技术协定。[2] 南非"入世"后,按照承诺降低关税,目前产品平均进口关税为 7.6%。[3] "入世"后,南非在谈判的区域合作方面,十分活跃,目前是非洲集团、凯恩斯集团、G-20和非农 11 国(NAMA-11)等几个重要联盟的成员之一。

(二)金砖国家作为 WTO 多边贸易体制的变革者

1.利益共同体或集团化。WTO 成员目前正呈现出一种集团化的趋势。作为新兴经济体国家,为了能够在全球规则制定中反映自身的权利诉求,金砖国家结成利益共同体。在 WTO 登记的金砖国家参与的共同体中,最为突出的便是发展中成员 20 国协调组(G20),它由巴西牵头组成,其主张是在农业方面,大幅度实质性消减扭曲贸易的国内支持,实质性改善发展中成员的市场准入机会,取消农产品出口补贴等。它巩固了巴西等发展中成员在 WTO 中

---

[1]　参见 2013 年南非《德班宣言》。

[2]　http://www.wto.org/english/news_e/archive_e/country_arc_e.htm? country1＝RUS,访问日期:2014 年 4 月 1 日。

[3]　http://stat. wto. org/CountryProfile/WSDBCountryPFView. aspx? Language ＝E&Country＝ZA,访问日期:2014 年 4 月 1 日。

的地位,打破了美国、欧盟、日本和加拿大的"四方"格局。① 此外,中国和俄罗斯同为新加入成员组织(RAMs),共同主张允许新加入成员享受特殊灵活性待遇,在多哈回合中作出较低的减让,并给予相应过渡期。巴西和南非作为凯恩斯集团(Cairns group)成员,主张农业贸易自由化。巴西、印度和南非作为非农11国(NAMA-11),强调工业产品贸易领域的开放应为发展中成员提供灵活性。巴西和中国同为反倾销之友(FANs),强调在实施反倾销措施时的纪律性等。这些共同体和集团将有效强化各方的力量和声音,保证在新规则制定中有自己的一席之地。

2.WTO争端解决中的新提案。在争端解决方面,金砖国家积极提出改革新方案,强化WTO中发展中国家的"特殊和差别待遇"的具体落实。如中国提出"双重限制":第一,主张限制发达国家使用争端解决机制对发展中国家发起诉讼,如中国提出每年不超过2起;第二,如果发展中国家赢得诉讼,发达国家作为败诉方应该承担相关案件的费用。② 同时,金砖国家提出加强争端解决中第三方权利和发展中国家利益,涉及发展中国家的案件,必须至少有一名来自发展中国家的专家组成员。此外,金砖各国还就加强WTO规则和执行的透明度,如何提高争端解决效率,缩短保障措施和反倾销案件中的处理时间等相关议题提出建议,这些方案符合各方利益,应该相互支持。

总之,金砖国家在WTO中既是作为WTO多边贸易体系的支持者,同时又是变革者,这将会给既定的规则带来一些挑战并提出新的改革方案。但金砖国家一致维护WTO贸易与发展的目标是坚定的。③ 对中国而言,这与其"和平发展"的目标是一致的。

四、WTO中金砖国家的协调:南南摩擦与南南合作

(一)金砖国家的南南摩擦

在WTO层面,金砖国家间的争端目前共有3起,分别是巴西诉南非、印

① Paulo Sotero, Brazil's Rising Ambition in a Shifting Global Balance of Power, Politics, Vol. 30, No.1, 2010, pp.74-75.

② Amrita Narlikar, Martin Daunton, Robert M. Stern, The Oxford Handbook on the world trade organization, Oxford University Press, 2012, p. 267.

③ Amrita Narlikar, Martin Daunton, Robert M. Stern, The Oxford Handbook on the world trade organization, Oxford University Press, 2012, p. 271.

度诉南非以及印度诉巴西。中国、俄罗斯与金砖其他国家目前暂无 WTO 争端案件。尽管在 WTO 层面争端甚少,但在产业贸易救济方面,却是另一番景象,摩擦十分突出。尤其是金砖四国对中国的贸易调查有上升趋势,下表(表4)即为金砖四国对中国发起的贸易救济措施统计。

表 4　金砖四国对中国发起的贸易救济措施统计①

国别　　　对华措施	反倾销(含立案、正在实施、终止措施)	反补贴	保障措施	特别保障措施	合计
巴西	79	0	4	1	84
俄罗斯	8	0	10	2	20
印度	164	1	34	10	209
南非	40	1	3	0	44

尽管金砖各国强调反对贸易保护主义,但出于各自的经济利益,相互间依然存在大量的贸易救济案件。以反倾销为例(1995 年 1 月—2013 年 6 月),巴西、中国、印度、俄罗斯和南非对其他金砖国家发起的调查数量,比例分别为国内反倾销数量的 32%、9%、28%、33% 和 32%。中国是对金砖其他国家发起贸易救济最少的国家,却是遭受金砖其他国家贸易救济最严重的国家,金砖其他国家是中国贸易摩擦的重灾区。2013 年统计年鉴显示,中国 2012 年货物出口 20487 亿美元,其中对巴西 334 亿美元、对俄罗斯 441 亿美元、对印度 476 亿美元、对南非 153 亿美元,②中国与金砖四国货物出口比例合计为 6.85%。而根据 WTO 的统计,1995 年 1 月至 2013 年 6 月,中国遭受全球反倾销 951 起,其中金砖其他国家占据 267 起,年均比例为 28%。可见,比起中国对金砖其他国家的出口,来自金砖国家的贸易调查则显得十分突出。

(二)WTO 中金砖国家的南南合作

1. 南南合作的顶层设计与已有尝试。鉴于金砖国家"参与赤字"和内部摩擦的日趋频繁,应该加强金砖国家的合作。合作的顶层设计至少可以考虑

---

① 数据来源:根据 WTO 官方数据库以及商务部数据库整理(1995 年 1 月 1 日—2014 年 4 月 1 日)。根据 WTO 统计:1995 年—2013 年 6 月,巴西对全球共发起反倾销 297 起,中国共发起 208 起,印度共发起 690 起,俄罗斯共发起 30 起,南非共发起 222 起。

② 2013 年《中国统计年鉴》,http://www.stats.gov.cn/tjsj/ndsj/2013/indexch.htm,访问日期:2014 年 4 月 1 日。

以下方面。

首先,利用金砖国家领导人会晤契机,借助领导人《宣言》,强化多边贸易体制下的合作,减少贸易摩擦。如 2013 年 WTO 总干事竞选十分激烈,参选人数多达 9 位。在竞选前的《德班宣言》中,金砖国家明确提出"下任总干事应是来自发展中国家的代表"。这有效地促成巴西驻 WTO 大使罗伯托·阿泽维多(Roberto Azevêdo)担任新总干事。阿泽维多上任后提名了包括易小准大使在内的 4 位成员国贸易官员为副总干事,易小准也成为首位来自中国的 WTO 副总干事。需要说明的是,在竞选总共三轮投票中,中国都投给了阿泽维多,这是金砖国家在 WTO 这一重要国际组织中良性互动的表现。此外,金砖国家历次《宣言》中都强调支持俄罗斯早日加"入世"界贸易组织,这减少了其"入世"障碍,缩短了"入世"进程。

其次,在贸易摩擦方面,考虑将贸易救济合作议题纳入金砖国家领导人《宣言》。在所有金砖国家中,中国是遭受贸易救济调查最多的国家,因此中国在金砖国家领导人会晤中,可提议将贸易救济合作议题纳入金砖国家领导人《宣言》,从高层推进贸易救济领域的合作,减少贸易保护主义。遗憾的是,金砖国家自 2009 年以来的历次《宣言》中,贸易救济合作并未作为正式的议题写入《宣言》或是行动计划。① 因此,在未来领导人会晤中,可考虑开展贸易救济领域的合作,从领导人层面推进金砖国家贸易救济合作机制的平台建立。

最后,考虑在经贸部长级会议层面巩固合作机制。2013 年 3 月 26 日,金砖国家第三次经贸部长会议发表《联合公报》和《金砖国家贸易投资合作框架》。② 金砖国家重申在全球经济放缓背景下,有必要抵制保护主义倾向。值得欣喜的是《联合公报》提出"金砖国家应建立相应渠道和机制,鼓励通过互惠协商解决贸易摩擦",同时《金砖国家贸易投资合作框架》提出"加强各国贸易救济机构的交流与合作",这为金砖国家的贸易救济合作平台和机制的建立提供了保障。总之,金砖国家的合作仍应强化高层推动,着眼顶层设计。

2.WTO 争端解决中互为第三方。中国、巴西和印度目前是 WTO 争端解决中发展中国家最活跃的代表。在争端解决中,金砖国家围绕共同利益,可以选择互为第三方,实现合作。如在此前中国为原告的 12 起案件中,其他 4 国

---

① 如在 2013 年《德班宣言》的行动计划中,提出了可探讨的新合作领域,包括公共外交论坛、反腐败合作、国有企业合作、禁毒部门合作、虚拟秘书处、青年政策对话、旅游、能源、体育及大型体育赛事,尚无贸易救济合作议题。

② 参见商务部官网:http://www.gov.cn/gzdt/2013—03/27/content_2363364.htm,访问日期:2014 年 4 月 1 日。

参与了其中 5 起。比较典型的是在最近的"美、日和欧盟诉中国稀土案"中,作为第三方的俄罗斯坚决支持中国关于稀土出口税可援引 GATT 第 20 条抗辩的主张,巴西偏向支持中方。① 从目前发展来看,金砖国家在争端解决中总体合作良好。同时,针对 WTO 争端解决中的经验,各方还可展开研讨、相互学习,如巴西在争端解决中的经验值得各方借鉴。②(参见表 5)

表 5　金砖国家贸易救济互动表

原告	第三方参与者以及案号	被告(金砖国家)	备注(总体案件参与)
中国	巴西(DS252,DS 292,DS379,DS405,DS 437); 印度(DS379,DS 437); 俄罗斯(DS 437)		原告 12 起,被告 31 起,第三方 105 起
巴西	中国(DS 266,DS 267,DS 269); 印度(DS222,DS 266,DS 267,DS365); 南非(DS365)	DS439 被告为南非	原告 26 起,被告 15 起,第三方 80 起,其中与印度在 DS217 案中,共同诉美国《2009 年双反抵消法案》
印度	中国(DS243,DS 345,DS 346); 巴西(DS246,DS 345)	DS168(被告南非) DS229(被告巴西)	原告 21 起,被告 22 起,第三方 94 起
俄罗斯	无		原告 1 起,被告 2 起,第三方 10 起。其中中国、印度和巴西作为第三方参与了俄罗斯为被告的 DS462 案
南非	无		原告 0 起,被告 4 起,第三方 3 起

根据 WTO 官方数据库以及商务部数据库整理(1995 年 1 月 1 日—2014 年 4 月 1 日)。

在争端解决中,还有一个特征是金砖国家(南非由于总体案件少)目前的

———————————

① See Panel Report,China - Measures Related to the Exportation of Rare Earths,Tungsten and Molybdenum,WT/DS431/R,WT/DS432/R,WT/DS433/R,China - Rare Earths,paras.7.52.

② 参见彭德:《WTO 争端解决参与机制的巴西模式及其借鉴》,载《法商研究》2011年第 3 期。

WTO 贸易争端主要存在于欧盟、美国之间。金砖国家同属新兴经济体国家，各方有着共同的贸易利益。在 WTO 争端解决中互为第三方同时争端面临的对象相对一致，这些都为金砖国家的贸易救济合作，提供了坚实的基础。如表 6 显示，中国诉美国 9 起，被美国诉 15 起，诉欧盟 3 起，被欧盟诉 7 起，占据总体案件的 79.1%。同时，即便金砖国家内部相互起诉，也应考虑以磋商解决为主，如南非分别被巴西和印度起诉，最后均以磋商解决，这将有效防止在案件执行中产生新的不必要纠纷。（参见表 6）

表 6　金砖国家与欧盟、美国的 WTO 争端解决一览表①

金砖国家	与美国争端	与欧盟争端	金砖各国案件总数（不含第三方）	与欧盟、美国案件占总体案件的比例
	原告/被告	原告/被告		
巴西	10,4	7,5	41	63.4%
俄罗斯	0,0	1,1	3	66.7%
印度	8,6	7,10	43	72.1%
中国	9,15	3,7	43	79.1%
南非	0,0	0,0	4	0

五、结语

　　金砖国家作为新兴经济体，在 WTO 中的地位和角色引人注目。通过解构 WTO 这一重要国际组织，反映出金砖国家尤其是中国在国际经贸中治理参与的现实，相比欧美国家，金砖国家在 WTO 下仍然存在"参与赤字"。作为多边贸易体制的拥护者和变革者，金砖国家必须要有强大的治理参与能力。对中国而言，未来 20 年，世界在全球治理结构及公共产品提供上对其充满期待，中国则应该采取更加积极的态度加以回应。② 同时，在金砖国家内部，一方面，"南南摩擦"有加剧趋势；另一方面，在 WTO 规则谈判制定（利益共同体）、规则执行（争端解决）等领域，金砖国家"南南合作"的基础坚实。为此，不应让贸易摩擦影响到合作主流。在 WTO 中金砖国家应该"同舟共济"，而非"同床异梦"。本着"智者求同，愚者求异"的理念开展合作，实现互利共赢。

---

　　① 根据 WTO 官方数据库以及商务部数据库整理（1995 年 1 月 1 日—2014 年 4 月 1 日）。

　　② 国务院发展研究中心和世界银行：《2030 年的中国：建设现代、和谐、有创造力的高收入社会》，中国财政经济出版社 2013 年版，第 404 页。

Research on the Governance Participation and Cooperation of BRICS under the WTO Multilateral Trade System

Peng Delei   Fei Xiuyan

Abstract：The BRICS have recently received worldwide attention. As an emerging power, it has an important influence the development of WTO multilateral trade system and the future changes of the world pattern. The fact that president Xi Jinping made his first visit to Russia since taking office, highlights the importance of the BRICS to Chinese great national strategy. On the one hand, as the multilateral trading system solid defender, the BRICS contribute their resources and wisdom for the development of the multilateral trading system, and actively participate in the negotiations and dispute settlement, and safeguard their own interests through the use of international rules, but has participation deficit. On the other hand, the trade frictions exist among the BRICS, and especially the trade investigation on Chinese products become more and more serious. Therefore, as a whole, the BRICS must expand and innovate the model of cooperation, and achieve mutual benefit and win-win achievement.

Keywords：WTO；Multilateral Trade System；BRICS；Governance and Cooperation

✳ 陈 君 *

金砖国家商业秘密法律界定协调研究

内容摘要：近年来，金砖国家间创新产业合作日渐密切，但作为保护创新成果的主要法律依据之一的商业秘密法因各国的不同规定而难以协调适用。商业秘密法律界定协调为金砖各国商业秘密法协调的首要任务和应有之义。本文以商业秘密法律界定协调为研究对象，指出金砖各国受多种因素影响，在商业秘密法律定义、导向模式、构成要素、立法模式方面存在差异，提出了金砖各国以本国国情为基点，按照协调原则与方法，统一适用"商业秘密"称谓，融合适用"目的导向"模式与"要件导向"模式，趋同适用"三要素"与"属加种差列举式"，从深层次上协调金砖国家商业秘密法律界定。

关键词：金砖国家　商业秘密　法律界定　协调

* 陈君（1989—　　），女，西南政法大学国际法专业 2011 级硕士生（指导教师邓瑞平教授），法国马赛大学欧盟商法硕士，福建省福鼎市人民法院法官。本文由本卷编辑在作者2014 年 5 月硕士学位论文的基础上修改而成。

引　言

随着金砖国家间贸易交往的深入发展，由贸易所产生的问题随之增多，其中之一是商业秘密侵权。

"商业秘密"已得到各国广泛认同和使用，但有关商业秘密的统一定义在国际上尚未形成。2008 年 7 月 29 日，第二十九届北京奥运会开幕式彩排的部分片段被韩国 SBS 电视台私自公开引起纠纷，该纠纷的核心为奥运会开幕式彩排可否被界定为商业秘密。[①] 2009 年 7 月 5 日发生的力拓案，其涉及的泄露钢铁企业秘密为国家秘密还是商业秘密，[②]莫衷一是。在金砖国家贸易关系日益密切的情形下，类似跨国商业秘密侵权案件将会逐渐增多。商业秘密的界定是此类诉讼的首要问题。确切的定义不仅有助于保障诉讼的高效、及时，也有利于保障商业秘密权利人的合法权益，还有利于完善商业秘密法律制度，促进向知识经济转型。对金砖国家商业秘密法律界定及其协调进行研究具有理论及实践意义。

目前国内外学者对金砖国家商业秘密法律界定的研究甚少。国内学者主要致力于商业秘密的刑法化、立法模式的研究。[③] 在涉及金砖国家时仅专注单个国家的商业秘密法律研究，缺乏对商业秘密法律界定专门探讨。国外研究的重点在商业秘密的性质和刑法化。[④] 在金砖国家，仅对其相关商业秘密案件进行研讨而较少涉及对法律界定及相互协调的研究。本文的研究内容具

[①] 翟慧慧：《韩国 SBS 电视台泄密奥运会开幕式始末》，http://media.people.com.cn/GB/40606/7597020.html，访问日期：2014 年 2 月 26 日。

[②] 袁场：《力拓案启示："商业机密"、"国家秘密"如何界定》，http://finance.ifeng.com/roll/20090722/973403.shtml，访问日期：2014 年 2 月 26 日。

[③] 如：申柳华、林肖：《商业秘密的刑法保护》，载《重庆工商大学学报(社会科学版)》2006 年第 4 期；杨正鸣、倪铁：《刑事法治视野中的商业秘密保护：以刑事保护为中心》，复旦大学出版社 2011 年版；王绍霞：《浅析我国商业秘密立法模式的选择》，载《现代商贸工业》2007 年第 3 期；李仪、齐爱民：《商业秘密保护法体系化判解研究》，武汉大学出版社 2008 年版。

[④] Eg. Barbosa，D. B，Chon，M and Moncayo von Hase，Slouching Towards Development in International Intellectual Property，*Michigan State Law Review*(1)，A.(2007)，pp. 72-141；Willian A. Knudson，An Introduction to Patents，Brands，Trade Secrets，Trademarks，and Intellectual Property Rights，*The Strategic Marketing Institute Working Paper*，Vol. 1，No. 806，August 2006，pp. 1-7；Arnold B. Silverman，"The Theft of Trade Secret is a Federal Crime"，*JOM*，Vol. 49，No. 11，November 1997，p. 63.

有一定的补缺作用。

本文以金砖国家商业秘密法律界定及其协调为研究对象,通过研究相关文献,把握金砖国家商业秘密法律界定的演变过程,从中发现趋同的可能性,重点比较研究金砖国家的法律界定在名称、构成要素、导向模式、立法模式方面的异同点,提出协调建议,以期在理论上促进金砖国家商业秘密的法律界定协调一致。

一、金砖国家对商业秘密的法律定义

(一)金砖各国商业秘密的法律称谓

目前国际上对"商业秘密"的称谓主要有未披露信息(undisclosed information)、商业秘密(trade secrets)、专有技术(know-how)等。金砖各国所制定的商业秘密法律保护制度有所差别,尤其有关"商业秘密"的称谓的规定不尽相同。20世纪80年代,我国《技术引进合同管理条例》及其《实施细则》中以"专有技术"表示商业秘密。"商业秘密"作为法律术语初见于1991年《中华人民共和国民事诉讼法》,其明确了专有技术、技术秘密和工商业秘密为统一的"商业秘密"。① 俄罗斯早在1990年《苏联企业法》中就已使用"商业秘密"称谓,②在1990年《苏俄所有权法》中将生产秘密(Hoy-Xay)纳入其中。③ 2004年《俄罗斯联邦商业秘密法》第3条承袭使用"商业秘密"。④ 2006年《俄罗斯联邦民法典》第四部分第75章提出"技术秘密"(Hoy-Xay)称谓。尽管民法典与单行法规定的称谓有差异,但二者基本含义相同。南非在商业秘密法律保护问题上完全采用《与贸易有关的知识产权协议》(TRIPs协议)的相关规定,故以"未披露信息"取代"商业秘密"。⑤ 与南非相似,巴西在商业秘密的

---

① 1991年中国《民事诉讼法》第120条。

② 1990年6月4日《苏联企业法》第33条:商业秘密为与生产、工艺、管理、财务和其他企业活动有关的不属于国家秘密的信息。见 ведомости свеэд народнвтх деттутатов рсфср иверховното совета рсфср. 1990. No.25. CT.460.

③ 1990年12月24日《苏俄所有权法》第2条。见 ведомости свеэд народнвтх деттутатов рсфср иверховното совета рсфср. 1990.No.30.CT.418.

④ 《俄罗斯联邦商业秘密法》(邓社民、林辉译)第3条第1款,Translation第16卷(总第93期),第91页。

⑤ Rowan Forster Director and Win Alberts, Protecting Trade Secrets in South Africa,*China Business Law Journal*, Vol.4, No.3,2011,p.87.

称谓上采用了"未公开信息"。巴西没有制定专门法律对商业秘密进行保护，其国内保护"未公开信息"的法律依据主要有两个：一是《工业产权法》，二是2002 年 11 月 17 日颁布的 10603 号法令。《工业产权法》第 195 条用"Confidential Knowledge，information or data"表示商业秘密①，将 TRIPs 协议第 39 条第 3 款融入法律中并在称谓上与其保持一致。与其他金砖国家不同，印度缺乏相关的权威法律文本用于确定"商业秘密"的称谓，而只能在具体判例中来界定。在 American Express Bank Ltd. vs Ms. Priya Puri on 24 May，2006 案②中，德里高级法院用"Trade Secrets"来表示商业秘密。印度《信息权利法》（2005 年）中也采用"商业机密"一词。③ 印度对商业秘密的称谓与中国、俄罗斯一致。

　　总体上，金砖国家对商业秘密的称谓主要有两种，即未公开信息和商业秘密。尽管未公开信息在本质上与商业秘密无异，但二者毕竟不是同一概念，其差异性主要体现于以下两方面：第一，"未公开信息"范围更大。我国台湾地区"营业秘密法"和日本《不正当竞争防止法》等均认为，商业秘密一般仅限于技术信息和经营信息，未公开信息既涵盖了商业秘密的范围，又包括各类与生产经营有关的信息。④ 第二，"未公开信息"的标准更为宽松。我国是采用"商业秘密"称谓的典型国家。根据我国《反不正当竞争法》的规定，⑤"商业秘密"必须具有四大标准即秘密性、价值性、实用性、保密性。而 TRIPs 协议中的"未

---

　　① 1971 年《巴西工业产权法》第 195 条第 11 款规定：商业秘密是指合法的、可转让的、具有经济价值且已采取合理保密措施的，用于工业、商业、服务业中的秘密技术、信息或数据；此类信息不包括公共知识和通过工作熟练掌握的技能。见 http://www.wipo.int/wipolex/zh/details.jsp？id＝515，访问日期：2014 年 3 月 3 日。

　　② （2006）.IIILLJ540 Del.

　　③ 信息产业部电子科学技术情报研究所兰科研究中心：《印度〈信息权利法（2005）〉：迈向透明政府》，http://gjss.ndrc.gov.cn/xxh/xxhtszs/t20070528_137760.htm，访问日期：2013 年 12 月 10 日。

　　④ 我国台湾地区 1996 年"营业秘密法"第 2 条，见杨正鸣、倪铁：《刑事法治视野中的商业秘密保护：以刑事保护为中心》，复旦大学出版社 2011 年版，第 45～62 页。日本《不正当竞争防止法》（1993 年修订）第 1 条第 3 款，见 http://www.fj12330.com/Assistances.asp？id＝546，访问日期：2014 年 2 月 26 日。

　　⑤ 我国《反不正当竞争法》第 10 条第 3 款规定：本条所称的商业秘密，是指不为公众所知悉，能为权利人带来经济利益、具有实用性，并经权利人采取保密措施的技术信息和经营信息。

公开信息"只具有三大标准即秘密性、价值性、保密性。① "未公开信息"具有较强的开放性与灵活性,而"商业秘密"更能彰显秘密的本质,从而与其他秘密相区别。金砖国家采用不同的称谓,各有其合理依据,但称谓的协调是商业秘密法律界定协调的重要组成部分,具备研究的必要性和现实性。

(二)TRIPs 协议对商业秘密的定义

TRIPs 协议的主要特点之一是内容涉及面广,几乎涵盖了知识产权的所有领域,其中包括对未公开信息的保护。在 TRIPs 协议形成初期,金砖国家尤以印度、巴西为代表,曾与发达国家有过激烈争论,主要原因是发展中国家对发达国家在 WTO 中强力推行商业秘密保护存有疑虑。如今作为 WTO 的成员方,金砖国家均已先后加入 TRIPs 协议。1994 年 4 月 1 日巴西签署了 TRIPs 协议。1995 年南非加入了 TRIPs 协议。我国于 2001 年加"入世"界贸易组织(WTO)并开始履行 TRIPs 协议。印度于 2005 年加入该协议。2011 年 11 月 16 日俄罗斯加入 WTO 并承诺将完全适用 TRIPs 协议。

金砖国家是 TRIPs 协议的缔约方,该协议有关未公开信息保护的规定影响着各国的国内立法。根据 TRIPs 协议第 2 条第 2 款及第 3 款②关于"未公开信息"的规定可知,TRIPs 协议所保护的"未公开信息"具有两大主要特征:第一,不要求信息具有技术性质,非技术信息如顾客名单、销售数据、经营策略都可以作为未公开信息予以保护;第二,提交给政府或政府代理机构的数据也纳入到未公开信息的范畴内。但 TRIPs 协议未明确"未公开信息"的保护形式如保密协议、竞业禁止、安全措施等。

目前金砖国家根据 TRIPs 协议的要求与其所作的承诺,对有关商业秘密保护的法律法规进行了全面修改。我国对商业秘密的规定基本上与 TRIPs 协议相符,但我国商业秘密的外延仅限于技术秘密和经营秘密,其范围过于狭窄。我国现行法律仍未涉及向政府主管部门提供的保密信息的保护。巴西、

---

① TRIPs 协议第 39 条第 2 款规定:未披露信息具有以下三个特征:一是整体或内容的实际体现或组合属于秘密信息,且不为从事相关信息工作的人普遍所知或通过正常渠道不易获得;二是信息因商业价值而具有保密性且因秘密性而具备相应的价值;三是为保密已采取合理措施。http://www.wto.org/ english/tratope/ tripse/tagm0e.htm,访问日期:2014 年 3 月 3 日。

② TRIPs 协议第 39 条第 3 款规定:各成员政府部门要对医药产品和农药产品提交的数据信息进行保护,以防止不正当的商业使用或泄露。见 http://www.wto.org/ english/tratope/ tripse/tagm0e.htm,访问日期:2014 年 3 月 3 日。

印度、南非对 TRIPs 协议的融合程度比我国高。根据巴西《工业产权法》及 2002 年 11 月 17 日第 10603 号法令的规定,受巴西法律保护的未公开信息有三类。其中之一是,针对用于人类的商业化药品或其相关材料,为取得相关行政审核批准或登记注册,而向有关部门提交的信息。印度与南非直接采取 TRIPs 协议的规定。俄罗斯于 2010 年通过了行政审批数据保护立法,但尚未有效地运用于实践中。

(三)金砖各国对商业秘密的一般法律定义

巴西《工业产权法》第 195 条第 11 款对商业秘密予以具体规定,明确了其特性,即合法性、可转让性、商业价值性、秘密性及保密性。① 该规定在遵循 TRIPs 协议三要素即秘密性、保密性、价值性的前提下,通过合法及可转让性严格限定了商业秘密的范围。此外,该条第 14 款对提交政府的信息提供了法律保护,此与 TRIPs 协议相契合。② 2002 年颁布的 10603 号法令则对药品信息予以特殊规定,符合以下条件的药品信息可获得商业秘密法律保护:(1)至申请登记之日该信息始终处于保密状态;(2)合法权利人采取了预防措施以保证保密性的持续;(3)该信息的产生过程需要相当的努力;(4)具有商业价值性。在具体司法实践中,巴西法院在不少判例中对商业秘密的具体内涵予以阐释。Rio Grande do sul 法院曾在一判例中明确,符合秘密性、商业价值性、希望该信息保密的外在意思表示三个条件的信息即可获得法律保护。这种表示可以通过相关合同中的保密条款实现。③ 该判例对商业秘密三大特性的规定不仅与 TRIPs 协议相一致,也与金砖国家保持一致。

俄罗斯制定了专门的商业秘密法,即 2004 年 7 月 29 日颁行的联邦法第

---

① 1971 年《巴西工业产权法》第 195 条第 11 款。

② 1971 年《巴西工业产权法》第 195 条第 14 款:下列行为定义为不正当竞争:未经授权披露、利用和使用实验的结果和其他未公开的数据,如果该数据的创造性过程具备努力性,且数据的提交作为相关医药产品被批准上市的条件。见 http://www.wipo.int/wipolex/zh/details.jsp? id=515,访问日期:2014 年 3 月 3 日。

③ Maristela Basso and Rodrigues Edson Baes, *Intellectual property Law in Brazil*, Kluwer Law International,August 2010,p.181.

98 号《俄罗斯联邦商业秘密法》。该法对商业秘密的概念作了较为详细的规定。① 根据规定可知,俄罗斯商业秘密的定义具有以下特点:第一,不仅规定了积极性的商业秘密,即能够直接产生商业价值的商业秘密,而且涵盖了消极性的商业秘密,即虽不能给所有者直接带来经济利益但能避免不必要的损失;第二,明确商业秘密的三要素即秘密性、价值性、保密性;第三,对商业秘密的外延界定较为宽松,包括专有技术和其他性质的秘密信息和经验;第四,明确将劳务及服务市场的商业秘密纳入法律保护范畴。由于该条所保护的信息范围较广泛,因此该法第 5 条规定了不能构成商业秘密的 11 种信息。② 此规定是该法的特有规定,起到平衡各方利益的作用,既保障了商业秘密所有人的合法权利,又明确了公众的一般知悉权。《俄罗斯民法典》(2009 年修订)第 75章第 1465 条对技术秘密的定义与单行《商业秘密法》对商业秘密的定义相似,均对秘密性、价值性及保密性有所规定,但其补充规定了不易获取性。③

印度未通过法律文本规定商业秘密的法律定义,而是通过大量的判例对

---

① 2004 年《俄罗斯联邦商业秘密法》第 3 条规定:商业秘密是指在现实或者可能的情况下能够为其所有人增加收入,避免不必要的损失,保持该信息所有人在商品市场、劳务市场、服务市场上的地位或者获得其他商业利益的秘密信息。而构成商业秘密的信息是指具有实际的或潜在的商业价值,不为第三人所知悉和该信息的所有人对其采取了保密措施的科技、工艺、生产、财经或者其他信息(其中包括生产诀窍)。见 Федеральный Закон от 29.07.2004 г. No 98-ФЗ «О коммерческой тайне».

② 这 11 种信息是:(1)记载在相关国家登记簿中的法人设立文件和证明法人或者私营企业主的事实信息;(2)授权从事经营活动文件中的信息;(3)有关国有和自治地方所有单一制企业、国家机关财产的组成和预算资金被它们使用的信息;(4)有关环境污染、消防安全状况、流行病和辐射情况、食品安全和其他对保障生产设施安全、每个公民的安全和居民的整体安全有负面影响的事实;(5)有关职工人数、组成、劳动工资制度、劳动条件,包括劳动保护、工伤和职业病指标以及空闲工作岗位的信息;(6)有关企业主因支付工资和其他社会性开支的债务信息;(7)有关违法行为和追究侵权责任的事实;(8)有关国有和自治地方财产私有化的竞争和拍卖条件;(9)有关非商业组织的收入数额和结构、财产的数目和组成、支出、职工人数和工人的工资,以及经营活动中利用公民无偿劳动的情况;(10)有关未经法人委托有权从事经营活动的人员名单;(11)其他法律规定必须公开的信息或者不得限制许可使用的信息。

③ 《俄罗斯民法典》(2009 年修订)第 75 章第 1465 条规定:技术秘密是指第三人不能合法地自由获取而且持有人对这些信息引入了商业秘密制度的,由于第三人不知悉而具有现实的或者潜在的商业价值的,任何类型的(生产的、技术的、经济的、组织的和其他的)信息,包括在科学技术领域中的智力活动成果的信息以及职业活动实现方法。见 ражданский Кодекс Российской Федерации (с изменениями, внесенными 29.06.2009.

商业秘密进行定义。在 American Express Bank Ltd.V.Puri(2006)一案①中，公式、专有技术、特殊样式以及其他不为相关公众所知晓的商业方法被德里高级法院定义为商业秘密。在 Anil Gupta V. Kunal Dasgupta 案②中，德里高级法院进一步阐释了商业秘密，即商业秘密具有秘密性原因之一为权利人经过独立思考而获得。在 John Richard Brady And Ors. vs Chemical Process Equipments P.Ltd.And Anr，AIR on 6 July，1987 一案③中，印度法院参考英国的判例 Saltman Engineering Coy. Ld.，Ferotec Ld. and Monarch Engineering Coy.（MITCHAM）Ld. v. Campbell Engineering Coy.，Ld.④，认为商业秘密是秘密的，不为公众所知的；秘密所有人通过签订保密合同来限定相关秘密信息的使用；侵权者获取该秘密后可能会取得其他竞争者所不具有的对侵权者有利的、不公平的优势。尽管印度的有关判例对商业秘密的界定表述不尽相同，但本质上都是指主观上认定为具有一定的秘密性，客观上通过商业应用带来经济效益的未披露信息。除了判例法的规定外，印度 2008 年提出的国家创新法草案也对商业秘密进行了界定。根据创新法案第二节的规定，商业秘密是指包括公式、配方、方法、程序装置、技术、流程在内的信息。该信息具有如下三大特征：（1）是秘密的，作为整体或组成部分不为相关公众所知悉；（2）因秘密而具有商业价值；（3）合法持有人已经采取合理措施以保持其秘密性。⑤ 该法案对商业秘密的界定与 TRIPs 基本一致，但该含 义在印度仍未发挥作用，原因在于迄今为止印度国家创新法案仍未获通过。

我国对商业秘密的法律定义经历了从涉外类经济法规到国内经济法规、再细化为反不正当竞争法，从专有技术到非专利技术、再到商业秘密的发展过程。在 1991 年《民事诉讼法》首次使用"商业秘密"之前，我国用"专有技术"来统称商业秘密。1988 年《技术引进合同管理条例施行细则》对专有技术的定义仅包括技术知识，而将经营秘密等重要的商业秘密排除在外。⑥ 1992 年 7 月 14 日最高人民法院在《关于适用〈中华人民共和国民事诉讼法〉若干问题的

---

① (2006) IIILLJ540 Del.

② (2002) DLT257.

③ (1987) Delhi 372.

④ (1948) 65 RPC203.

⑤ The National Innovation Act of 2008，Chapter II(3).

⑥ 1988 年我国《技术引进合同管理条例施行细则》第 2 条第 2 款规定：专有技术许可合同是指提供或者传授未公开过，未取得工业产权法律保护的制造某种产品或者应用某项工艺以及产品设计、工艺流程、配方、质量控制和管理等方面的技术知识的合同。

意见》中对商业秘密做了首次解释，①但该定义过于简单且外延不确定，不能体现商业秘密的本质属性。对商业秘密较为严密的规定出现于 1993 年《反不正当竞争法》。该法第 10 条第 3 款的规定比以前法律文件中的界定更为科学与严格，不仅明确了商业秘密的四要素即秘密性、价值性、保密性、实用性，还将商业秘密的范围严格限定为技术信息和经营信息。但与 TRIPs 协议相比，我国商业秘密的定义增加了实用性的要求，略显严苛。为了更好地与 TRIPs 协议相协调，我国最高人民法院 2004 年《关于审理技术合同纠纷案件适用法律若干问题的解释》第 1 条对技术秘密予以定义。② 与《反不正当竞争法》中的定义不同的是，该概念并未出现实用性，而是用商业价值来统述价值性与实用性。

南非虽已形成知识产权法体系，但以《著作权法》、《专利法》、《设计法》和《商标法》等多部成文法为主体，未明确规定有关商业秘密的内容。在国内法欠完善的情形下，南非重视知识产权的国际合作与保护，于 1995 年加入 TRIPs 协议。目前南非有关商业秘密的定义与 TRIPs 协议第 39 条对未公开信息的界定一致。

(四)小结

虽然金砖国家对商业秘密的称谓与法律定义不尽相同，但都受 TRIPs 协议的深刻影响。其中巴西、南非有关商业秘密的定义与 TRIPs 协议第 39 条完全一致，我国、俄罗斯在坚持不与 TRIPs 协议相冲突的原则下，对商业秘密进行了定义。我国的相关定义比 TRIPs 协议更严格，其增加了有关商业秘密实用性的规定。俄罗斯在规定了商业秘密的三要件即秘密性、价值性、保密性后，还制定了"排除性条款"，将不属于商业秘密的信息排除在外。印度对商业秘密的定义是由判例法来实现的，具有一定的灵活性，但其定义与 TRIPs 协议仍保持一致。

---

① 1992 年最高人民法院《关于适用〈中华人民共和国民事诉讼法〉若干问题的意见》第 154 条规定：商业秘密主要是指技术秘密、商业情报及信息等，如生产工艺、配方、贸易联系、购销渠道等当事人不愿公开的工商业秘密。

② 我国最高人民法院 2004 年《关于审理技术合同纠纷案件适用法律若干问题的解释》第 1 条第 2 款规定：技术秘密是指不为公众所知悉，具有商业价值并经权利人采取保密措施的技术信息。

二、金砖国家商业秘密法律界定的导向模式

(一)普通法系的"目的导向"模式

1."目的导向"模式的内涵

"目的导向"模式是指在对特定概念进行法律界定的过程中,成立要件的阐释优于法律效果分析的模式。该模式因英美法院所特有的造法功能而产生。一般情况下"先例原则"为英美法院所遵循,但当先例与个案衡平相冲突时,法院有权拒绝适用明文规定的构成要件以达到效果衡平的目的。灵活性是"目的导向"模式的主要特征。该模式在商业秘密领域的兴起基于英美法将商业秘密之诉归为衡平法违反信任之诉。在该类案件中,目的衡平的意义大于恪守严格的法定要件。

运用"目的导向"模式界定商业秘密的典型是美国。在 Town&country House& Home service, Inc.V. Newberry 案①中体现了该导向模式。本案中的原告经营有关家庭清洁的业务,被告为原告的前雇员。被告在获取了大量的顾客信息后辞职并开办了自己的清洁公司,原告遂起诉被告。根据美国当时的法律,顾客名单并未纳入商业秘密的范畴。但该案的法官充分利用造法功能,基于效果衡平将顾客名单定义为商业秘密。美国法院在众多涉及商业秘密的案件中运用"目的导向"模式来界定商业秘密以达到结果公平的目的。如在 SI Handling 案②中将价格信息定义为商业秘密,在 Western Electro-plating Co.V.Henness 案③中将市场调研数据定义为商业秘密。

2.印度、南非商业秘密界定的"目的导向"模式

印度与南非对商业秘密法律界定采取了"目的导向"模式。这与它们同属于普通法系有关。因普通法系重视法官的造法功能且固定于法律文本的严格法律构成要件不适应灵活的庭审要求。

由于印度在历史上曾沦为英国的殖民地,深受现代西方法制文明的影响,其法律体系由以宗教哲学为基础的印度法系转变为普通法系。大量的英国法律原则被引入印度,其中之一为"正义、公平和良心"原则(the doctrine of justice,equity and conscience)。1774 年《加尔各答高等法院条例》明确加尔

---

① (1958) 3N.Y 2d 554.

② 753 F.2d at 1244.

③ (1960) 180 Cal.App.2d 442.

各答高等法院为衡平法院并依据与英国大法官法院相似的规则与程序行使权力。① 这为"正义、公平和良心"原则的适用提供了法律支撑。印度各级法院还认可并采纳了"遵循先例"原则。这些基本原则为印度商业秘密法律界定的"目的导向"模式奠定了基础。目前印度法院审理商业秘密案件的主要依据包括衡平原则、违反信赖、侵权、垄断、限制性交易惯例以及受托义务。印度未通过权威法律文本固定商业秘密的构成要件,而是通过个案灵活处理。在 Ambiance India Pvt.Ltd.V.Shri Naveen Jain,122(2005)案②中,被告为原告公司的面料技术员,后因业绩突出被提拔为客户主管。在升职时,原告与被告签订了一项保密合同,明确规定雇员在雇主公司工作期间不得到其他公司就职并不得泄露任何有损公司利益的信息以及雇员在任职期间及任期终止两年内不得直接或间接利用原公司的客户、供应商等资源。被告于 2004 年 6 月 19 日辞职并加入了原告客户新设立的公司 Indigo Orient Limited of UK。原告起诉被告违反合同约定,秘密说服原告的客户设立新公司并加入,损害了原告的利益。该案法官认为:"根据《印度合同法》第 27 条规定,雇员有在与雇主终止劳动关系后重新择业的自由,但需遵守不泄露原雇主的商业秘密及在一定时期内不为原雇主的竞争对手工作的相关规定。所谓商业秘密是指雇员在工作过程中获取并为了雇主的利益不能随意泄露的秘密。商业秘密可以是秘密的配方、专有技术、特有模式以及雇主所采用的商业方法,但不包括雇员通过日常工作所获取的职业知识与技能以及众所周知的信息。"根据该案判决可知,印度对商业秘密法律定义未遵循严格的法律构成要件模式,而是采取契合案件公平的"目的导向"模式。

南非法律体系具有大陆法系与普通法系相混合的特征。1996 年《南非宪法》第 39 条对混合型法律体系予以肯定。③ 该混合性具体表现为普通法系、大陆法系分别影响公法、私法领域。南非沿袭了英国有关司法制度的实践,即法院适用遵循先例原则且先例优于成文法。南非法官的职能不在于制定新法律,而在于解释现有法律法规和具体司法应用。但与纯粹大陆法系的法官的职能不同,南非法官可以通过解释建立新的法规。故南非法院对商业秘密法

① J.K.Mittal, *An Introduction To Indian Legal History*,Allahabad Law Agency, 1980,p.282.

② 122(2005),DLT421.

③ 南非《1996 年宪法》第 39 条第 3 项规定:权利法案不否认由普通法、习惯法或法律所承认或授予的任何其他权利与自由的存在,只要它们与权利法案相一致。见 http://www.gongfa.com/ html/gongfawenxian/ 20090515/407.html,访问日期:2014 年 3 月 3 日。

律界定倾向于"目的导向"模式,在实际个案中明确商业秘密的含义以实现效果衡平。在 Strike Production(PTY) Ltd,(Case No 10/201704)案①中,原告公司于 1982 年设于南非,专门从事技术活动支持,提供包括技术音效、灯光、视觉效果等服务。从 2002 年至 2009 年,原告负责 IDOLS 电视节目的部分技术服务。2010 年 1 月至 5 月其开始协助该节目进行协商活动及准备筹划工作。被告 Jacobs 为原告的前雇员,担任 IDOLS 节目灯光师的职务。2010 年 4 月,原告公司的经理计划与所有的雇员(包括被告)签订一份保密协议。根据该保密协议的规定,雇员在任职期间不得到与雇主有竞争关系的公司就职。被告因不满该条款,拒绝签署该协议,并于 2010 年 4 月 23 日辞职。而后被告在 Bon View 公司就职并继续担任 IDOLS 节目的灯光师。但是长期以来 Bon View 公司只负责 IDOLS 的舞台搭建。为此,原告认为被告利用从本公司获取的商业秘密为 Bon View 谋利,侵犯了自己的合法权益。针对本案中所涉及的信息是否为商业秘密,法官援引多个案例即 Meter Systems Holdings Ltd V Venter and Another、Faccenda chickens Ltd. V. Fowler and others、Knox D'Arcy Ltd. and others V.Jamieson and others② 来界定,认为:"应从广义上定义商业秘密,雇员在工作过程中获取的并且未在合同中明确规定为秘密的信息是否为商业秘密,可以归纳为三种情形。第一,该信息价值低或公众易获取的,不能被视为商业秘密;第二,信息虽为明确规定的秘密信息或通过其特征可以明显得知秘密性,但该信息已转化为雇员的工作技术知识,则雇主只能限制雇员在受雇期间的行为;第三,特定的商业秘密由于其秘密性、价值性等,尽管已被相关雇员所熟练掌握也不得泄露,即使雇员与雇主终止了劳动关系,仍应保守该商业秘密。"从本案法官对商业秘密的界定过程可知,南非法院对定义采取的是"目的导向"模式,即并未严格按照商业秘密的法律构成要件分析本案的秘密信息,而是在引用判例并结合案件实际的基础上对商业秘密予以阐释以达到个案的衡平。

(二)大陆法系的"要件导向"模式

1."要件导向"模式的内涵

大陆法系法官不具有造法的职能,其审判案件只能依据现有立法,具体职责为分析法律规定的构成要件并确定其所处理的权益纠纷是否属于某类法律

---

① (2011) ZAGP JHC1.

② 1993(1) SA 409(WLD) at p. 429,(1984) ICR 589, 1996(4) SA 348(AD) at p. 359 F-H and 360 A-C.

关系。基于此,大陆法系通过设立严格的构成要件来界定特定的法律概念,此种定义模式即为"要件导向"模式。因缺乏灵活性,此种模式下的定义范围比"目的导向"模式狭窄。中国、俄罗斯、巴西偏向于大陆法系,故在商业秘密法律界定中采取"要件导向"模式。

采用"要件导向"模式的典型是日本。根据日本 1993 年《不正当竞争防止法》第 2 条第 4 款的规定,商业秘密是指客观上具有秘密性、主观上被视作秘密予以管理的对经营活动有价值的技术和经营信息。该含义明确了商业秘密严格的构成要件即非公知性、秘密管理性及有价值性。此外,日本法官在审理商业秘密案件时须严格按照现有法律规定进行解释和适用。

2.中国、俄罗斯、巴西商业秘密界定的"要件导向"模式

中国原属中华法系,然而在清末,尤其在日本法律专家做顾问期间,日本法律制度得到了大力的推崇。这使得传统的中华法系向"大陆法系化"发展并确立了以成文法为主的法律渊源。我国法官的职能是依据立法机关制定的法律规则,运用三段论模式审理案件,以达到平衡各方利益、维护社会公平正义和法律秩序的目的。故立法者采用"要件导向"模式规定严格的构成要件以弥补法官造法功能的缺失。在商业秘密法律界定中,我国亦采取了此种导向模式。根据《反不正当竞争法》的规定可知,商业秘密具有严格的四要件及范围限定。在商业秘密案件的具体审判中也体现了"要件导向"思维模式。在 2007 年通用电气 Vs 九翔案件[①]中,原告为通用电气(中国)有限公司,被告王晓辉为原告的前雇员,担任维修工程师职务。被告从原告公司辞职并成立了一家新的公司即西安九翔电子科技有限公司,其为法定代表人。该公司通过被告的原职位拉拢本属于原告的客户,并擅自利用原告公司的内部资料。原告向西安中级人民法院提起诉讼。针对本案标的是否为商业秘密,法院的判决作出如下界定:"原告提供的证据足以证明该内部信息系其自主研发形成的技术信息,具有商业价值性,并已采取合理的保密措施,无法从公开渠道获取,与我国法律规定的商业秘密构成要件相符,应当属于商业秘密。"该判决严格依据法律规定的四要件对商业秘密作出法律界定,符合"要件导向"模式的内涵。

俄罗斯具备大陆法系的一般特征,对概念进行界定时注重法律构成要件

---

① 孙海龙、姚建军:《通用电气公司(General Electric Company)、通用电气(中国)有限公司、通用电气医疗系统贸易发展(上海)有限公司诉西安九翔电子科技有限责任公司、王晓辉侵犯商业秘密、侵犯著作权纠纷案》,http://sxfy.chinacourt.org/public/detail.php?id=1845,访问日期:2013 年 12 月 11 日。

的具体化、详细化,以指导法官对法律关系的认定。在商业秘密法律界定中,俄罗斯《商业秘密法》第 3 条及《民法典》第 75 章第 1465 条具体规定了商业秘密的三大法律要件即秘密性、价值性和保密性,并在单行法中排除了十一项非商业秘密信息。① 根据 2011 年俄罗斯 Super job.ru 信息港调查数据,18% 的俄罗斯公司从事刺探竞争对手专业秘密的活动。② 对涉及商业秘密的众多案件,俄罗斯联邦法院严格依据现有规定进行界定并对侵权行为予以严惩。在 2013 年乌拉尔工厂案③中,被告为乌拉尔民用飞机制造厂的员工杜洛夫和德米特里耶夫,二人于 2008 年 1 月至 2012 年 8 月通过电子邮件将本制造厂有关发动机试验台的技术文件泄露给哥伦比亚公司的工作人员,并从中获取 1 万美元奖励。叶卡捷琳堡法院于 2013 年 6 月 21 日对该案作出判决。法官认为:"本案涉及的发动机试验台技术信息仅限于少数相关工作人员所知,属于秘密信息;该信息对乌拉尔民用飞机制造厂具有巨大经济价值,且该工厂为保持自己的竞争优势采取了相应保密措施;故本案所涉信息符合法律规定的生产秘密。而被告侵犯该秘密的行为给企业造成了 200 万卢布的损失,法院判处两被告分别罚款 8 万和 7 万卢布。"通过该判决可知,俄罗斯法院对商业秘密案件的审理严格遵循了大陆法系法院的审理模式,即法官根据具体的法律规定及案件事实作出相应的解释。因此,俄罗斯法律需依照"要件导向"模式对商业秘密的构成要件予以详尽规定,以便法官能将严格的要件与具体案件相对应,从而实现个案公平。

巴西基于大陆法系的特点,历来重视对法律构成要件的研究。在商业秘密法律界定中,巴西《工业产权法》和第 10603 号法令明确了其三大构成要件即秘密性、价值性与保密性。此种定义方法体现了"要件导向"模式。在商业秘密案件的审判中,巴西法院也遵循了该导向模式。如 TJRS,6th Civil chamber,Civil Appeal 70011698974 案④,原告是一家化学制品公司,被告为原告的前雇员,其因泄露原告的工业信息而被起诉。Rio Grande do Sul 法院的法官对本案所涉信息作出如下界定:"商业信息如具备三个要素即秘密性、

---

① 11 项信息的具体内容见前述注释。

② 《五分之一的俄罗斯公司刺探竞争对手的商业秘密》,载《莫斯科华人报》2013 年 3 月 17 日,http://www. renmin-hotel.com/news/search.asp,访问日期:2013 年 12 月 11 日。

③ 俄罗斯新闻社:《俄安全局指出职工泄露商业秘密的乌拉尔厂》,http://rusnews. cn/eguoxinwen/eluosicaijing/ 20130703//43805816.html,访问日期:2013 年 12 月 12 日。

④ Maristela Basso and Rodrigues Edson Baes,*Intellectual property Law in Brazil*,Kluwer Law International,August 2010,p.181.

企业通过保护该信息的秘密性获得一定商业优势、秘密所有者有维持秘密性的外在意思表示,可定义为商业秘密。本案中原告通过具体劳动而获取该商业信息,且其采取与雇员签订保密合同的方法表明保护信息秘密性的意愿。该信息给原告带来了一定的效益。为此本院确认该案所涉信息为商业秘密。"通过该案判决可知,巴西对商业秘密法律界定采取的是"要件导向"模式,即事前在《工业产权法》、第10603号法令等法律中明文规定商业秘密的构成要件,在具体案件的审理中法官通过演绎推理方式将法律规定应用到具体的案件中,从而实现个案公平。

(三)小结

金砖国家分属不同的法律体系,各自采取的商业秘密法律界定导向模式不同。受普通法系的影响,印度、南非在商业秘密法律界定过程中融入"目的导向"模式,即未规定严格的法律构成要件,而是在具体案件中对所涉商业信息予以定义以实现效果衡平。受大陆法系的影响,中国、俄罗斯、巴西采取"要件导向"模式,即通过法律文件规定严格的构成要件,法官只能依据现有的法律规定对案件所涉商业秘密进行定义以实现案件判决公平。不同的概念定义导向模式各有优劣,适应于不同的国情及判决需要,不能简单予以判断。

三、金砖国家商业秘密法律界定的构成要素

(一)俄罗斯、巴西、印度、南非的商业秘密界定的三要素

1.秘密性

除中国外,其他金砖国家均承袭TRIPs协议所明确的商业秘密法律构成三要素说即秘密性、价值性、保密性。其中,秘密性是商业秘密最基本的属性。TRIPs协议第39条对其含义予以详细规定。[①] 作为商业秘密的首要构成要素,秘密性的具体内涵在金砖国家法律条文中的表现不尽相同。

俄罗斯《商业秘密法》第3条第1款规定,商业秘密被界定为一种秘密信息;第3条第2款进一步明确秘密性的具体内涵,即不为第三人所知悉。该法第5条还罗列了不构成商业秘密的11项信息。《俄罗斯民法典》第75章第1465条规定了秘密的不易获取性,即第三人不能合法地自由获取。不易获取

---

① TRIPs协议第39条第2款。

性是指权利人为获取商业秘密必须付出多种成本如金钱、时间、思想等。商业秘密只有具备了正当取得的不易性，才具有保护价值。英国的格瑞额勋爵确认了秘密性的这一含义："对任何人均可使用的资料进行创造性活动所获得的成果可成为秘密性文件，其具有秘密性的理由为成果创造者已经过相当的努力并能体现其创造性想法。"①尽管俄罗斯在成文法中对秘密性作了相关规定，但不尽完善，其未明晰第三人的范畴。由于对商业秘密有用性定义具有明显的主观性，即该秘密并非对全部人都有用，因此限制知悉与使用的主体应具有特定性，即法律中应确定"第三人"并非广义上的所有公众而是商业秘密所有人的竞争者。

巴西在第 10603 号法令中规定，用于动物、肥料和农用化工产品的药品信息，如欲取得法律保护，需要满足以下条件：(1)至申请登记之日该信息始终处于保密状态，即作为整体或作为其中内容的组合；(2)该信息并非为相关公众所知或通过正常途径容易获得。②《工业产权法》第 195 条还规定了未公开信息的秘密性即该数据信息提交时处于保密状态。与俄罗斯相比，巴西第 10603 号法令明确了不为公众所知悉中"公众"的范围且阐述了秘密性的信息正当获取的不易性。但该规定的适用范围有限，仅限于动物、肥料和农用化工产品的药品信息，对未公开信息的秘密性由《工业产权法》作简要规定。这使得巴西大部分商业秘密缺乏专门的法律保护。

印度通过判例对商业秘密的秘密性予以界定。在 American Express Bank Ltd.V.Puri(2006)③、John Richard Brady And Ors. vs Chemical Process Equipments P.Ltd.And Anr, AIR on 6 July, 1987④ 等案中，法官将秘密性认定为不为竞争对手所知。判例法所定义的秘密性具有明显的个案性质，不利于达成共识。为此印度在 2008 年提出的《国家创新法草案》中作出规定，商业秘密是秘密的，即作为整体或组成部分不为相关公众所知悉。⑤ 该规定与 TRIPs 协议相似，但未明确商业秘密的正当取得不易性且该草案至今未生效。其他法律如 2000 年《印度信息技术法》、2002 年《印度竞争法》、1860 年《印度刑法典》等主要规定商业秘密的具体侵权行为以及限制竞争协议例外豁

---

① 孔祥俊：《商业秘密保护法原理》，中国法制出版社 1999 年版，第 111 页。

② 巴西 2002 年《10603 号法令》第 4 条，见国家知识产权局规划发展司：《巴西知识产权环境研究报告》，第 46 页。

③ (2006) IIILLJ540 Del.

④ (1987) Delhi 372.

⑤ The National Innovation Act of 2008，Chapter II(3).

免内容,均缺乏对秘密性的完善规定。①

南非对商业秘密的秘密性认定与 TRIPs 协议一致,认为秘密性的具体含义为在正常使用同类信息的业界内部,该信息通常不为人所知悉,或者不容易获取。② 尽管该规定较完整地表述了商业秘密的秘密性,但南非法院在具体案件审理过程中,倾向于通过判例确定个案信息的秘密性。如 Strike Production(PTY) Ltd. Case No 10/201704,③法官通过引用多个判例确定该案所涉商业信息具有秘密性,即所有人采取有效措施以使该信息不为相关公众所知悉。

2.价值性

价值性是指商业秘密能够为权利人带来一定经济利益的属性。此种经济利益包括两层含义,即直接的经济利益和其他竞争者所不具备的市场优势。经济利益的表现形式可以是现实的或潜在的。价值性与秘密性二者关系密切,商业秘密因秘密性而具有价值性,因价值性而需要维持其秘密性。尽管目前学界对价值性的基本内涵并无异议,但对价值性能否作为损失计算的标准、否定性信息能否归属于商业秘密等问题仍存有争议。大部分学者认为商业秘密价值性所体现的价值与被侵犯所造成的损失是两个完全不同的范畴,故价值性不能作为损失计算的依据。否定性信息因具有潜在的价值,即可以节省经营者的探索成本而应被视为商业秘密。④

《俄罗斯联邦商业秘密法》对价值性的规定肯定了其现实和潜在两种形式,并承认否定性信息因能避免不必要的损失而可成为商业秘密。⑤ 俄罗斯法律还认为商业秘密的价值性不仅体现为直接的收入增加,而且表现为所有

---

① 2000 年《印度信息技术法》第 65 条、第 72 条,见印度驻华大使馆:《印度重要的经济法规》,http://mit.gov.in/default.aspx? id=321,访问日期:2014 年 2 月 27 日。2002 年《印度竞争法》第 3 条,见印度驻华大使馆:《印度重要的经济法规》,http://www.indialawinfo.com/bareacts/ipc.html,访问日期:2014 年 2 月 27 日。印度 1860 年《印度刑法典》第 408 条、第 415 条,见 WIPO:《印度刑法典》,http://www.wipo.int/wipolex/int/wipolex/jsp? id=7668,访问日期:2014 年 2 月 27 日。

② TRIPs 协议第 39 条第 2 款。

③ (2011) ZAGP JHC1.

④ 如单海玲:《论知识经济时代商业秘密保护主流理论:保密关系学说与财产权论》,载《中国政法大学学报》2004 年第 5 期;刘晓婷:《商业秘密的概念及法律规制》,载《经济与法》2008 年 11 月(下旬刊);张成立:《对"商业秘密"的再认识》,载《兰州学刊》2004 年第 2 期。

⑤ 2004 年《俄罗斯联邦商业秘密法》第 3 条。

人获得了优于其他竞争者的市场地位。可见,俄罗斯关于商业秘密价值性的法律规定较为完善。

巴西第 10603 号法令第 4 条规定,用于动物、肥料和农用化工产品的药品信息的产生过程需要相当的努力并且具有商业价值。《工业产权法》第 195 条规定:在对秘密数据和信息予以原创活动时,相当的努力是必要的;相当的努力包含筹划和实施的必要投资,例如临床前和临床后的实验、毒性学、药物药效学实验等。可见巴西法律密切了商业秘密价值性与新颖性的关系,即商业秘密因原创活动而具备价值性。因此受法律保护的商业秘密可以是达到专利法保护标准却因某种因素选择商业秘密方式予以保护的各项发明,也可以是未达到专利保护标准的具有新颖性的秘密信息。这两种形式的商业秘密均能使权利人具有竞争优势。但巴西法律对商业秘密价值性的规定过于简单,未阐明其具体内涵,即价值性能现实的或潜在的给所有人带来相对于竞争者的市场优势,以及价值性的具体范围包括积极性信息和否定性信息。

印度依据相关判例对商业秘密的价值性予以判定。Larry R. Wood、Jr、Emmett、M. Hogan、Charmayne Bhadha 所著《印度商业秘密法律保护》认为:"总结印度有关商业秘密的判例可知,商业秘密包括技术数据库、内部流程方法、食谱、尚未提出申请登记的新发明、公式配方等,它们都能在具体经营过程中得以运用并且能给权利人带来一定的经济利益。"[①]印度尚未通过的 2008 年《国家创新法案》第 2 节明确规定商业秘密因秘密而具有商业价值。可见印度对价值性的认定具有灵活性,其根据具体个案判断所涉信息是否具有价值性且明确了秘密性与价值性的关系。印度的相关判例对价值性的基本内涵达成共识,即能为秘密权利人带来现实的或潜在的经济利益。[②] 但因缺乏统一的商业秘密价值性规定,印度法院在个案中对价值性的认定标准稍显混乱。此外,对于判例未涉及的部分价值性内涵如否定性信息则无法律依据。

南非对未公开信息的保护适用 TRIPs 协议,其将价值性认定为具有商业价值且商业价值源于秘密性。此外,根据 Strike Production(PTY) Ltd. (Case No 10/201704)案[③],法官引用了 Waste Products Utilization(PTY)

---

① Larry R. Wood, Jr, Emmett, M. Hogan and Charmayne Bhadha, Trade secret Law and Protection in India, *Intellectual property & Technology Law Journal*, Vol.20, No.10, 2008, p.25.

② 如:Mr. Diljeet Titus V. Mr. Alfred A. Adebare and Ors, 32(2006)PTC609;Mr. Anil Gupta and Anr. V. Mr. Kunal Dasgupta and Ors, 97(2002), DLT257.

③ (2011) ZAGP JHC1.

Ltd. V. Wilkes & Another① 先例认为:"未公开信息具有价值是因为其能为所有人获取优于其竞争对手的市场优势以及减少相关的竞争成本。"无论依据 TRIPs 协议还是具体案例,南非对商业秘密的价值性认定与其他金砖国家无异,其不仅确认价值性的经济利益属性,且默认能减少竞争成本的否定性信息具有商业秘密价值性。但相关法律并未对价值性的表现形式,即潜在的和现实的两种形式,作出规定,只能依据个案判断。

3.保密性

保密性是指为保持竞争优势,权利人对某类商业信息具有保密意图并采取了客观合理的保密措施。金砖国家对保密性的基本含义认识一致,但对保密措施适当性的认定标准存在差异。适当性标准是指在特定时间、特定环境及特定条件下采取的合理保密措施。该标准具有灵活性,需要法官在个案中予以判定。

根据巴西 10603 号法令第 4 条规定,用于动物、肥料和农用化工产品的药品信息如欲取得法律保护,权利人需积极采取事先保密措施以保证该信息的秘密性。此外,Rio Grande do Sul 法院曾在 TJRs,6th Civil Chamber,Civil Appeal 70011698974 判例② 中确立了商业秘密的保密性,即雇主希望信息保密的外在意思表示以及可通过雇佣合同中的保密条款予以实现。当此类合同未订立时,雇员则可自由使用其正常获得的企业信息。根据法律和判例规定可知,巴西商业秘密权利人需采取必要措施以维持信息的秘密性。此类措施主要是与各类主体如雇员、代理商、供货者等签订保密合同。但并未对保密措施的适当性标准作出规定,只能由法官在具体案件中作出判断,这不利于大陆法系法官履行审判职能。

俄罗斯《商业秘密法》第 3 条第 2 款规定,商业秘密信息所有人对科技、工艺、生产、财经或其他信息采取了保密措施。此规定明确了商业秘密保密性的特征之一,即权利人客观上采取了保密措施。此外,该法第 10 条第 1 款规定:秘密信息的所有人采取的保密措施应该包括:(1)对秘密信息列单明示;(2)通过对使用和监督程序的遵守来限制商业秘密的使用;(3)对商业秘密的许可使用人、提供人、转让人予以登记;(4)签订相关合同;(5)保密标识的运用并指明该信息所有人。商业秘密所有人采取了如上措施后,商业秘密制度建立。根

---

① 2003(2)SA515,at571.

② Maristela Basso and Rodrigues Edson Baes, *Intellectual property Law in Brazil*, Kluwer Law International,2010,p.181.

据该条款可知,俄罗斯法律对商业秘密保密措施适当性标准的认定,即按照正常程序对商业秘密予以列单标明并对相关使用人进行登记和监督即可。该法在第 11 条对劳动关系范围内的保密措施作出了特别规定。[①] 综上,俄罗斯法律对内部和外部保密措施都有所规定并通过采取客观保密措施体现权利人的保密意图。其对具体保密措施的适当性标准认定较为合理,既便于权利人实施,也便于保留客观证据以保障商业秘密案件审理的顺利进行。

印度由法院依据普通法原则来确定商业秘密的保密性。在 Mr.Diljeet Titus V.Mr.Alfred A.Adebare and Ors 案[②]中,法官认为:"在确认一个信息是否属于商业秘密时,雇员与雇主之间需存在明示或默示的保密合同,该合同需包含雇员不得泄露秘密信息以损害雇主利益的规定。"在 Coco V.A.N. Clark（Engineers）Ltd.1969.RPC 案[③]中,法官认为:"负有保密义务者违反保密合同而泄露商业秘密并给秘密所有人带来损失的应认定为侵犯商业秘密并应承担责任。"在成文法方面,《印度合同法》第 11 章规定:"在受雇期间,雇员需专门向雇主提供服务;当合同因各种原因终止时,雇员所承担的合同义务终止,除非雇员与雇主另签订其他协议。"雇主在合同终止后,仍要通过合同约束雇员行为的主要原因在于保护商业秘密。综上可知,在商业秘密法律保护中,明示的合同条款发挥重要作用。在实践中,印度公司大多通过与雇员签订如下协议来保护商业秘密或专有技术:非公开协议,规定在雇佣合同中的非公开条款和竞业禁止条款,单独的非竞争协议等。据此可知,大部分印度法律均只涉及具有雇佣关系的当事人间的商业秘密保密性问题。这不仅限制了保密性的范围,即将原有的对内和对外保密性局限为对内保密,而且法院在认定商业秘密保密性前需确定双方当事人间具有雇佣关系,加重法院负担。

南非引用 TRIPs 协议第 39 条的内容对商业秘密的保密性作出规定,未披露信息需满足以下要件即已经由该信息的合法控制人在已有的条件下采取了合理的保密措施。[④] 除了成文法规定外,南非法院在判例中也对商业秘密

---

① 2004 年《俄罗斯联邦商业秘密法》第 11 条第 1 款规定:为了保护秘密信息,企业主有义务:(1)根据商业秘密许可使用协议,使负有保密义务的劳动者知悉商业秘密所有人及相关商业秘密名单;(2)使劳动者知悉权利人确立的商业秘密制度及违反责任;(3)为劳动者遵守商业秘密制度提供必要条件。见 Федеральный Закон от 29.07.2004 г. № 98-ФЗ «О коммерческой тайне».

② 32(2006)PTC609.

③ (1969)RPC 41.

④ TRIPs 协议第 39 条第 2 款。

保密性予以阐释。在 Strike Production(PTY) Ltd. Case No 10/201704 案[①]中,法官引用 Knox D'Arcy Ltd.and others V.Jamieson and others 先例认为："商业秘密保密性体现为权利人通过合同或其他方式让义务人明确其负有保密义务。"同时还引用了 Hirt V.Carter[②] 先例明确权利人的证明义务,即证明已采取合理的保密措施,具体包括在商业秘密信息上标有独特的标志,向雇员声明保密义务等。综上,南非对商业秘密保密性的认定契合保密性的基本内涵即保密人主观上具有保密意图并在客观上采取了相应的保密措施。尽管南非在引用 TRIPs 协议及相关案例中强调了保密措施的合理性,但并未对合理性的具体标准作出规定。

(二)中国商业秘密界定的四要素

根据我国《反不正当竞争法》的规定,构成商业秘密的技术信息和经营信息需具备四大要素即秘密性、价值性、保密性和实用性。[③] 与其他金砖国家的三要素说相比,实用性规定使我国商业秘密的法律界定更为严格。由于 TRIPs 协议并未涉及实用性的规定,因此有必要对我国法律确定的实用性予以分析阐述。

1.秘密性

秘密性是指特定商业信息在客观上不为相关公众即竞争对手所知或者是通过正常手段难以获取的属性。秘密性体现为整体秘密性和信息内容组合的秘密性。商业秘密以秘密性的维持换取价值性的实现,当秘密性无法维持时,其会完全或部分地丧失经济价值。由于我国并无专门的《商业秘密法》,对四要素的规定散见于诸多单行法。《反不正当竞争法》将商业秘密的秘密性定义为非公知性。[④] 该规定对秘密性的规定过于简略,未对"公众"的范围予以界定,而且未明确秘密性之不易获取性的含义。此外,根据《劳动合同法》第 23 条的规定,商业秘密的秘密性具有相对性,即对内部有关雇员可以公开并要求其对其他雇员及具有竞争关系的公司保密。[⑤] 在实践中,商业秘密所有人依据实际需要适当地向雇员、合作者及政府审批机构公开并不影响信息的秘

---

① (2011) ZAGP JHC1.

② (2007) ZAKZHC 11.

③ 我国《反不正当竞争法》第 10 条第 3 款。

④ 我国《反不正当竞争法》第 10 条第 3 款。

⑤ 我国《劳动合同法》第 23 条规定:用人单位与劳动者对相关的商业保密事项可通过劳动合同予以约定。

密性。

2.价值性

商业秘密的价值性是指相关商业信息因处于秘密状态而给权利人带来现实的或潜在的直接经济利益或某种市场竞争优势。由于我国采用四要素说，因此价值性与秘密性及实用性紧密相关。理论上对价值性产生于秘密性并无争议，而对价值性与实用性是否存在包含关系则争议颇多。为此，本文将在实用性要件中对二者关系予以阐释。

我国《反不正当竞争法》将价值性界定为具有经济效益的属性。[①] 该规定并未明确经济效益是否包含直接的和潜在的两种形式且间接地将否定性信息排除在外。而最高人民法院于 2004 年颁行的《关于审理技术合同纠纷案件适用法律若干问题的解释》在对商业秘密价值性的界定范围上宽于《反不正当竞争法》，其将价值性定义为具有商业价值。[②] 据此，具有商业价值的否定性信息及具有潜在价值的信息都可归入商业秘密的范畴。在具体司法实践中，我国对商业秘密价值性的界定与最高法院解释相一致。如在"陈明高侵犯商业秘密抗诉"案[③]中，法院认为："原告是我国唯一研究开发不含氯硅烷偶联剂的科研单位且该产品的国内需求旺盛，故极具价值性。一旦研制成功并经大量生产，每吨纯获利为 10 万元人民币。硅烷偶联剂合成新工艺中试开发生产技术能为权利人带来潜在的经济利益。"该判决因涉案技术具有潜在的经济利益而认定其为商业秘密。可见，我国在具体实践中对商业秘密价值性的认定更为宽泛，符合个案公平的价值追求。

3.保密性

商业秘密的保密性是指兼具保密意图及客观保密措施的属性。我国诸多单行法均对保密性有所规定。根据《反不正当竞争法》第 10 条第 3 款的规定，保密性即为权利人采取保密措施。最高人民法院《关于审理不正当竞争民事案件应用法律若干问题的解释》第 11 条中对具体保密措施作出规定，涵括了对秘密信息的知悉范围及人员的限定、保密标志的附加、密码的运用、保密协

---

① 我国《反不正当竞争法》第 10 条第 3 款。

② 我国最高人民法院 2004 年《关于审理技术合同纠纷案件适用法律若干问题的解释》第 1 条第 2 款。

③ 张新民：《陈明高侵犯商业秘密抗诉案》，http://www.scxsls.com/a/20110701/10500.html，访问日期：2013 年 12 月 13 日。

议的签订等。① 此外,我国《劳动合同法》第 23 条对具有劳动关系的当事人间的保密措施作了特殊规定,对负有保密义务的劳动者可通过竞业限制条款予以约束并获得相应的经济补偿。我国法律对商业秘密保密性的规定涵盖了保密性的基本含义并对保密措施的合理性作出具体规定,这与俄罗斯的做法相似。但该规定在具体司法实践中并未发挥应有作用。在"冠愉医药"案②中,原告为冠愉医药公司,其于 2004 年与克罗地亚普利瓦公司签订了产品代理合同。被告为原告的前雇员,其在原告公司就职期间,获悉了公司代理普利瓦公司舒美特产品的经营信息。被告辞职并成立了康程医药公司,大量利用从原告公司获取的秘密经营信息。为此,原告向法院提起诉讼。尽管原告对涉案信息早已采取保密措施,如要求员工签订保密合同及制定保密规章制度等,但法院仍未将该信息认定为商业秘密。根据法院判决可知,"权利人采取的保密措施应该是合理的、具体的、有效的。具体是指所需保密的对象具有明确性,即在缺乏具体性的情况下,即使存在相关的保密条款或合同,也无法认定该对象及相应的保密措施是具体的。有效是指权利人所采取的措施具有实际效果,即在实践中能有效地保护商业秘密。然而本案原告无法就针对具有明确性的保密对象采取了具体有效的措施提供相应证据予以证明,故其请求保护的舒美特产品的经营信息因缺乏具体而有效的保密措施而不应认定为商业秘密"。根据法律规定,只要权利人对涉密信息采取了合理的保密措施,包括签订保密协议等,就可判定该信息具有商业秘密保密性特征。但该案的原告已经采取了法律规定的保密措施,却未得到法院的支持。此种立法与司法不协调的现象,既损害了法律的权威性,也降低了对商业秘密权利人的保护力度。对于法官的观点即具体的、有效的措施才能构成合理的商业秘密保密措施,笔者并不支持。理由如下:"具体"、"有效"的标准难以确定,而且采取保密措施的主要目的是证明权利人具有维持信息秘密性的意图,过于严苛的保密措施

---

① 我国最高人民法院 2007 年《关于审理不正当竞争民事案件应用法律若干问题的解释》第 11 条第 3 款规定:可以认为权利人采取了保密措施的具体情形包括:(1)限定涉密信息的知悉范围,只对必须知悉的相关人员告知其内容;(2)对于涉密信息载体采取加锁等防范措施;(3)在涉密信息的载体上标有保密标志;(4)对于涉密信息采用密码或代码;(5)签订保密协议;(6)对于涉密的机器、厂房、车间等场所限制来访者或者提出保密要求;(7)确保信息秘密的其他合理措施。

② 广东省深圳市中级人民法院:《深圳市冠愉医药有限公司诉深圳市康程医药有限公司侵害商业秘密纠纷案》,http://china.findlaw.cn/info/wenshu/fayuan/minpan/208428.html,访问日期:2013 年 12 月 13 日。

标准有违该目的。

4.实用性

实用性作为我国区别于其他金砖国家的商业秘密特征,其基本含义为可应用性,即商业秘密能应用到产业中。我国《反不正当竞争法》明确规定实用性要素。国家工商行政管理局《关于禁止侵犯商业秘密行为的若干规定(1998修订)》肯定了实用性具有价值性的基本特征,即现实的或潜在的经济利益和竞争优势。[①] 此外,在最高人民法院 2004 年《关于审理技术合同纠纷案件适用法律若干问题的解释》中,用"具有商业价值"来统一概括商业秘密的价值性和实用性。[②] 由此引发了学界对这两个构成要件独立性的探讨。我国现有的法律规定并未明确地对二者予以区分,但在具体司法实践中,大部分法院的判决对它们进行统一定义。在"新会市粮油食品公司案"[③]中,原告为新会市粮油食品公司,被告为与其签订承揽合同的谢某。因被告利用承揽中掌握的技术秘密为他人绘制同类设备图纸,原告认为被告侵犯其商业秘密,故向法院提起诉讼。该案判决:"商业秘密必须同时具备非公知性、价值性、合理保密性才可成立。而价值性和实用性可以合并为经济实用性。"与上述案件判决不同,笔者认为价值性与实用性具有相互独立性。首先,实用性强调的是商业秘密的具体运用,因此其将抽象的、纯理论的信息排除在外;而价值性强调的是信息本身所具有的经济利益及竞争优势,因此即使是抽象的理论也可以具备价值性。其次,根据《专利法》第 22 条第 4 款的规定,实用性具有产生积极效果的属性。[④] 基于商业秘密与专利同属知识产权范畴,商业秘密的实用性与专利法所规定的实用性应具有同质性。据此,否定性信息因不具备实用性而不能归入商业秘密范畴;相反,根据价值性的一般理论,否定性信息具有价值性,即减少权利人成本从而使其获得优于竞争对手的市场地位。最后,实用性的适用范围窄于价值性。实用性一般仅适用于技术信息,而价值性通用于技术

---

① 国家工商行政管理局《关于禁止侵犯商业秘密行为的若干规定(1998 修订)》第 2 条第 2 款规定:能为权利人带来经济利益、具有实用性,是指该信息具有确定的可应用性,能为权利人带来现实的或者潜在的经济利益或者竞争优势。

② Maristela Basso and Rodrigues Edson Baes, *Intellectual property Law in Brazil*, Kluwer Law International,2010,10.6。

③ 余芸:《新会市粮油食品公司诉谢英俊利用承揽合同中掌握的技术秘密为他人绘制同类设备图纸商业秘密侵权案》,http://www.zfwlxt.com/html/2007—9/20079232141291.htm,访问日期:2013 年 12 月 13 日。

④ 我国《专利法》第 22 条第 4 款规定:实用性是指该发明或者实用新型能够制造或者使用,并且能够产生积极效果。

信息和经营信息。基于二者的差异,我国应在法律规定及相关司法实践中予以区分以协调二者内涵的冲突之处及重合点。

(三)小结

金砖国家基于不同的法律传统及对商业秘密的认知,对商业秘密构成要件的认定产生分歧。中国独自采用严格的四要素论,即秘密性、价值性、保密性及实用性。俄罗斯、巴西、印度、南非适用三要素论,即秘密性、价值性和保密性。尽管各国所秉持的商业秘密构成要件理论不同,但对基本要素内涵的认知一致。各国均基于一致的基本理论,对相关法律或判例作出详略不同的规定,但不尽完善。虽然我国增加了实用性的规定,但法律规定不甚明确。对于实用性存废的问题,本文将在商业秘密构成要素协调部分予以详细阐述。

四、金砖国家商业秘密法律界定的立法模式

目前世界各国商业秘密法律界定主要存在两种立法模式即概括限定式和属加种差列举式。这两种模式的主要区别在于是否对商业秘密的范围予以明确限定。我国是典型的采用概括限定式的国家,在《反不正当竞争法》第 10 条第 3 款中将商业秘密严格限定为技术信息和经营信息。美国则采纳属加种差列举式,即并未限定具体范围而是将商业秘密的本质属性与具体例子相结合。[①] 两种定义模式各有弊端,概括限定式对范围界定过于僵化,难以适应社会的发展要求;属加种差列举式则相对抽象,过度依赖法官的司法职能。

(一)概括限定式

根据赵学强教授在《论商业秘密概念的科学界定》一文[②]对概括限定式立法模式的定义可知,将商业秘密概括为某种技术信息或经营信息即为概括限定式。如我国《反不正当竞争法》将商业秘密定义为具有四要素的技术信息和

---

① 美国《统一商业秘密法》(1985 年修正)第 1 条第 4 款规定:商业秘密意为特定信息,包括配方、样式、编辑产品、程序、设计、方法、技术或工艺等,其:(1)由于未能被可从其披露或使用中获取经济价值的他人所共知且未能用正当手段已经可以确定,因而具有实际或潜在的独立经济价值;(2)在特定情形下已尽合理保密努力的对象。见 http://euro.ecom.cmu.edu/program/law/08—732/TradeSecrets/utsa.pdf,访问日期:2014 年 3 月 3 日。

② 赵学强:《论商业秘密概念的科学界定》,载《山东省经济管理干部学院学报》2010年 12 月第 6 期。

经营信息。俄罗斯对商业秘密法律界定也采取此种模式。根据《俄罗斯联邦商业秘密法》第 3 条的规定,构成商业秘密的信息是指具有三要素的科技、工艺、生产、财经或者其他信息。其他金砖国家则采取了属加种差式立法模式。由于概括限定式具有局限性,我国与俄罗斯在相关法律中均进行了相应的修正。我国在《商业秘密保护法(送审稿)》中将商业秘密的定义予以改进,使其更倾向于属加种差式。[①] 此外,1995 年国家工商行政管理局发布的《关于禁止侵犯商业秘密行为的若干规定》对技术信息和经营信息进行详细列举。[②] 通过这些规定缓解概括限定式难以满足社会发展新需求的矛盾。俄罗斯则通过排除性条款,即通过具体规定不属于商业秘密的种类以确定其范围的方式弥补概括限定式的不足。《俄罗斯联邦商业秘密法》第 5 条规定了不能构成商业秘密的信息,将第 3 条的本质属性与本条的简单列举相结合,以利于司法实践操作。

(二)属加种差列举式

属加种差中的属是指被定义项所归属的类别,种差指被定义项不同于其他种概念的特有属性。属加种差列举式是指将商业秘密的本质属性与所保护的对象简单列举相结合来定义商业秘密的立法模式。该种方法的基本步骤为先界定商业秘密的构成要素而后列举具体例子以进一步明确概念的范畴。美国对商业秘密法律界定即采用此种模式,将秘密性、保密性、价值性与简单例子相结合来明确商业秘密的具体内涵及外延。[③] 此种界定模式虽比概括限定式抽象,但更为科学。其不仅指明了本质属性且通过例子减少模糊性,有利于司法争议的解决。

金砖国家中的巴西、南非、印度在商业秘密法律界定立法模式上均采取属加种差列举式。根据巴西《工业产权法》第 195 条对用于人类的商业化药品或相关原料的未公开信息的规定及关于不正当竞争中具有工业或商业性质的保密信息的规定,10603 号法令第 4 条对用于动物疾病治疗、肥料、化学农药的商业化药品或其相关原料保护的规定,均抽象性地对保密信息的秘密性、价值

---

① 我国《商业秘密保护法(送审稿)》第 1 条第 1 款规定:本法所称商业秘密,是指具备下列条件的技术信息、经营信息:(1)不为该信息应用领域的人所普遍知悉;(2)具有实际或潜在的商业价值;(3)经权利人采取了合理的保密措施。

② 我国国家工商行政管理局 1995 年《关于禁止侵犯商业秘密行为的若干规定》第 2 条规定:本规定所称技术信息和经营信息,包括设计、程序、产品配方、制作工艺、制作方法、管理诀窍、客户名单、资源情报、产销策略、招投标中的标底及标书内容等信息。

③ 美国《统一商业秘密法》(1985 年修正)第 1 条第 4 款。

性、保密性予以规定。在此基础上通过举例将抽象概念具体化,如第 195 条第 11 款列举了非商业秘密的类型,即公共知识和通过工作熟练掌握的技能;该条还对"未公开信息原创活动需相当努力"中的"相当努力"进行举例阐释,即临床前和临床后的实验、毒性学、药物药效学的实验都属于相当努力。南非对商业秘密的定义与 TRIPs 协议完全一致,TRIPs 协议对商业秘密的定义是典型的属加种差列举式。TRIPs 协议第 39 条对商业秘密的定义包括两部分:一为明确秘密性、商业价值及合理的保密措施为商业秘密的本质属性;二为列举商业秘密保护的特殊情形,即向政府或政府代理机构提交的医用或农用化工产品相关数据的保护。印度对商业秘密法律界定倾向于属加种差列举式。由于印度并无相应的成文法可循,只能通过有关商业秘密的案例予以总结。在 American Express Bank Ltd.V.Puri,(2006)案[①]中,德里高级法院将商业秘密界定为具有秘密性、保密性、价值性的公式、专有技术、特殊样式、商业方法。该定义显然融本质属性及简单列举于一体。

(三)小结

基于不同的立法传统及司法实践,金砖国家在商业秘密法律界定上选择了不同的立法模式。在倾向于大陆法系传统的国家中,抽象化的概括性法律规定有利于法官司法解释职能的充分发挥。故我国与俄罗斯采取概括限定式立法模式。但该模式使商业秘密的概念过于局限以致产生滞后性。为此,我国与俄罗斯都在相关法律规定中予以补缺。巴西、南非及印度则采纳了属加种差列举式立法模式。这与各国倾向于通过具体案例确定商业秘密的内涵有关。它们在概念界定中将抽象本质与具体例子相结合,既符合法律规定的相对稳定性要求又迎合社会的新发展。此种模式兼具固定性与灵活性,在保持商业秘密构成要素不变的前提下,灵活增加新的商业秘密形式。与概括限定式相比具有明显的相对优势。

五、金砖国家间商业秘密法律界定的协调

(一)金砖国家间协调商业秘密法律界定的原则和方法

基于不同的立法指导思想及法律传统,金砖国家对商业秘密法律界定不

---

① (2006) IIILLJ540 Del.

同。一般而言,国家法律规定是利益及社会基本价值观念综合作用的结果。所谓的社会基本价值观念是指在特定社会意识形态中具有主导与引领性作用,且能影响大部分人对行为模式及方向选择的相对成熟、稳固的道德价值观。[①] 金砖国家在商业秘密法律界定时所依据的利益导向和社会基本价值观念不同,导致各国制定不同的规定。在商业交往日益密切和涉及商业秘密的案件日渐增多的背景下,金砖各国间亟须依据相关原则与方法对商业秘密法律界定予以协调,以实现商业秘密领域的共赢。

商业秘密法律界定的协调原则和方法是对不同利益加以综合权衡与整合,追求多重目标的利益调整机制。多重目标包括协调的成果惠及各国以及将协调过程中的负效应降至最低限度。协调的着眼点在于存异求同以寻求各种利益关系的均衡。本文所探讨的商业秘密法律界定协调原则包括共赢原则、缩小利益差异与保护少数利益原则、兼顾原则、利益限制与利益服从原则。具体的协调方法涵括符合 TRIPs 协议基本要求、整体方法、利益衡量方法、宏观效益与微观效益协调方法。

1.金砖国家商业秘密法律界定协调原则

首先,商业秘密法律界定协调的首要原则为共赢原则。所谓的共赢原则是指在不损害各国主权的前提下共同增进各方利益,使参与者共济并进、相得益彰。金砖国家对商业秘密法律界定是行使主权的体现。基于法律协调行为对主权的限制作用,各国在具体协调时会权衡利弊以期作出共赢决定。该原则能确保一国的商业秘密法律界定协调后所产生的法律效果优于协调前。其次,协调应遵循缩小利益差异与保护少数利益的原则。该原则的具体内涵为各国利益具有共生性,不绝对排斥任一国家利益诉求,在存异的同时,通过调整和平衡法律利益以求同。[②] 金砖各国在国家综合实力、知识产权能力、法律保护等方面存在差距。根据美国商会全球知识产权中心(GIPC)所提出的 2012 年国际知识产权指数排名情况可知,金砖国家由高到低为俄罗斯、巴西、中国、印度,我国相关指数为 9.13 分,而印度仅为 6.24 分,[③] 两者差距稍大。为此,在进行商业秘密法律界定协调时应适当顾及水平较低国家的需求,以便

① 梁以劲:《浅析利益衡量的几个理论问题》,http://www.zscourt.gov.cn/News/2009/06/10/1735020.shtml,访问日期:2014 年 2 月 27 日。

② 曹新明:《论知识产权冲突协调原则》,http://www.lawtime.cn/info/lunwen/ipqtzscqf/2006102650185_9.html,访问日期:2014 年 2 月 27 日。

③ 《金砖四国在知识产权保护方面得分最低》,载《知识产权国际快讯》2012 年第 38 期。

协调后的定义在各国均能发挥良好的法律效益。再次,协调中的兼顾原则。兼顾原则是指各国在进行协调活动时不仅应重视共生性,而且应关注差异性。兼顾不是无原则的利益妥协。金砖国家商业秘密法律界定存在共生性,也具有较大的差异性。因此,在协调过程中应根据各国的具体情况对差异点予以合理保留。最后,利益限制与利益服从原则。该原则主要解决的是当无法同时满足存在竞争关系的利益时,何者优先的问题。其中也涉及"利益估价"问题,即对相互冲突并无法同时满足的利益进行位序、重要性排列时,需予以价值判断。[①] 法律协调是对多方利益予以评估、整合、取舍、退让的过程。金砖国家进行商业秘密法律界定协调时,需对各国不同的利益导向予以调整综合。为此各国需对本国相关的次要利益作出限制,以使商业秘密获得更完善的保护。

基于发展中国家特殊的地位及多方面合作关系,本文认为金砖国家进行商业秘密法律界定协调时需遵循共赢原则、缩小利益差异与保护少数利益原则、兼顾原则、利益限制与利益服从原则。这样不仅能促使金砖各国践行法律界定协调活动,而且能正确引导和解决协调过程中不可避免的利益冲突问题。

2.金砖国家商业秘密法律界定协调方法

法律协调原则与方法最本质的区别在于原则是从宏观角度予以指导,而方法强调法律协调中的具体举措,即从微观角度解决问题。首先,商业秘密法律界定协调的首要方法是符合 TRIPs 协议基本要求。由于金砖国家均为 TRIPs 协议成员,它们对商业秘密的法律界定都不同程度地根据协议转化而来。为此,各国在具体协调中需确保 TRIPs 协议第 39 条的基本要求得以充分贯彻。其次,整体方法。所谓的整体方法是指在解决各种共生利益关系时,以整体为视角。[②] 多国法律协调与一国法律协调最显著的区别在于整体协调的程度。多国协调时所面临的利益体系更为复杂以及法律规定更为庞杂,在协调过程中亟须用整体视野予以存异求同。再次,利益衡量方法。利益衡量是指基于对多元利益的识别,在一定原则的指导和程序的遵循下对各种利益进行比较、评价、选择的活动。[③] 利益衡量的思想基础是德国的自由法学及利

---

① 曹新明:《论知识产权冲突协调原则》,http://www.lawtime.cn/info/lunwen/ipqtzscqf/2006102650185_9.html,访问日期:2014 年 2 月 27 日。

② 王继恒:《环境法协调发展原则新论》,载《暨南学报》(哲学社会科学版)2010 年第 01 期。

③ 梁以劲:《浅析利益衡量的几个理论问题》,http://www.zscourt.gov.cn/News/2009/06/10/1735020.shtml,访问日期:2014 年 2 月 27 日。

益法学。根据该学说,利益作为国家法律制定和颁布的主要根据。为此,金砖各国进行法律界定协调时需解决本国利益和共同利益间的矛盾。在复杂的利益体系中,各国应对个体利益进行权衡,而后将个体与共同利益协调,以平衡利益、协调合作、实现共赢。最后,宏观效益与微观效益协调方法。根据法经济学的观点,法是具有效益的,具体可分为宏观效益与微观效益。宏观效益是指法律规定在能够给制定主体带来充分经济效益的同时,还能够给他人带来利益。与之相对的为微观效益。① 金砖国家进行商业秘密法律界定协调时应张扬宏观效益和并举微观效益。其中对于我国商业秘密实用性规定的存废问题上更应遵循该方法,即准确判断该规定对本国及他国所带来的效益有无、大小,以取得最佳的协调效果。

在协调原则的指导下,协调方法发挥着有效作用。本文所遵循的协调方法不仅与协调原则相契合,而且各具侧重点。符合 TRIPs 协议基本要求的方法和整体方法即重在整体内容上的求同协调,利益衡量方法及宏观效益与微观效益协调方法则强调个体利益与共同利益间的协调。

(二)金砖国家间协调商业秘密法律界定的主要方面

1.商业秘密名称的协调

根据现有的金砖国家法律规定,中国、俄罗斯、印度均采用"商业秘密"称谓,巴西、南非则采用"未公开信息"名称。基于"未公开信息"与"商业秘密"的非等同关系和名称不一致易产生冲突,有必要对金砖国家商业秘密名称予以协调。

尽管"未公开信息"与"商业秘密"都从表面字义上凸显信息秘密性的特性,但二者有着显著的不同。首先,"未公开信息"所囊括的信息范畴广于"商业秘密";其次,"未公开"意为秘密信息权利人主动保护信息,不予公开的动态行为,而"商业秘密"则强调秘密自身所处的客观秘密状态;再次,"未公开信息"并未直接表明秘密的商业性质,需在相关条款中对秘密的商业性予以规定,而"商业秘密"在字面上便突出秘密的商业性质。基于两种称谓的不同点,本文认为应采用"商业秘密"称谓更为合理,具体理由如下:首先,对少数国家的协调更易操作及更具效果。大部分金砖国家均采取"商业秘密"名称。其次,巴西与南非采取"未公开信息"称谓的主要原因是两国对 TRIPs 协议第 39

---

① 曹新明:《论知识产权冲突协调原则》,http://www.lawtime.cn/info/lunwen/ipqtzscqf/2006102650185_9.html,访问日期:2014 年 2 月 27 日。

条的全部照搬或稍作修改。作为国际条约,TRIPs 协议具备一般条约开放性的特点,以便成员国在加入条约时有谈判空间及增强灵活性,由此导致相关规定的抽象化。但该特性与国内立法具体化、明细化的要求相冲突。为此,巴西与南非立法应尽量与国际条约规定有所区别,避免过于抽象的概念对具体对象的保护不力。此外,抽象化名称具有较大的解释空间,会造成解释多样化,不利于各国相关保护对象范围的协调统一。再次,"商业秘密"称谓的优势。"商业秘密"仅从字义上便可知信息的两大特性,即秘密性与商业性,从而将国家秘密及其他非商业秘密排除在外。最后,采用"商业秘密"名称更符合未来专门化与精细化的立法趋势。随着信息社会的不断发展,未来国家对信息立法将分门别类并详尽规定。作为企业至关重要的信息,商业秘密的立法已经具有专门化的倾向。世界各国均致力于制定专门的《商业秘密法》,美国、加拿大、俄罗斯等国已经制定了较为完善的专门法律。商业秘密法与其他秘密法相并列的法律体系不仅能更有力地对商业秘密予以保护,而且能给权利人更清晰的法律指引。

2.商业秘密界定中导向模式的协调

基于不同的立法传统,大陆法系与英美法系进行法律概念定义时采取了不同的导向模式。大陆法系国家倾向于在成文法中对相关概念构成要件予以严格规定,此为"要件导向"模式。中国、俄罗斯、巴西在商业秘密法律界定时采取此种模式。而英美法系国家侧重于概念的法律效果,即通过灵活的判例法以实现个案的效果衡平,此为"目的导向"模式。印度、巴西运用该模式对商业秘密进行定义。不同的导向模式使金砖国家间商业秘密法律界定颇为不同,这不利于商业秘密的协调保护。自 19 世纪以来,两大法系呈现融合的趋势。以奥地利法学家埃利希为首的自由法学派学者主张"活的法律",即在借鉴判例法的基础上消除制定法的机械化弊端。① 作为大陆法系的典型代表国家,日本通过法律对判例法的地位予以承认。日本《裁判所构成法》第 49 条规定:"下级法院必须遵循上级法院的判决。"英美法系国家也对两法系的融合作出努力,如美国为了弥补判例法的不可预测性,于 1979 年制定了《统一商业秘密法》。综上,两大法系的相互借鉴、吸收、融合表明不同法系间协调的可行性。基于金砖国家商业秘密法律界定导向模式协调的现实必要性和理论可行性,本文提出如下建议:首先,印度可在法律中明确商业秘密的基本构成要件

① 严存生:《自由法学及其埃利希的"活法"理论——读〈法律社会学的基本原理〉笔记》,载《民间法》2010 年第 1 期。

以弥补判例法不统一的弊端;其次,南非可平衡判例法与成文法的关系,充分发挥各自的作用;再次,中国、俄罗斯、巴西可根据本国国情适当建立判例法制度以加强已有法律规定在具体个案中的灵活运用,达到个案衡平目的。

面对新产生的问题,制定法基于滞后性而无法较好地实现法律公平价值。相反,判例法因其创制修改不需要立法机关的专门程序,而能更好地适应现实需求,从而可弥补制定法滞后性缺陷。此外,虽然制定法在法律规范中对概念成立要件予以严格规定,但因抽象性使得其在具体适用中需要法官行使解释权,从而出现各法院同案不同判的情况,严重影响了法律公平效果的实现。而判例法通过"遵循先例"原则能有效地协调上下级法院及平级法院间的判决,以实现"同案同判"并达到司法公正效果。基于制定法所存在的缺陷及判例法的弥补作用,一国有必要在立法中兼顾二者。

我国在法律体系上倾向于大陆法系,即以成文法为主要法律渊源并且不承认判例法的法源地位。但我国建立判例法具备可行性,理由如下:首先,我国具有判例法传统。"有咎比于罚"在商代就已有所规定,其意为依据先例作出处罚。秦代的"廷行事"、汉代"决事比"、宋代"断案"、元代"断例"等都体现遵从先例的思想。其次,我国对判例法的司法实践。首次规定本院审判委员会发布的"先例判决"具有约束力的是郑州中原区法院,其于 2002 年明确判例对本院审理同类案件具有参照作用。2011 年 12 月 20 日,最高人民法院发布了第一批四个指导性案例,这些案例对人民法院审理类似案件具有一定的指导效力,法院在审判相关案件时应当参照适用。以上司法实践表明我国对判例从排斥逐步走向接纳。再次,判例能弥补司法解释的不足。司法解释是国家最高司法机关对司法工作中具体应用法律问题所做的解释,其目的是为弥补立法的空白与漏洞,统一司法适用。但由于司法解释仍采取成文法形式,无法避免成文法滞后性的弊端。判例法可以其灵活开放性弥补司法解释的不足。基于我国判例法建立的现实可行性,在商业秘密法律界定导向模式协调中,可适当地将司法判例与法律规定相结合,既重视要件目的,也关注个案法律效果的实现。

作为典型的大陆法系国家,俄罗斯对判例法的态度经历了从绝对排斥到适度接纳的过程。在苏联时期,基于历史传统、社会主义政治制度、意识形态等的影响,判例法被绝对地排除在法院审理案件及法学家研究的范畴之外。随着苏联解体,俄罗斯联邦国家深受西方法律价值、学说等的影响并逐步接纳

了产生于英美法系的判例法。① 其对判例法的接受主要体现在两大方面:第一,设立宪法法院,提升法院地位并树立法院权威。《俄罗斯联邦宪法法院法》的相关规定明确了宪法法院决定的权威性及提高了法院地位。② 第二,判例法在法律及实践中的运用。2011 年俄罗斯为加"入世"界贸易组织而对大量法律进行修订,将过去 15 年间重大的司法判例涵盖于新法规中,包括政治案例及民事案例,其中涉及俄罗斯与本国居民及外国投资者间的案件。法院在具体司法实践中也经常正式援引刊载最高法院审判实践经验的定期出版物如《俄罗斯最高法院公报》上的重要判例。基于此,在商业秘密法律界定导向模式协调中,俄罗斯建立相应的判例法制度以配合《商业秘密法》发挥作用显得合理且可行。

虽然巴西是联邦制国家,但并未加入英美普通法系。作为罗马法体系的一员,巴西的主要法律渊源为制定法,即宪法、不与宪法相抵触的联邦法律、行政法规、具有自治权的州法律、行政规章、国际条约,而并未将判例法列入在内。尽管判例法不是巴西的正式法律渊源,但其并非采取绝对排斥的态度,而是将判例作为法律解释的辅助手段。在具体司法实践中,判例法地位不容忽视。如《巴西劳动法》尚未就有关外包活动的基本准则制定严格、具体的法律规定,与外包活动相关的问题由巴西最高法院于 2011 年 5 月修订的合法外包的指导性文件——1993 年判例 331 号解决。在商业秘密法领域也有判例法的司法实践,Rio Grande do sul 法院就曾在判例中确认商业秘密的秘密性、价值性、保密性。③ 据此,巴西为商业秘密法律界定导向模式中引进"目的导向"模式提供良好的实践经验。

司法需具备两大要求:一为法律的确定性及可预见性,二为法律的灵活性以适应社会的不断发展。因普通法系的立法传统,印度无法同时满足以上司法需求。尤其在商业秘密领域,制定法的缺失使得商业秘密保护缺乏稳定性与可预见性。因此,印度通过成文法进行商业秘密法律界定具有必然性和合理性。印度并不缺乏制定成文法的传统,早在 1872 年印度就制定了普通法系的第一部成文合同法即《印度合同法》,以此弥补判例法的缺陷。印度曾尝试

---

① 杨亚非:《判例与俄罗斯法的发展》,载《法制与社会发展》2000 年第 1 期。

② 《俄罗斯联邦宪法法院法》第 65 条第 2 款规定:从宪法法院作出的认定规范性决定或其中的独立部分违宪决定生效时起,已经发生效力的规范性决定或其有关的部分就被认为是无效的。

③ Maristela Basso and Rodrigues Edson Baes, Intellectual property Law in Brazil, Kluwer Law International,2010,p.181.

将商业秘密保护成文化。其于 2008 年效仿美国制定了《国家创新法草案》，并在该草案中对商业秘密进行法律界定。[①] 尽管该草案至今仍未通过，但表明了印度通过成文法确定商业秘密定义的可行性。

南非在商业秘密法律界定上同时存在判例法和成文法，但其在司法实践中更倾向于判例的作用。虽然南非并未制定专门的《商业秘密法》，但明确宣称有关商业秘密的问题均适用 TRIPs 协议。[②] 在具体司法实践中，南非法官大量地引用判例（包括本国上级法院作出的判例、他国判例），在判决书中也鲜少出现成文法规定。出现此情形原因有：第一，南非的司法制度效仿英国，因此具有普通法系特色，重视判例在司法中的作用；第二，本国有关知识产权的法律保护均采取加入国际条约后直接适用的模式。但条约具有普适性而缺乏针对性，并不能较好地反映一国实际法律情况。因此，要解决制定法与判例法的不平衡性，南非需尝试依据 TRIPs 协议和本国具体国情制定专门的《商业秘密法》，以增强适用性。此法中的商业秘密法律界定除了与 TRIPs 协议第39 条规定保持一致并与金砖国家商业秘密保护范畴协调统一外，还可增加具备当地特点的商业秘密形式。

3.商业秘密界定中构成要素的协调

除中国外，其他金砖国家均采取了与 TRIPs 协议相一致的三要素说，即秘密性、价值性和保密性。尽管各国对构成要素的具体阐释不同，但对三要素的基本内涵及本质并无争议。中国在商业秘密构成要素中增加了实用性的规定，使得商业秘密的定义更显严格且外延更小。对此，本文在商业秘密构成要素协调节中将重点阐述实用性规定的存废问题。

根据宏观效益与微观效益协调方法，本文将分析商业秘密的实用性规定对我国及金砖国家的法律效益，从而得出相关结论。实用性要件与价值性要件及日本法律所规定的"有用性"要件均有所区别，具备独立存在价值。实用性与价值性的不同上文已有所论述，此处便不赘述。实用性与有用性的区别主要体现在范畴上，有用性的范畴明显广于实用性。实用性要求相关秘密技术或信息能转化为可实施的方案或其他形式并能带来积极的经济效益；而有用性并不要求商业秘密的积极经济效益，只要其对权利人产生积极或消极的有用性即可。除了具备独立存在价值外，实用性还体现了商业秘密信息的特性，即具备一定的表现形式如工艺流程说明书和图纸、制造产品的技术方案、

---

① The National Innovation Act of 2008，Chapter II(3).

② 何艳:《发展中的非洲区域知识产权保护体制》，载《西亚非洲》2008 年第 4 期。

管理档案等,明确了商业秘密法律不保护尚处在抽象思维中的各类秘密信息。从以上两个层次而言,实用性对我国商业秘密保护具有一定的法律效益,但上述积极效益无法抵充实用性所具有的消极效益。其消极效益主要体现为两大方面:一方面,从国内层面上,实用性要素极大地限制了商业秘密的适用范围,将具备一定价值但无法带来积极经济效益的秘密信息如失败的研究数据、失败的经营方式和经营模式等排除在外,此类信息一旦被竞争对手所获取无疑能形成竞争优势且损害权利人的利益;另一方面,从国际层面上,俄罗斯、南非都对否定性信息归属商业秘密作出肯定性的确认,我国实用性要素对此类信息的间接排除将会阻碍金砖国家间商业秘密法律界定的协调。此外,我国在司法实践中出现实用性弱化趋势,在最高人民法院公布的 100 个知识产权经典案例之一的"幸发芬侵犯商业秘密案"①中,法院的相关判决为:"三牙轮钻头是原告的主要产品,具有重大的经济价值,因此该设计制造技术具有实用性。"根据该判决,价值性要件与实用性要件具有融合的趋势。综上,我国商业秘密法律界定中有关实用性的规定不具备宏观效益,即对本国有关商业秘密保护作用小且有改革趋势以及不利于金砖国家商业秘密法律界定的协调。

4.商业秘密界定中立法模式的协调

如前所述,目前世界各国对商业秘密法律界定的立法模式有概括限定式与属加种差列举式。我国与俄罗斯采取了概括限定式,巴西、南非、印度则采取属加种差列举式。与概括限定式相比,属加种差列举式具有特定的优势:第一,抽象化的本质属性规定与具体化的例子相结合降低了商业秘密定义的理解难度。作为专门法律术语,商业秘密既要运用本质属性规定与一般秘密信息、国家秘密相区别,又要克服抽象化规定所带来的不为普通民众所理解接受的情况。属加种差列举式较好地平衡了立法需求与守法者利益。第二,简单列举的补充作用。法律具有滞后性,商业秘密法律界定仅依靠单纯抽象化规定难以克服该缺陷并易造成法官自由裁量权的扩大、法律适用不一致、"同案不同判"等状况,从而影响法律效果。属加种差列举式中的简单列举可通过更新例子以达到弥补法律滞后性的缺陷。第三,与概括限定式将商业秘密限定为某种技术信息和经营信息不同,属加种差列举式通常将商业秘密概括为某种秘密信息,在范畴界定上更具灵活性。综上,在金砖国家商业秘密法律界定立法模式协调方面,宜将中国与俄罗斯的概括限定式立法模式予以修正完善以向属加种差列举式立法模式发展。

---

① 张弛:《幸发芬侵犯"商业秘密"了吗》,载《法人杂志》2009 年第 9 期。

我国已意识到商业秘密法律界定的概括限定式立法模式所具有的弊端，并且已作出相应的修正。上文在此方面已有论及，此处便不再赘述。俄罗斯从无专门的商业秘密法到 2004 年颁行《商业秘密法》，并进行三次修改，即 2006 年 2 月 2 日第 19 号联邦法律的修改、2006 年 12 月 18 日第 231 号联邦法律的修改以及 2007 年 7 月 24 日第 214 号联邦法律的修改。[①] 其最主要的改革在于将技术信息与商业秘密概念分别规定于《俄罗斯民法典》和《商业秘密法》中并将技术信息纳入知识产权保护的大范畴，使得商业秘密法律界定涵盖了科学技术领域中的智力活动成果的信息、职业活动实现方法的信息等秘密信息，推进了立法模式的属加种差列举式化。此外，俄罗斯还通过排除性规定弥补概括限定式所具有的立法僵化弊端，此方面上文也已论及。

(三) 小　结

金砖国家有关商业秘密的名称、导向模式、构成要素、立法模式的不同使得商业秘密在各国中的保护难以协调统一。随着金砖各国经贸往来日益深入，涉及商业秘密保护的任务逐渐加重，对商业秘密法律界定协调显得必要而迫切。本文针对名称的协调提出统一适用"商业秘密"称谓的建议，导向模式协调的建议则分为三部分，即首先，印度可在相关法律中明确商业秘密的基本构成要件以弥补判例法不统一弊端。其次，南非可平衡判例法及成文法的关系，充分发挥各自的作用。最后，中国、俄罗斯、巴西可根据本国国情适当建立判例法制度以加强已有法律规定在具体个案中的灵活运用并达到个案衡平目的；构成要素的协调则强调基于宏观效益与微观效益方法，我国可对商业秘密实用性要件予以修正；在立法模式协调上，本文主张采用属加种差列举式立法模式。上述所有的协调行为都以促进商业秘密在金砖国家的统一适用并取得法律效益最大化为目的。

六、结　语

"金砖国家"从早期的投资概念逐步转变为政治与国际合作概念。各国间的联系日益紧密，尤其在经济领域。金砖国家经济迅猛发展及各国间经济贸易往来密切必然导致经济摩擦增多。在知识产权时代，经济摩擦主要体现为

---

① 淡修安、张建文：《俄罗斯联邦技术秘密保护之嬗变：以立法演进为视角》，载《广东外语外贸大学学报》2012 年第 23 卷第 1 期。

知识产权纠纷,尤其是侵犯商业秘密所引起的纠纷。商业秘密法律界定是处理商业秘密纠纷的首要问题。为此,本文以商业秘密法律界定为研究对象,以协调金砖国家间不同的法律界定为目标,对名称、导向模式、构成要素、立法模式的具体协调提出建议:用"商业秘密"统一金砖国家间的称谓;将"目的导向"与"要件导向"两种模式相协调以弥补单纯成文法与判例法所具有的缺陷;根据宏观效益与微观效益的协调方法,将我国的实用性要件与价值性要件相融合;基于属加种差列举式立法模式的相对优势,我国与俄罗斯逐步转变概括限定式立法模式向属加种差列举式发展。

A Study on Coordination of Trade-Secret Legal Definitions in BRICS

Chen Jun

Abstract: In recent years, the innovation industry cooperation among BRICS is increasingly close. Unfortunately, different legislations in different countries show difficult to coordinate trade secret law which is the mainly legal basis to protect innovation achievements. The coordination of trade secret legal definitions plays an important role. So we mainly study on it in this paper, pointing out that the differences in legal definition, oriented model, composition elements and legislative patterns are influenced by many factors, proposing that the coordination among BRICS in depth shall suit their own national reality, uniform application of the "trade secret", the fusion of purpose-oriented model and requirement-oriented model, "Three key elements" and "genus plus specific difference style" uniform development according to the principles and methods of coordination.

Key Words: BRICS, trade secrets, legal definition, coordination

❋ 张淑丛 *

论金砖国家技术出口管制实体制度的协调

内容摘要: 为促进金砖国家经济技术进一步发展,金砖国家需在技术出口管制领域开展深度合作。本文在研究金砖各国技术出口实体管制制度的基础上,提出了金砖国家在本领域相互协调的建议方案,即:在国际方面建立金砖国家技术出口管制协调机制、制定相对统一的出口管制清单、签订双边或多边技术出口管制协议等,在国内方面完善技术出口管制体制、知识产权保护体系、制定出口管制指南、促进贸易便利化、建立国家技术出口协调机制,在出口商内部建立出口管制体系和出口协调机制,在进口商内容建立进口管制体制和进口协调机制。

关键词: 金砖国家　技术出口管制　管制范围　管制行为　协调

* 张淑丛(1987—),女,西南政法大学国际法学院国际法专业 2011 级硕士研究生(指导教师邓瑞平教授),现任职于洛阳市洛龙区人民法院,主要从事书记员工作。本文由本卷编辑在作者 2014 年 6 月硕士学位论文的基础上修改而成。

引　言

　　技术出口管制是国家为达到特定的政治、军事和经济目的,利用行政和法律的强制手段,对个人和国内公司的出口进行审议,以限制和禁止某些物质、技术出口流向和规模的行为。[①]在管理贸易理论、生产力理论、技术创新理论、技术差距论、国家安全理论[②]等理论基础上和促进经济发展、维护本国政治与军事安全、保持技术优势、推行外交政策的现实考虑上,国家实行适度的技术出口管制是可行、合理、必要的。制度协调是一种全面性、合作性的安排,能提升个人预期一致性,提高法律调整社会的效率,也消灭法律歧视的活动空间。但是协调目标的实现既需要国家拥有政治上的高瞻远瞩,也要有改革的决心,在目标实现路上能够适当退让,形成基本相同价值观、利益观,指导国家行为。[③]

　　金砖国家作为新兴经济体,为获取利用技术发展经济的主导权,实现维护安定国际环境的良好愿景,通过积极完善技术出口管制实体制度的方式限制或禁止特定技术的出口,体现了各国加强技术交流合理性与正当性的共同意志。但是,各国技术出口管制实体制度中存在很多不合理之处,如管制机构分散、缺乏对民用技术的管制等,既让各国相当程度上丧失了技术领先优势,失去了对抗技术强国不合理出口管制措施的"技术牌",也阻碍了技术的出口贸易,落空各国利用技术发展经济、维护国际环境安定的良好愿景。且金砖国家合作机制存在的根本原因是对共同利益的追求,各自为政的技术出口管制实体制度导致在技术合作领域缺乏一整套原则、规则与程序规范,技术贸易摩擦的出现难以避免。

　　随着发展中国家追求"话语权"和经济发展的愿望不断提升,金砖国家合作机制必将向更深层次扩展。为防止潜在的摩擦、分歧扩大,实现技术出口管制实体制度的协调对增强金砖国家合作优势有很强的紧迫性和实践性。

[①]　程慧:《中国出口管制立法的完善》,载《国际经济合作》,2012 年第 6 期。

[②]　管理贸易理论认为管理贸易模式不是纯粹市场机制起作用,也不是政府为保护国内工业而采取的保护贸易模式;生产力理论认为人与技术、技术知识结合可促进生产力发展,对技术出口管制可以保护本国先进科学技术;技术创新理论和技术差距理论认为对技术出口管制可以限制其他国家获得新产品、材料,能延缓其他国家经济发展,保持本国技术优势和竞争力,也就维护了本国的经济安全和军事、外交安全。

[③]　罗刚:《论欧洲知识产权法的协调及中国的应对与借鉴》,2008 年中国政法大学硕士学位论文。

本文以金砖国家技术出口管制实体制度为研究对象,围绕"是什么"、"怎么样"、"怎么做"三个问题展开,在对金砖国家的技术出口管制者、被管制者、管制技术范围、管制行为等比较研究的基础上,提出协调金砖国家技术出口管制实体制度的建议。

一、金砖国家技术出口管制的管制者

(一)国家

出口管制机制包括国家出口管制机制和国际出口管制机制。[①] 首先,国家从确立制度、设置清单、建立机构、人才培养等多方面构建国家出口管制机制,并利用国家权力的权威性与强制性保障技术出口管制的实现。国家层面出口管制机制也是本部分和本文主要的研究方向。其次,为防止大规模杀伤性武器扩散、控制核生化武器的生产与出口等,在发达国家主导下成立国际多边出口管制机制,通过国家的加入实现反恐、反扩散的全球治理。最后,政府作为国家权力的执行者是非政府管制组织、利益集团等公民社会力量利益诉求的接受者,以国内利益需求为根据,推动贸易政策的利己化,客观上也影响了国家出口管制的立场。

因而,主权国家是技术出口管制主体,并由主管机关作为代表,主管机关包括国家军事管理部门、中央政府及其主管部门。

1.中国

中国通过立法[②]、管制管理体系构建等,逐渐建立起涵盖核、生化、导弹等相关敏感物质、物项和技术及所有军品、各部门分工并相互协调的出口管制机制,并建立跨部门出口管制应急机制,为迅速有效处理紧急出口管制案件提供

---

① 吴兴佐、徐飞彪:《国际出口管制体系的实质及前景》,载《现代国际关系》2005 年第 9 期。

② 我国技术出口管制法律法规主要有 2002 年《技术进出口管理条例》、2004 年《对外贸易法》、1999 年《合同法》、1985 年《专利法》和《国商标法》(2014 年修订)及其实施细则、《核出口管制条例》(2006 修订)、《核两用品及相关技术出口管理条例》(2007 年修订)、1995 年《监控化学品管理条例》及其实施细则、《核出口管理条例》(2006 年修订)及其实施细则、《军用品管理条例》(2002 修订)、2002 年《国导弹及相关物项和技术出口管制条例》等。

了机制保障。① 在技术管制领域,这个体系涉及多个国家部门,包括国务院、商务部、中央军事委员会、海关和原子能机构等部门。各个部门在法律授予的权力下单独或联合履行职责,实现各自目标。

(1)国务院对外贸易主管部门主管全国对外贸易工作。② 其可依据平等互利原则缔结或参加区域经济贸易协定、国际条约。会同国务院其他有关部门确定、调整、限制并公布实行国营贸易管理的货物和经授权经营企业的目录;限制或禁止符合条件货物、技术的进出口;有权临时决定限制或者禁止目录以外的特定货物、技术的进口或者出口。

(2)商务部主管导弹及导弹技术、高新技术通用许可,并委托省级商务主管部门按照本办法规定对两用领域高新技术产品出口通用许可实行日常监督管理。③ 国务院、中央军事委员会对涉及国家安全和社会公共利益的导弹技术进一步审核,作出是否许可的决定。国务院外经贸主管部门、海关等部门负责执行。商务部组建出口管制技术专家支持体系,为技术标准制定和技术识别提供咨询,并建立了研究国际防扩散等问题的出口管制政策专家支持体系。④ 为了实行有效管制,商务部有权采取调查、制止和其他必要手段。⑤

(3)国防科技工业局接受军民两用技术出口申请。⑥

(4)原子能机构是受管制核技术出口申请的受理部门。原子能机构依据职权作出是否许可的决定后,由商务部复审或者会同国防科学技术工业委员会等相关部门复审。⑦

2.俄罗斯

出口管制是俄罗斯联邦实现国内外控制的重要环节,不但有维稳、维和的

---

① 吴兴佐、徐飞彪:《国际出口管制体系的实质及前景》,载《现代国际关系》2005 年第 9 期。

② 我国《对外贸易法》(2004 年修订)第 3 条。

③ 张群卉:《高新技术产品出口管制研究》,经济科学出版社 2012 年版,第 202 页。

④ 李菁:《国家出口管制技术专家体系建立》,http://www.cctv.com/news/china/20031204/101648.shtml,访问日期:2014 年 1 月 15 日。

⑤ 田雨:《防止核扩散,国务院修改核两用品出口管制条例》,http://finance.qq.com/a/20070217/000064.htm,访问日期:2014 年 3 月 1 日。

⑥ Chin-Hao Huang:《"缩小差距":分析中国出口管制是否符合国家标准》,斯德哥尔摩国际和平研究所中国与全球安全项目,2012 年 4 月。

⑦ 我国《核出口管制条例》(2006 修订)第 7 条、第 10 条。

用意,也有遏制恐怖势力、防止军备扩散、促进经济发展的实际考虑。①

(1)俄罗斯政府和总统决定创建出口管制。总统制定出口管制政策基本指南,对出口管制清单进行确认,确保出口管制机构间的协调。② 俄联邦政府成立跨部门出口监督协调机构,即出口管制委员会,负责立法、解决争端,协调政府机构工作,为许可证发行程序和相关规章完善提供建议。

(2)经济发展和贸易部的出口管制部门是俄罗斯主要出口管制机构,负责授予出口许可证,向出口管制委员会、出口商提供信息,制定出口管制清单。在出口许可证一般管理之外,其他部门对核技术、两用项目相关技术等实行管理。如:原子能部决定由原子能部管理企业的核项目及相关技术的出口,预先审查与核有关的出口许可证,复查特定核项目的出口许可证;国防部发行两用国防项目、与军品有关的出口许可证。

(3)海关委员会检查出口许可证,并由下属的技术管制部门处理出口管制问题。

(4)俄罗斯技术与出口监督总局是俄联邦专门的出口监督机构,隶属于国防部。俄罗斯外国情报服务机构、安全服务部门和其他相关联邦机构在职责范围内向联邦技术和出口监督局的工作提供必要协助,如:外国情报服务机构对最终用户的可接受性、项目最终用途进行分析;安全服务部门对外国公司、出口商进行调查,协调和解决因违反出口管制政策而产生的冲突和纠纷。③

3.巴西

20 世纪 70 年代,巴西军事工业迅速发展,使巴西从对国外军事供应商依附较重的角色迅速转为重要的军事出口者和军事研发领军者。且受到 20 世纪 90 年代国际政局动荡不安、国内经济环境日趋稳定的影响,又经过巴西政治经济改革浪潮的洗礼,巴西将出口管制重点放在军事技术领域,④这在国家管制机构权力的设置上也得到了体现。

---

① 俄联邦《出口管制法》(2011 年修订)第 5 条第 1 款规定:出口管制政策是俄罗斯联邦内政外交的重要组成部分,以实现俄罗斯联邦政治、经济、军事、国家安全利益。

② Elina Kirichenko, Eksportnyy kontrol v Rossii: novoye v zakonodatelstve i infrastructure (tezisy), NISNP Representative office Weekly Lecture,2001,p.12.

③ Michael Beck, Maria Katsva and Igor Khripunov, Assessing Proliferation Control in Russia, http://www.uga.edu/cits/ttxc/nat_eval_Russia_2001.html, last visited on 15 February 2014.

④ 巴西技术出口管制立法主要有 1995 年《第 9112 号法》、1996 年《第 1861 号法》、1996 年《第 2074 号法》、2002 年《第 4214 号法》等。

（1）巴西总统办公室管理下的控制敏感商品跨部门委员会（CIBES）是主要的管制部门。它起草并实施巴西出口管制基本立法，即《第 9112 号法》，并承担监督敏感商品及其相关技术出口，加强出口管制政府各部门之间的协调与沟通，惩罚违反立法者等的责任。①

（2）巴西实行单一出口许可证授予模式。科技部下属的核事务和敏感资产部负责颁发出口许可证、监督跨部门委员会。该部门拥有大量技术专家，且管制人员来自不同部门，既能充分表达各部门的利益需求，也能实现技术识别、授予程序的高效、便捷。

（3）巴西政府管理敏感商品及其技术的出口贸易。② 国防部对政府部门出口管制职责的履行和所有出口交易实行监督，并对军品和武器及其相关技术的进出口有实际控制权。③ 在敏感商品及其相关技术上，国防部和跨部门委员会对其实行双重监督。在涉及导弹或核相关的两用项目出口时，出口商必须得到外交部许可才能与国外客户洽谈合同。④ 在总体上，国防部作为主要的监督机构，在国家出口管制机构体系中拥有最高的决定权。即便是政府同意出口，国防部认为该技术的出口会给国家安全、经济环境带来隐患，就可以拒绝出口。国防部的最终决定权体现了巴西加强战略安全考虑，也客观反映了其增强军事技术管制的倾向。

4. 印度

印度出口管制立法、许可证核发、执行程序等日趋严密、完备。

（1）法律授权印度政府制定所有或特定种类商品"限制、禁止或条款"清单，并在政府公报上登出。⑤ 印度政府每五年（当前是从 2009—2014 年）更新发布一次出口政策。

（2）国防部、商工部是出口管理的主管部门，下设商务部和产业政策与促

---

① 巴西 1995 年《第 9112 号法》有关规定如下：

第 4 条 巴西总统办公室下成立敏感商品出口管制跨部门委员会，协调出口管制机构及其他政府机构管制工作。巴西总统管辖的巴西战略事务局履行协调职能。

第 5 条 跨部门委员会的职责包括制定管制政策与程序，制定、更新或废除敏感商品管制清单，惩罚违反出口管制者。跨部门委员会需要维护巴西对外贸易、国防、技术授权的利益，遵守巴西签署的国际条约和作出的承诺。

② 巴西 1995 年《第 9112 号法》第 9 条。

③ 巴西 1995 年《第 9112 号法》第 8 条。

④ 张群卉：《高新技术产品出口管制研究》，经济科学出版社 2012 年版，第 164 页。

⑤ 印度 1992 年《对外贸易发展与管理法》第 3 条第 2 款规定：中央政府可以在政府公报中对任何情况或特定类别中的技术进行限制、禁止或采取其他的调节方式。

进两大部门。

（3）印度实行双重许可发行机制。商务部下属的印度外贸总局（DGFT）根据印度税收分类协调系统或海关编码清单发行进出口许可证。国防部负责原子能、原子能两用技术及其物品的许可证发行。

（4）原子能部、药品管制机构等机构也参与技术出口管制。原子能部对核物资出口商的活动追踪。作为国防技术主要提供机构，国防部监控和检查技术转移，并提供技术安全培训。总之，印度国防部履行监督义务，原子能部、商务和工业部等享有其他管制权力。

5.南非

南非在《大规模杀伤性武器相关技术的出口管制条例》中对技术出口管制作出规定。[①]

（1）国际贸易管理委员会（ITAC）负责执行进出口管制措施。[②] 为履行职责，ITAC与其他政府部门建立合作伙伴关系，如根据不同产品，出口申请时必须提供环境事务部门（DAE）、警察总署（SAPS）等政府部门和机构[③]的推荐信。ITAC下属的进出口控制部门对特殊货物发放保单资料。

（2）核武器不扩散理事会（NPC）。其成员由外交部、化工部、贸易与工业部部长从生物工业、化学工业、原子能产业、原子能源产业中挑选出的人员组成，负责对个人所有、保管、控制下的管制物品及其从事与管制物品及技术相关事项的登记，由NPC主席和副主席负责核武器及其技术出口磋商事务。

（3）贸易与工业部部长有权降低终端使用要求，或依据出口管制项目要求放宽对终端使用要求遵守的检验标准。

---

① 南非出口管制法主要有《核武器不扩散法》（1993修订）、2008年《出口管制条例》、2002年《国际贸易管理法》、2000年《行政促进法》、2000年《信息获取促进法》、1964年《关税与消费税法》。

② 南非2002年《国际贸易管理法》有关规定如下：

第17条 委员会应该在调查和判断后作出是否发放许可证的决定。

第18条 委员会必须检测、符合出口者提供的报告，并建议部长全权处理与贸易和工业有关事务；对与其履行职责有关事务进行调查。

第19条 委员会必须向南部非洲关税同盟（SACU）或一个或更多的国家提供与SACU协议有关信息，也能要求SACU秘书处或其他国家提供相关信息。

第21条第3款 委员会能参与任何国家管理机构和执行机构程序中，接受国家管理机构和执行机构建议与通知。

③ 政府部门和机构包括农林渔部门、矿产资源部、环境事务部门、卫生署、能源部、南非警务总署。

(二)被授权组织

国家通过立法方式将出口管制职权的部分或全部授予某个组织,或出口管制机构将管制权力授予给其他组织。[①] 在技术出口管制领域,被授权组织可归纳为事业组织、社会团体、行政机构、个别企业,[②]通过征求立法建议、提供信息、监督合同的执行、指导内部管制机制建立等方式履行管制责任,在出口管制的实现中起着积极作用。被授权组织在金砖国家的表现有:

1.非营利性社团

由外交部主管其业务,并接受民政部监督管理的中国军控与裁军协会是全国性、非营利性、具有法人资格的社会团体。协调全国民间军控与裁军活动是其成立的主要宗旨。[③] 中国外商投资企业协会在全国人大财经委员会和法律工作委员会的权力授予下,建立外商投资企业与立法机关信息沟通平台,其向外商投资企业征求《对外贸易法(修订草案)》的意见和建议的实践就是证明。莫斯科出口管制中心通过会议和研讨会的举办,帮助出口商了解、履行出口管制义务。[④]

2.法人企业

为实现公共利益福祉行使公众事务职能,并具有法人资格的企业能成为被授权组织,一定条件下,具有国有性质和国家控股的企业也可以作为被授权组织行使出口管制职责,提供管制服务。[⑤] 俄罗斯技术公司是根据法律成立的非商业国家公司,监督军事技术合作领域企业对合同的执行,投资入股俄境内外的商业和非商业机构,并为吸引外国自然人和机构实现军事技术领域的合作提供服务。[⑥] 在巴西 PRONABFMS 项目,即敏感物品领域国家与企业

---

① 李海平:《行政授权的若干争议问题探析》,载《深圳大学学报》2007 年(第 24 卷)第 2 期。

② 沈福均、周春莉:《企业作为被授权组织的有关问题探讨》,载《华东政法学院学报》2003 年第 3 期。

③ 中国军控与裁军协会,百度百科,http://baike.baidu.com/link? url＝FFe0TZab Yj4wFaNPOxjutUby-6xWWwAXEcxKxWYnNfCFPwM7teVrsdXzpwYmvpGj2R0ByEBM1Nixx 61sjtir2K,访问日期:2014 年 3 月 12 日。

④ P.C. Tripathi, Export Control in India, http://www.iitsonline.com/Export％20controls-A％20global％20survey.pdf,访问日期:2014 年 2 月 1 日。

⑤ 林茗:《我国企业作为被授权组织研究》,2007 年华东政法大学硕士论文。

⑥ "俄罗斯关于军品出口管理法律规范体系",新浪微博,http://blog.sina.com.cn/s/blog_6ce629c70101bec6.html,访问日期:2013 年 12 月 5 日。

整合的国家计划中,巴西通过设立敏感商品集中区,加强国家和企业等私人组织在大规模杀伤性武器及相关技术、两用技术进出口管制上的合作。巴西国家情报机构(ABIN)作为 CIBES 的建议机构,向 CIBES 执行秘书处提出建议措施,并由科学技术部(MCT)下的敏感商品综合部执行。ABIN 与 MCT 是巴西敏感物品及其技术贸易管制机制的重要组成部门。科学技术部、国家情报机构与企业合作,通过信息提供、建立敏感商品区、引导企业进出口行为、更新和传播敏感货物清单等方式,在出口领域建立合作伙伴关系,维护巴西在国际层面上的战略利益,促进巴西企业融"入世"界市场。[①] 南非非常重视利用国际合作资源和资助,并加强对中小企业创新的资助和扶持。为获取国际合作资源,南非积极实施技术转移,消极应对技术出口管制,通过设立基金、技术转移基金与开发计划构建国家创新体系,促进企业技术发展和对外合作,但在企业自我监督、出口管制服务中有待加强。

(三)各国在管制者设置上存在的问题

1.管制机构分散

根据出口技术种类、出口阶段,金砖国家将技术出口管制权力分散在不同的政府部门。中国两用领域高新技术许可证颁发及对违反者的处罚由商务部执行,导弹物项与技术的出口申请由商务部和有关部门决定,原子能机构则负责核出口管制清单内物品及技术的申请许可。巴西许可证颁发虽然统一由核事务和敏感资产部门负责,但是该部门成员来自由科技部、能源部、国防部、商务部等部门。俄罗斯政府出口管制职能主要由政府机构执行,但国防部拥有撤销权和对国防技术的最终决定权。许可证发行分散出口管制模式要求各个政府部门在独立监管上充分合作,但是代表利益的差别、职能划分不清等因素导致管制空白、重复监管、相互推诿问题的出现。政府部门间的协调与统一成为金砖国家技术出口管制中存在的主要问题。

2.缺少管制权力限制标准

政策制定、决定实行和行为监测是行政主体的三大职权。虽然金砖国家技术出口管制被授权组织权力包括执行、监督等,但是被授权组织的数量较少,且能够行使的权力大多局限于监督出口、组织协调活动、举办学术交流、信息提供等方面。组织数量与权力层次与实现有效技术出口管制目标间仍存在

---

① 巴西知识产权局,PRONABENS,http://www.abin.gov.br/modules/mastop_publish/? tac＝PRONABENS,访问日期:2014 年 2 月 20 日。

差距。金砖国家也认识到了这一点,并为之作出了努力。然而立法授权规范的制定,行政行为的转移,必然导致职能行使主体的增加,也就意味着分工越细,管理环节越多,自然影响行政效益,影响相对人的效益,继而对国家行政主体在特定领域的控制力产生负面影响。[①] 在技术出口管制领域,各国在扩大被授权组织范围上,应重视对其授予的职权加以限制,保障国家出口管制主体的绝对控制权。实践中,金砖国家在被授权组织的设置和职能的规定方面仍然比较模糊。

(四)各国在管制者设置上的协调与中国的完善

1.建立出口管制单一管理机构

美国在冷战时期就已建立出口管制基本框架,并构建起世界上最完备的出口管制机制,但为了有效应对国际经济和技术格局的变化,奥巴马总统发布出口管制改革的倡议。[②] 该倡议要求成立的"跨部门机构"在对美国出口管制机制审查后,认为美国出口管制机构过于复杂与分散,从而促进美国"单一出口管制许可证机构"改革目标的提出。[③] 在面临共同管制机构设置问题下,金砖国家也可在国内设立单一出口管制机构,制定许可证颁发和豁免政策,终结各部门权力竞争与推卸、管制部门与出口者间申请与受理步调不一的混乱局面,并扩大出口许可证发放的弹性空间,促进技术出口贸易比率的增加。[④] 为防止管制机构内部许可证授予混乱局面的出现,机构应下设物品、武器、两用物品及其技术、核与导弹及其相关技术等分部,实现专项技术申请专有部门审查决定。同时,严格管制机构执行程序,杜绝因执行程序漏洞导致管制混乱局面的出现;严厉对违反者的处罚,真正实现处罚措施的警醒、预防作用。

2.增强并限制被授权组织的职能

立法权与决策制定权是国家的绝对权力,极易导致垄断的出现。各国在加强技术出口管制立法的透明度与公开化之上,也要在行政管制决策制定中实现对政府权力的制约。决策权力共享是一个可行的方向。被授权组织作为

---

① 薛刚凌:《我国行政主体理论之检讨——兼论全面研究行政组织法的必要性》,载《政法论坛》1998 年第 6 期。

② Jeannette L. Chu, Export Control Reform: How high are your company's walls? http://www.pwc.com, last visited on 2 March 2014.

③ 刘子奎:《奥巴马政府出口控制改革评析》,载《现代国际关系》2012 年第 3 期。

④ 中国出口信用保险公司:《美国出口管制政策改革及前景》,http://www.sinosure.com.cn/sinosure/xwzx/rdzt/tzyhz/dqjmhzyhj/134703.html,2014 年 1 月 20 日。

新的行政主体,部分国家化的性质能在一定程度上起到遏制权力垄断的作用。尤其是广泛吸收企业参与的社会团体,其私人与国家的双重身份,既能为国家技术出口管制机构提供真实、有效的信息,也能第一时刻采取监管行为,同时企业的利益追求性也对程序安排、人员配置等提出更高的要求,从而实现权力制约与效率提升的双重目标。

当然,被授权组织权力不能一味扩大,限制职能权力对实现行政主体各行其是、相互配合是必需的。授予的职能权力在技术范围、参与程度、管制目的等上应作出限制,如在技术决策权力的共享中,涉及国家安全和社会公众利益的决策权力应予以保留,只能由国家决策机构行使。

3.中国的完善措施

技术性质不同,出口许可证申请的审查与决定的侧重点也不同。两用领域高技术的出口需要权衡国家安全、经济利益、外交政策。导弹及相关物项技术、核技术的出口要优先考虑国家安全和外交政策,这可能会导致相同技术审批程序不同。中国的商务部、国防部、原子能机构分管三方技术。三部门在管辖权方面关系没有理顺,极易出现制度漏洞。技术出口申请人也会疑惑向哪个部门申请。[①] 中国可以设立统一技术管制部门受理出口管制申请。受理部门对出口管制对象性质作出判断,交由下属通用技术、两用技术、与大规模杀伤性武器有关技术部门,由其根据国防部、外交部等部门的意见作出是否允许决定。单一出口管制受理机构的设置能实现信息的共享,统一审批程序,也能有效提高行政效率。

为维护国家经济、安全、外交等利益,根据出口管制对象性质与使用目的,在受理申请后及时有效征询外交部、国防部、商务部等部门意见,如:为经济使用技术的申请许可需要征询商务部,国防技术则需要征询国防部、外交部的意见,两用物项及其技术的出口申请则需要由商务部、国防部提出意见。申请部门根据征询部门的意见作出许可或拒绝的决定。对出口管制的违反者,由机构设立的惩罚部门确定违反行为对经济、国家安全等的影响,但是民事、刑事责任的确立及执行交由司法部门,以维护司法独立原则。征询环节虽然增加了技术出口管制成本,但在履行防扩散义务、维护军事安全、实现外交主动权等上有重要意义,也是在某些国家对中国技术出口管制重压政策下的反击手段。

虽然中国已认识到公共参与在信息获取、价值判断、问题决策中的积极作用,并在立法等中作出努力,但是理论期望与实际效果仍存在巨大差距。中国

---

① 汪玮敏:《出口管制法律问题研究》,2012 年安徽大学博士学位论文。

公共决策体制仍是政府主导的"知识—权力"垄断体制,公众处于该体制的边缘。[1] 在技术出口管制领域,中国可以考虑从被授权组织共享决策制定权力入手,逐步深入公众参与决策机制制定。首先,增加被受权组织数量。政府扶持或与非政府组织合作扩大技术出口管制主体,尤其是社会团体。其次,增强社会团体等被授权组织权力,如给予其紧急情况下的扣押、摧毁附加管制技术的物品的权力。

二、金砖国家技术出口管制的被管制者

(一)各国对被管制者的确定

技术出口涉及利害关系主体复杂,国家间利益、国家利益与私人利益间的冲突与调和都需要有一个良好的协调制度来促进出口每一个环节的良好运作和合作主体间的伙伴关系。技术出口的实现需要三个条件:(1)出口者与进口者达成技术转让意愿,即技术的可获得性。(2)技术不属于国家管制范围,即技术的有效性。(3)技术目标国符合管制条件。[2] 涉及的利害关系主体有:政府、进口者、出口者。这些主体需要符合哪些条件才能实现技术出口,金砖国家有不同的规定。且出口管制机构在出口者对决定存在异议时应履行相应的义务,从而也被纳入被管制者范围。

1.技术出口者

中国从事对外贸易经营活动的法人、其他组织和个人能从事技术出口贸易。根据出口管制技术类别不同,又对出口经营者在登记、法人性质、资格获取、内部控制机制的建立等方面作出特别限制。[3] 像两用技术出口经营由建立内部控制机制并在外经贸主管部门登记的经营者实行,且企业应连续从事

---

① 王锡锌:《公众参与和行政过程——一个理念与制度分析的框架》,中国民主法制出版社 2007 年版,第 219、220 页。

② Michael Blakeney, Legal Aspect of the Transfer of Technology to Developing Countries, ESC, September 2008, pp.28-49.

③ 《生物两用品及相关设备和技术、出口管制清单》第二部分所列的导弹技术和军事目的导弹及相关技术由外经贸主管部门登记的经营者实行;该清单第一部分所列技术由取得军品出口经营权,在核定经营范围内从事军品经营活动的企业法人进行;技术出口由国务院指定的单位专营,任何其他单位或者个人不得经营。

两用物项及技术出口业务两年以上,许可证申领数量达到最低标准。① 俄罗斯对出口者进一步细分为从事对外经济活动的法人和俄联邦公民、取得俄联邦居留证的外国公民,包括在俄联邦登记的外国商业经营者,促进国家有效实行监督管理,也便于对外经济活动者加强对管制程度的认识。② 印度是金砖国家中对出口经营者划分最为详细的国家,国籍、居留地、法人注册地、子公司、分支机构等都被纳入考虑范围。③ 巴西《第 9112 号法》没有对出口经营者作出具体规定,技术出口的法人、个人、其他组织都能成为管制对象。南非国内法没有规定技术出口管制。

2.技术进口者

中国技术出口管制机制从不同角度对进口者作出限制,包括:最终目的、最终用户、未经出口国允许的其他途径使用、未经出口国允许的第三方转让、保护措施和全面保障协定订立等,表现了国家知识产权保护与国家安全维护的机制设计。像技术进口者不能以生产、发展生物武器目的使用生物两用品有关技术,不得违背中国意愿将该技术做其他使用或转让。

俄罗斯进一步增强对进口者的管制程度。首先,进口者必须作出书面承诺,且书面承诺是可用于制造大规模杀伤性武器技术交付的前提。其次,更加重视技术能力与资格获取。军事技术合作中,只有具有外贸军用产品制造与开发权利和能力,并获得许可证的法人才能成为军事技术合作的对象。再次,技术可使用领域被限制。进口者不得将技术用于不被俄罗斯法律许可的科研项目。最后,对国外相关军事活动和军事技术人员进行教育与培训,其实质是控制军事技术的流转,实现掌握国外军事技术水平的目的。

在技术出口管制领域,中印俄都对技术转运人、技术运输路线及运输工具作出规定。

---

① 申请甲类许可,应当连续两年以上申领许可数量超过 40 份(含 40 份);申领乙类许可,应当连续超过 30 份(含 30 份)。

② 俄罗斯联邦 1998 年《对外军事技术合作法》第 1 条规定:军事技术合作的对象是指有进行外贸军用产品权力的俄罗斯组织,具体指:(1)企业:有制造用于军事目的产品(工程和服务)能力,并获得许可证的法律实体。(2)具备相应技术人员和实验基地,并拥有能实现俄罗斯发展和现代化研究机构的组织。(3)军事技术合作者是外国法人,且不能从事违反本国进行技术合作目的的科学项目。

③ 印度 2005 年《大规模杀伤性武器及其运输系统(禁止未经许可的活动)法》第 3 条第 4 款规定:本法适用于(1)在国外的印度人;(2)在印度注册登记或被印度公司合并的其他法人,在国外设立的子公司、分公司或附属机构;(3)在国外或国内登记的船舶、航空器和其他运输方式;(4)在印度的外国人;(5)国内外为印度公务人员。

3.各国出口管制机构的管制行为受到制约

中印俄巴对许可证申请时间、处理期限作出详细规定,并明确规定通过行政复议、行政诉讼、上诉等方式实现对出口管制行为的监督。印度尤其规定对出口管制机构决定不服的任何人都可以提出上诉,上诉机构必须充分听取上诉方的意见,并给予其申诉的权力。[①]

(二)各国在被管制者设立中存在的问题

1.被管制的出口者范围较窄

国际上普遍观点认为限制出口产品的出口申请者包括"对外贸易经营者"、"经纪人"、"转运人"。技术可能附着于有形产品出口,因而技术出口管制申请者也应包括这三类主体,但金砖国家对技术出口经营者的规定较笼统。中国军品贸易出口和两用物项及技术出口中对经营者规定了较具体的条件,但没有细分为从事经济活动的贸易公司、从事生产并出口的外贸公司等,缺乏对经纪人、转运人的出口管制。印度规定受出口管制的人和机构,但对接受方及其人员的限制较少。除印度外,法人注册地、外国法人在国内设立的分支机构和子公司在其他国家也存在制度空白。

2.被管制者限定条件宽严不一

合法的对外贸易经营者可以申请技术出口许可证,但是什么样的人和机构才是合法的技术出口许可证申请者?[②] 中国军品贸易只能由获得经营权,在经营范围内从事军品出口的企业法人进行。生物两用物项及技术只能由满足建立内部控制机制、符合出口年限和许可证限制等条件的合法对外贸易经营者出口。不同法律法规对合法经营者有不同规定,导致不能判断技术性质的出口经营者对自身是否属于被管制者模糊不清,从而降低技术出口效率和国家出口管制约束力。俄罗斯《军事技术合作法》规定国外相关军事活动和军事技术人员应接受教育与培训,而中、印、巴、南非没有相关规定。双方军事技术接收方限制条件的不同可能成为军事技术交流障碍,军事技术合作的经济发展、政治互利、国家安全提升的目的也难以实现。

(三)各国在被管制者问题上的协调与中国的完善

金砖国家要进一步细分技术出口被管制者,明确统一被管制者限定条件。

[①] 胡充寒:《试论我国对技术输出的法律管制历程及趋势》,载《河北法学》2003 年第 3 期。

[②] 张群卉:《高新技术产品出口管制研究》,经济科学出版社 2012 年版,第 269 页。

在技术出口管制领域,金砖国家需将三者放在同等位置,作出明确、具体的限定,如:禁止两用物项及技术出口的居间、代理、经纪等经纪业务,规定转运人转运手续、监管、通关手续、报关程序和例外情况。[①] 在对外贸易经营者中,加强对国外本国公民、国内外国公民、国内外国企业分公司或分支机构的技术出口控制。涉外因素的掺入增加技术出口管制难度,国家可以根据从事的技术行业、居留时间、经营方式等条件设置出口管制门槛。如:在本国居留3年,并取得居留许可证的外国人在出口技术时应受到出口管制。国家在技术性质及国家利益的考虑上对进口者作出限制。

在中国外贸体制改革下,外贸经营权逐步下放,从事出口的企业不断增加,且中国技术能力不断提升,拥有知识产权的技术所有者越来越多。在促进经济发展、维护国家安全和政治利益考虑下,国家须细分技术出口经营者,统一限制条件:增加经纪人和转运人管制条款;将企业和个人划分为在中国和国外个人、国外企业在中国分支机构及分公司、国内企业等;制定统一限制条件的法律法规条例,生产方式、出口管制申请年限、获取许可证数量等因素可作为参考。

三、金砖国家被管制的技术范围

各国通过出口管制清单的方式来确定出口管制物品范围,但在管制清单模式[②]和技术范围上存在差异。为解决清单外物品不受管制的问题和防止大规模杀伤性武器扩散,有些国家开始实行"全面管制"。"全面管制"是指出口者知道或应该知道所出口的物项和技术将被用于生产、发展大规模杀伤性武器及其运载系统,即使其不在管制清单上,都应当申请出口许可证,[③]该种管制注重从最终目的和用途、用户上实行出口控制。

(一)各国对被管制技术范围的确定

金砖国家出口管制的技术集中在军事领域,如核、导弹、武器、两用物品

---

① "转运货物",来源于百度百科,http://baike.baidu.com/link? url = MRcUq_Lluja5UNAGchMy5m8TCQ-bB-xa5s3zAFHY8bafcKj_PyUvi6F9tRdqeoei,访问日期:2014年2月15日。

② 管制清单模式有两种:单一管制清单模式,指在一个物品管制清单中规定所有受管制物品的模式;多项管制清单模式,指区分军品和军民两用品,分别设置管制清单的模式。

③ 汪玮敏:《出口管制法律问题研究》,2012年安徽大学博士学位论文。

等,但又存在差异。在清单设置中,中国、俄罗斯实行多项管制清单模式,巴西、印度实行单一管制清单模式。具体来说:(1)中国允许已登记化学品相关技术的出口,限制生物两用品相关技术、核技术、武器与导弹等军品技术的出口。(2)俄罗斯国家出口管制机制在清单管理上同国际出口管制清单保持一致,①从而推动国内监管系统的全面发展。俄罗斯禁止出口两用项目技术和追踪清单项目技术,并对核技术、可用于核项目和武器发展的两用技术、推动导弹发展的技术、可用于生产细菌武器的技术实行出口管制。②(3)与敏感商品相关的特殊信息和技术(包括技术数据和技术帮助)获得巴西政府授予的许可证才能出口。③当前,巴西的管制技术主要集中在原子能和导弹技术领域。④(4)印度限制与大规模杀伤性武器有关技术、软件、信息技术、与特定产品有关技术的出口。⑤(5)南非政府致力于构建有利于人类健康、保护环境、维护国家安全的进出口管制措施,并允许出口商在遵守国际条约的规定下,出口利于矿址选择或有利于制造商获取原材料的货物,但没有对技术出口作出限定。

中国、俄罗斯、印度、巴西对技术出口实行全面管制。(1)中国对军事技术、化学品相关技术、两用技术实行全面管制,加强我国对可用于大规模杀伤

① 俄罗斯联邦技术出口管制法由其出口管制法、其他法律法规和规范性文件构成,包括《出口管制法》(2011年修订),1998年《俄罗斯联邦对外军事技术合作法》《原子能利用法》(2011年修订),《关于国家公司"俄罗斯技术公司"》,2013年总统令《更正微生物、有毒物品及其设备与技术管制清单》《俄罗斯联邦对外军事技术合作问题》、总统令《关于俄罗斯对外军事技术合作的若干问题》、总统令《关于联邦军事技术合作总局》、《关于对军事技术服务及军品研制、生产、出口实行监督的联邦政府决议》决议等。

② 俄罗斯联邦2011年《出口管制法》第25条规定:俄罗斯禁止能用于生产大规模杀伤性武器及其运载工具、其他种类武器和军事设备、管制清单上的技术、促进恐怖主义活动的技术与商品的进出口和贸易行为,反对外国人从事与大规模杀伤性武器及其运载工具扩散目的不相符的活动。

③ 巴西1995年《第9112号法》有关规定如下:第1条第2款 为发展、生产、使用敏感商品,与它相关的特殊信息和技术(包括技术数据和技术帮助)也在服务范围之内,接受出口管制的约束。第3条 下列商品的出口必须获得联邦政府机构依据颁布和发行的政策授予的许可证才能出口:a.敏感商品清单上的商品;b.与敏感商品相关的服务。

④ 巴西知识产权局,PRONABENS,http://www.abin.gov.br/modules/mastop_publish/? tac=PRONABENS,访问日期:2014年2月20日。

⑤ 印度2005年《大规模杀伤性武器及其运输系统(禁止未经许可的活动)法》第1条4款:印度对与大规模杀伤性武器有关的化学物品、生物物品、原材料、技术和设备及它们的运载系统实行出口管制。运载系统指车辆、船舶、飞机或其他运载工具,包括动物。

性武器扩散的监控,提升相关技术出口商出口责任能力和鉴别能力。(2)俄罗斯为防止不受信任的用户获取与武器、导弹有关技术,建立了全面管制机制,[1]并制定一系列规章列名使用全面管制的情况,加强出口商对合作方不将技术用于军事的监督,防止有问题的外国企业获取与武器有关的两用技术。(3)对能促进大规模杀伤性武器、原子能、化学与生物武器、导弹着落研发的技术,巴西实行全面管制。[2] (4)印度扩大技术的范围,并对技术实行全面管制,管制清单外的技术如 IT、航空、电子、化学和医药等领域的技术也包括在内。

(二)各国在被管制技术范围确定中存在的问题

1.缺乏对民用技术的管制

军事技术是金砖国家管制的重点。中国、俄罗斯、巴西技术出口管制的重点是与大规模杀伤性武器和常规武器有关技术、导弹技术和两用技术,对新材料、新能源、空间技术、海洋技术等民用领域高新技术的管制程度远远不如军事技术。与中俄巴不同,印度非常重视对技术的管制,在极力扩大技术的含义的同时实行出口全面管制,使得大多数出口的技术都接受管制。尤其是为了保持本国软件和信息技术国际领先的优势,在 2005 年《大规模杀伤性武器及其运载系统法》中对该领域技术进行专门规定,加强对其出口管制。

越来越多的国家进入先进武器及其技术提供国行列,两用敏感技术出口者也不断增加。[3] 在经济全球化的背景下,为了防止技术出口者为了争取技术订单忽视国家安全与社会公共利益情况的出现,同时也是履行国际出口管制义务的需要,国家加强对军事技术的出口管制是必然的。[4] 但是民用技术出口管制对培育本国产业优势、保持国家技术领先、增加政治互信也是必不可少的。且美国、欧盟、日本等发达国家对民用高新技术实行出口管制,金砖国家在与其放松出口管制谈判中就缺少筹码。因而金砖国家加强对民用高新技术的出口管制具有战略意义。

---

[1] 俄罗斯联邦 2011 年《出口管制法》第 16 条规定了建立内部控制。

[2] 巴西 1995 年《第 9112 号法》第 3 条第 3 款规定:为大规模杀伤性武器、原子能、化学物品、生物物品、导弹着落的发展、研发,政府部门可以对没有列入管制清单的物品和服务实行出口管制。

[3] Michael and Moodie, *The Challenges of Chemical, Biological, and Nuclear Weapons Enabling Technology, The Transfer of Sensitive Technology and the Future of the Control Regimes*, UNIDIR, pp. 65-68.

[4] William A. Reinsch, Export Controls in the Age of Globalization, *The Monitor—Nonproliferation Demilitarization and Arms Control*, Vol. 5, No.3, Summer 1999, p.3.

2.缺乏全面管制衡量标准

中、俄、印、巴的全面管制表明国家很大的自由裁量权力,但在管制标准、管制程序上没有具体规定,给技术出口带来相当的不稳定性因素。全面管制中,若出口商已知或应知不属于管制范围的出口技术被用于大规模杀伤性武器,都不能出口或需提交出口许可证申请。出口商怎样判断自己"应当知道"?出口管制机构如何判断出口商"应当知道"? "知晓"标准的不确定,阻碍技术交流促进与职责履行、经济利益与义务履行的协调统一,对出口管制机构和出口商提出挑战。全面管制在管制情形、管制方式等方面也模糊不清。申请提交的文件、关税征收、海关监管是否应遵守特殊限制,出口商和出口管制者没有可遵循标准,对其自由裁量权与贸易便利化选择上提出挑战。

(三)各国在被管制技术范围上的协调与中国的完善

1.将民用领域技术纳入管制范围

政府、企业、个人的行为必须有法可依,才能具有强制力、约束力。应对民用领域技术出口管制,国家应完善相关法律制度,为民用技术出口管制提供法律依据。国家首先应为企业、民众提供意见输送渠道:设立立法小组接收意见,向公众发布征求意见通知,向企业、组织中发送通知或派遣意见征求人等,使国家能充分把握利益主体的利益需求。在技术出口管制法律法规中,要:

(1)明确民用技术出口管制的目的、原则、适用情形等。将民用领域技术纳入出口管制范围,需依据民用技术的使用影响、管制目的等划分限制和禁止出口的技术,并通过行政立法,授予特定部门制定出口管制清单及建立健全民用技术出口管理体系,包括管制标准、管制行为,增强管制执法权的可实行性。

(2)特别注重制定监督、惩罚、保障措施,这是关键环节,如:国家提高罚款金额,将已获得的利益和将获得利益统归国家所有,对国外企业和个人作出禁止或限制贸易的决定。

2.补充完善全面管制衡量标准

全面管制技术涉及众多技术,为使出口商、出口管制者能明确有效认定管制技术、实施管制行为,单靠一两个条款远远不够,应建立并完善全面管制机制,包括加强制度建设、完善依法监管的工作机制、在相关法律中对全面管制作出专章或专项规定。全面管制的定义、管制的技术种类要作出清晰叙述。更为重要的是,法律应对"知晓"标准和管制行为作出具体的规定;建立和完善以风险管理为中心环节的出口技术全面管制工作机制,组建风险评估专家队伍,落实管理措施;建立和完善以诚信管理为基础的出口者监管机制,既要促进出口者诚信体系建设,又要加强对出口者的监督管理等。① 在全面管制实现责任明确、程序清晰、监管有力。

3.中国的完善措施

国家稳定环境是美国出口管制改革目标之一,也是美国将关键技术作为主要控制对象,提高防扩散能力的主要原因。② 面对周边局势不稳和防扩散国际压力,中国对军事技术和民用技术划分等级是可行的。关乎国际和平与安全和社会利益的关键技术接受严格出口管制,如:与大规模杀伤性武器相关技术、导弹技术,而两用技术、高新技术、软件技术等作为重要技术接受通用出口管制。中国目前对高新技术出口采取鼓励和支持政策,但美国、日本、欧盟等发达国家实施出口管制,并将中国作为重点管制对象。③ 中国应特别重视对高新技术的出口管制。在具体实施中,根据具体情况,中国对采取管制的国家实施同等程度的反措施,并将自由贸易区、参加多边条约、订立双边条约的国家与其他国家分开,在出口管制上赋予其更多的优惠政策,实现在不违反国际义务前提下的"同宽同严"管制策略目标。

中国需构建技术出口全面管制的立法基础,但应注意宽严有度,防止过于激烈措施的出现,像印度近乎对所有技术行使管制权。首先,要明确技术的定义和全面管制技术使用目的,在此基础上获取中国全面管制的深层含义,即在军事、外交、政治与经济环境考虑下,通过技术出口管制方式实现国家和国际利益的最大化。这在一定程度上扩大了全面管制的疆界。其次,准确定位出口管制衡量标准。"知晓"标准、管制程度、使用目的判断等可以从订立合同时间、对进口商主要业务调查的角度进入。最后,严格全面管制程序与方式。程序规则的严格执行能有效协调出口管制机构职责履行与权力制约的平衡问题,防止国家垄断的出现。宽严相济的全面管制中,关键技术、两用技术必须接受全面管制的保留条款是否应存在值得思考。

---

① 汤会君:《如何完善进出口商品全面质量监管机制》,http://ms.hljciq.gov.cn/ztlm/fzwhjs/120863.shtml,访问日期:2013 年 12 月 24 日。

② The White House office of the Secretary, White House Chief of Staff Daley Highlights Priority for the President's Export Control Reform Initiative,19 July 2011.

③ 徐殿金:《中欧新能源合作的技术转移法律问题研究》。2012 年复旦大学博士论文。

四、金砖国家技术出口管制的技术标准

（一）各国对技术标准的确定

在出口领域与出口方式上，中国技术出口必须是国内到国外的跨境转移、非无偿赠与和转让的贸易行为，这也是最基本的标准。[①] 在技术形式、使用目的等方面，技术出口管制清单对不同技术设置不同管制标准。受管制导弹技术、化学品相关技术应为"研制"、"生产"或"使用"清单所列物项，并以"技术资料"或"技术援助"的形式存在，但是"公开领域技术"或"基础科学研究"中的技术被排除管制范围。[②] 受管制的生物两用技术扩大到产品的开发、生产、使用，不再局限于清单所列物项，且专利申请不受出口管制约束。军品管制中，受管制技术为与清单所列产品直接相关技术，使用方式扩展到产品的生产、试验、测试、检验、维修、升级改造。[③] 而在自由裁量权上，《对外贸易法》作为中国调整外贸活动的基础法律，规定国家基于政治安全、经济利益、产业发展、健康等因素的考虑可以禁止或限制技术的出口，给予国家相当程度出口管制空间，最大限度保护本国利益。

保护国家利益、履行国际义务、打击恐怖主义、促进经济发展是俄罗斯出口管制的主要目的。[④] 在俄罗斯管制技术标准衡量中，武器、弹药、核相关技术与有毒、有害、放射性物品相关技术受到出口管制，突出对直接相关技术的管制，并对前项技术在使用目的、使用效果方面作出限制。具体来说：促进大

---

① 王允方：《对技术进出口管理条例的理解与思考》，载《知识产权》2003 年第 3 期。

② 中国 2002 年《导弹及相关物项和技术出口管制清单》第 16 条规定：出口经营者知道或者应当知道所出口的导弹相关物项和技术将被接受方直接用于《管制清单》所列的可被用于运载大规模杀伤性武器的导弹及其他运载系统的发展计划，即使该物项和技术未列入《管制清单》，也应当依照本条例的规定执行。中国 2002 年《有关化学品及设备和技术出口管制清单》第二部分第 3 条第 2 款规定：技术转让的控制不适用于"公共领域内"或"基础科学研究"的信息。

③ 中国 2002 年《军品出口管制清单》第 1 条第 4 款规定：与轻武器及其设备和零部件直接相关的研制、生产、试验、测试、检验、使用、维修、升级改造等方面的技术、工艺、设备、技术资料（含软件）、服务以及生产所列产品所需的特种原材料和辅料。

④ 俄罗斯联邦 2011 年《出口管制法》第 4 条规定：出口管制的主要目标是为了实现俄罗斯联邦利益及履行国际防扩散义务、打击恐怖主义、促进经济发展，对大规模杀伤性武器及其运载工具、两用商品及技术的出口实行管制。

规模杀伤性武器及其运载工具和其他武器、军事装备发展的技术受到管制;能被恐怖组织使用,给人类生命与健康造成威胁或造成财产损失等严重后果的有毒、有害、放射性物品相关技术,应申请特别出口许可证。[①] 在技术使用领域和安全标准上也有详细的规定:对外军事技术合作中,武器与军事设备的生产、维修、现代化技术和销毁、回收技术受到管制;合作方保障技术及文档的环境安全。[②]

政治、经济和国家安全是出口管制政策制定与执行的基础,巴西也不例外。[③] 巴西非常重视对战时技术的控制,管制技术领域主要集中于战时,明确了技术的使用方式。战时用品、战时使用两用物品与化学、生物物品、促进原子能发展或和平使用原子能物品、战时附有能促进原子能发展或和平使用的物品属于敏感物品,应受到出口管制。战时用品的替代品也属于敏感物品,技术存在形式增加了替代品。[④]

印度技术管制标准更加精细、复杂。印度管制技术的领域延伸至生产、发展、运行及产出阶段,且被管制的技术指全部或部分使用的技术及相关技术,并极力扩大管制技术的范围,将已使用、正在使用、将使用的技术包括在管制技术之内。[⑤] 同时,在管制技术标准上增加了以任何方式为载体的营利性服务信息,从而为软件、信息技术的出口管制提供法律依据。虽然印度扩大了技

[①] 俄罗斯联邦 2011 年《出口管制法》第 1 条规定:有毒、易爆、放射性物品及其技术设备能在恐怖主义准备行动或实行行为使用,并威胁人类生命健康或造成严重财产损失后果,且该后果等同于大规模杀伤性武器使用效果,应受到限制流通,若是为了科学、技术、工业或其他经济活动目的的出口使用,应取得特别许可证。

[②] 俄罗斯联邦 1998 年《对外军事技术合作法》第 1 条规定:在军品生产、创造、运行、战斗准备中及实现现代化过程中,应及时维修军品或销毁军品及其技术文档,包括其规格、设计、软件、说明书。军品生产中,保障规范性技术存在的环境安全及其他安全。

[③] Victor Zaborsky, The Brazilian Export System, The Nonproliferation Review, Summer 2003, p.123.

[④] 巴西 1995 年《第 9112 号法》第 1 条第 1 款规定如下:

1.1.1 战时物品指由武装部队专用的战时物品或仅能武装部队使用的物品,包括其组成部件、备件、附件、替代品。

1.1.2 两用物品指广泛且能战时使用的物品。

1.1.3 原子能领域物品指附有能促进原子能发展或和平使用的物品。

1.1.4 化学与生物物品指能战时使用或能被战时两用物品、原子能、生物、化学物品使用的。

[⑤] 印度 2005 年《大规模杀伤性武器及其运输系统(禁止未经许可的活动)法》第 4 条第 10 款。

术管制范围,但也规定例外情况,如,被公众使用或公众得知的技术;以场外交易、邮购订单、电讯等方式交易的软件;使用者用于产品安装但是未获得供应商支持的软件程序。①

总体上,关联度、使用领域、使用目的、使用方式是金砖国家认定管制技术的主要标准,且在管制标准衡量上,各国均拥有一定的自由裁量权。印度认为将使用的技术也应被管制,并将软件作为管制技术的一种,对其管制例外作出详细划分,扩大了技术使用方式、使用领域,实行了较为严格的技术管制标准。与其他国家不同,战时替代品在巴西受到管制,扩大了技术存在方式。俄罗斯侧重对能被恐怖主义使用技术的管制,推动其他金砖国家对国内政治安全的考虑。技术使用环境在俄罗斯也是衡量标准之一,既彰显了俄罗斯对技术知识产权的保护意识,也促使进口者和进口国积极采取有效保护措施,建立安全运行环境。

(二)各国在技术标准确定上存在的问题

1.缺乏对技术使用环境标准的要求

技术出口管制中不仅要规定技术授权标准,也应充分考虑技术的知识产权在接受国或可能使用的国家能否得到保护。依据法律,符合条件出口经营者可以通过签订合同的方式,向技术接受企业提供所必需的专利、商标或专有技术的使用权以及产品的制造权和销售权。受许可企业应向技术许可企业支付使用费,并承担保守秘密等项义务。② 印度、俄罗斯明确规定给予对方专利权的与化学和生物武器相关技术受到管制,而其他国家在出口管制实体制度中并未基于专利授权标准设立出口管制。③ 经济的发展,创新能力的提升使很多国家能够掌握、复制技术,并c以较低价格出售该技术,损害知识产权人的权利。除了引进国保护技术所有人权利的保障承诺、再转让应取得出口国许可外,接受国和可能使用的国家必须完善知识产权法律体系,对转让技术给予充分保护,打消出商和出口国家的后顾之忧。

2.缺乏对自由裁量的适当约束

---

① 印度出口管制清单,http://dgft.gov.in/exim/2000/not/not10/not3810.htm,访问日期:2014 年 3 月 5 日。

② "技术授权",来源于百度百科,http://baike.baidu.com/link? url = IW7uAk3XBNjf1H7NpYQRh _ Lb2GflJYf60xXnOlx0n6CP55qEuIyJDuctO-bTRW1At _ 3c0YZGSQI36yWucrK_eq,访问日期:2014 年 2 月 25 日。

③

国家衡量管制技术的标准有很大模糊性。金砖国家国内法没有确立强制转让义务,再加上规定中使用了诸多"附有"、"促进"、"有关"、"广泛使用"等弹性很大的词语,这些模糊性词语使国家能通过草签合同获取利益,也使国家降低了主权成本。[①] 科学研究、公开使用是中国不受管制技术的衡量标准,交易方式、使用方式是印度软件出口管制的重点之一,两国从采用国家、使用情形、适用技术上限制了出口管制例外。法律规定了技术出口管制的目的,作出出口管制保留条款,从而赋予国家在贸易平衡、外交需要、产业发展、健康等原因下可以对技术出口进行管制。这些给出口国留下很大的自由裁量空间。在不受例外条款约束下,国家可以维护贸易平衡、促进人类健康、履行国际义务等合法原因禁止出口,实现国际技术垄断等目的。

3.管制技术适用领域较窄

军事性、恐怖活动、国际领先、环境、人类健康等是金砖国家实施技术出口管制的领域标准。安全是发展的保障,除了将能被恐怖活动使用的技术列入管制清单,还应包括与侵犯人类共同利益的行为有关的技术,如被海盗活动使用的技术、劫持航空器使用技术。

(三)各国在技术标准上的协调与中国的完善

1.完善出口管制法律法规,增加技术使用环境标准

技术出口不同于其他商品的出口,除了技术使用,还涉及知识产权的保护。金砖国家应从放权、管制与保护三方面入手,推动技术出口服务于经济发展目标的实现。在管制方面,金砖国家出口管制技术标准中应增加授予专利申请权的技术,扩大管制技术使用领域等。在放权方面,各国技术出口管制实体制度根据技术发达程度、经济发展期望、外交关系等具体情况对不同国家实行宽严不同的管制标准。保护方面,国家要加强保护本国技术所有人的合法权利。引进和使用国家知识产权体系若不能对转让技术的复制、反向工程、再发展等作出合理规定,技术转让者将遭受巨大损失。因而出口国家应在出口管制法中对接受国或使用国的知识产权保护程度作为管制标准,禁止或限制向保护程度低的国家转让关键技术,或对技术接触人群作出限制。这也就引出引进国与进口商加强知识产权的保护,在总体设计部分也有论述。

2.限制自由裁量权

---

① Daniel H. Joyner, Restructuring the multilateral export control regime system, *Journal of Conflict & Security Law*, Vol.9, No.2, 2004, p.193.

出口管制法律法规减少弹性词语的使用,通过规定技术具体使用方式、使用效果与存在形式实现有效出口管制的目的;增加管制技术适用领域,从来源、使用方式、后果、技术关联度上具体规定与侵犯人类共同利益行为有关技术的管制;在保留条款中附加限制条件。这些都能有效地控制国家自由裁量权。

3.中国的完善措施

发展中国家实现创新和技术进步的主要途径是依靠对国外技术的模仿与创新,即"以市场换技术"的方式及国内的自主创新。① 目前,以后发优势为基础的"蛙跳效应"②并没有改变发展中国家与发达国家科学技术水平差距较大的现状,对技术能力较强国家的技术复制与再创新仍然是发展中国家最终选择之路。③ 金砖国家作为代表发展中国家的经济体,政治协作能力与经济实力的增强引起国际社会的广泛关注,而中、俄在技术再创新能力上明显高于其他金砖国家,因此成为美国、日本等技术强国的重点防范国家。《技术进出口条例》虽然规定了专利申请权和专利权的转让、进口者改进技术权力和保密义务等,但并未涉及知识产权保护。中国《专利法》、《商标法》、《合同法》只是给予国内商标、专利的国内立法保护,对国外技术的知识产权保护较少提及,④且在出口管制法也没有对技术分类管制。

在国际管制重压、国内技术需求增加、国内管制法存在缺陷的背景下,放权、管制与保护三方面体系的完善应提上议程。(1)管制方面:管制标准中增加专利申请权、专利权转让的技术,扩大管制技术使用领域,如能被技术强国内部不稳定力量使用的技术,为中国实现与技术强国的技术合作奠定基础。(2)放权方面:中国根据双边关系、合作期望、管制协议的签订等因素实行不同管制标准,对不同国家根据具体情况采取不同程度管制标准。如对金砖国家等期望合作国采取适当宽松的管制标准,对美国等对中国实行管制重压的国家实行严格管制标准。(3)保护方面:增加技术接受国和使用国知识产权保护

---

① 朱廷珺等:《知识产权与金砖国家的创新路径——中、俄、巴的比较研究》,载《兰州商学院学报》2012年第1期。

② Paul Krugman, A Model of Innovation, Technology Transfer, and the World Distribution of Income, *Journal of political economy*, Vol. 87, No. 2, April 1979, pp. 259-262.

③ Wen Zhou, Innovation, limitation and Competition, *Journal of Economic Analysis & Policy*, Vol. 9, Iss. 1, 2009, Article 27.

④ 罗泽伟:《国际技术转让中知识产权的法律保护》,http://www.lawtime.cn/info/zscq/zscqlw/2010123158011.html,访问日期:2013年12月6日。

程度管制标准,也意味着"抵御"了进口商和进口国对技术的模仿,也激发了出口商自主创新的决心。最关键的是要不断完善中国知识产权保护体系,监控本国的模仿活动,并加大自主创新力度,从而实现模仿与创新模式向自主创新模式的跳跃,实现加强国际技术合作与增强技术独立性的并存。[①]

中国需将与恐怖活动、劫持航空器、海盗活动等有关技术列入管制清单,作出具体规定,使出口商能清楚识别出口技术是否属于管制技术,并为出口管制者实施管制行为提供法律依据。对外贸易法中的出口管制保留条款要作出一定的限制,如:不实行出口管制,将会给国家、公民的经济、安全、财产、人身造成无法估计的损失等。

五、金砖国家技术出口管制行为

(一)各国的主要管制行为

1.许可证制度

出口许可证是国家对实行出口许可证管理的商品批准其出口的法律文件,是海关监管验放出口货物的依据。金砖国家在技术管制中普遍实行许可证制度。

(1)中国

在很大程度上,正义的实质是程序性的。[②] 法律法规规定了许可证取得程序,即申请、受理、审核、决定。程序的严格遵守对技术出口管制许可证的获取有重要意义。

中国限制技术出口商取得出口许可证后才能出口。首先,出口商申请取得国务院外经贸主管部门的许可意向书后才能签订技术合同。合同签订后,出口经营者应提交真实有效的文件,使许可证授予者能有效掌握合同内容、双方法律地位、技术内容、最终使用目的、最终用途、接受方保证等信息,以决定是否授予许可证。技术出口合同主要内容变更,出口商需重新办理许可和登

---

① 朱廷珺等:《知识产权与金砖国家的创新路径——中、俄、巴的比较研究》,载《兰州商学院学报》2012 年第 1 期。

② 杨寅:《中国行政程序法制化》,中国政法大学出版社 2001 年版,第 64 页。

记手续。合同终止时,要备案。① 其次,中国实行多机构受理模式。与军品有关技术由国家军品出口主管部门或者由国家军品出口主管部门会同国务院、中央军事委员会的有关部门受理、审查、批准。生物两用物品技术、化学品技术等由外经贸部受理决定。最后,两用物项和技术出口许可证采用"逐单申请"、"一证一关"、"一批一证"的管理模式。② 两用物项和技术出口许可证有效期不超过一年,逾期自动失效,但是符合通用许可条件的出口商持通用许可批复③可多次申领许可证,不需逐单申请。

(2)俄罗斯

俄罗斯创建政府间、政府与企业间的信息搜集和共享机制。联邦安全服务部搜集信息,对可能涉及非法出口的企业④采取调查措施。俄罗斯加强向出口经营者普及出口管制规章内容,强制实施企业内部出口管制机制,要求所有企业都有一名员工负责出口管制。

出口许可证的发行需经过内部检查、部级检查和整体检查。首先,出口商根据内部守则机制和专家意见判断技术是否可出口,然后向经济发展和贸易部的出口管制部门提交限制出口技术的出口许可证申请。其次,出口管制部门负责征询外交部、国防部、原子能部、科技部等部门意见,被征询部门全部同意情况下才授予出口许可证。最后,俄罗斯采取双重许可证授予模式,⑤将军品和非军品区分开,加强对军品管制程度。

在技术出口交易中,外国经营者必须作出不会使用技术发展大规模杀伤

---

① 中国 2002 年《技术出口管制条例》相关规定如下:

第 37 条 申请人签订技术出口合同后,应当向国务院外经贸主管部门提交下列文件,申请技术出口许可证:(1)技术出口许可意向书;(2)技术出口合同副本;(3)技术资料出口清单;(4)签约双方法律地位的证明文件。国务院外经贸主管部门对技术出口合同的真实性。

第 43 条 依照本条例的规定,经许可或者登记的技术出口合同,合同的主要内容发生变更的,应当重新办理许可或者登记手续。进行审查,并自收到前款规定的文件之日起 15 个工作日内,对技术出口作出许可或者不许可的决定。

② "一证一关"指出口许可证只能在一个海关报关。"一批一证"指在有效期内,出口许可证只能一次报关使用。

③ 通用许可作为申领出口许可证的审批程序,与出口许可证的申领是两个不同环节。

④ "涉及非法出口的企业"包括国内和国外的企业。

⑤ 国防部负责签发武器和两用国防项目的许可证,非军用品许可证由经济发展和贸易部签发。

性武器的书面承诺,必要时,俄联邦政府可以提出正当的额外要求。

(3)巴西

巴西针对特定的产品,特定技术或特定国家实行不同的出口管制。如:禁止两用物品及技术的出口;爆炸物品只能出口到加拿大、德国、法国、日本、阿联酋和英国。① 敏感物品及服务必须得到由战略统筹局秘书处负责协调关系的联邦政府机构许可才能出口。②

出口目的地和最终使用文件是出口经营者必须提供的出口许可申请文件,帮助主管部门作出是否许可的决定。主管部门还可以通过协调机构③要求出口经营者提供合同或其他必要的文件。

(4)印度

技术出口管制法律在印度所有领域适用,包括印度专属经济区。④ 出口经营者有义务允许政府或外国第三方、印度政党实地观察核实并予以记载,这也是申请出口许可证的条件。如果一项出口会给国际、国内安全带来威胁,管制机构可以对出口实施更多的额外条件,包括政府对出口商现场检查。

(5)南非

南非大体采用同其他国家一样的申请、提供文件、审查、决定的许可证程序。

2.海关制度

金砖国家在沿海和边境地区设置海关机构,并逐渐在内地一些城市设置海关机构。出口经营者应向海关提交相关证明文件和相应的许可证,接受海关监管和审核才能离境。对物项技术符合要求的,海关予以放行,不符合要求的,海关向有关部门反映情况。

3.国别管理制度

中国要求出口管制对象国不得将进口的技术用于中国不允许的领域、未经中国允许的再出口,并对其保护措施的采取、保障协定的订立等方面作出限

---

① FedEx Small Business Center, Brazil Country Snapshot, https://smallbusiness. fedex.com/international/country-snapshots/brazil.html♯C10, last visited on 15 January 2014.

② Ian Anthony, Susanna Eckstein and Jean Pascal Zanders, Multilateral military-related export control measures, *Armaments*, *Disarmament and International Security of SIPRI Yearbook* 1997, May 2006, p.12.

③ 战略事务局履行协调实体的职能,由巴西总统主管。

④ 印度 2005 年《大规模杀伤性武器及其运输系统(禁止未经许可的活动)法》第 3 条第 1 款。

制。在俄罗斯军事技术合作领域,不允许合作国将技术用于违反本国意愿的项目。

防止大规模杀伤性武器的扩散、创造外贸经营者参与国际交流与交换条件等是俄联邦出口管制领域国际合作的目的。① 俄罗斯是除澳大利亚集团外的所有多边出口管制体系的成员,但是加入的目的是为了利用成员地位和政策的模糊性、非正式性使敏感商品的出口合理化。②巴西国内立法与参加的国际多边管制条约保持一致,并严格遵守防扩散等国际义务。根据联合国决议,巴西禁止向伊拉克、科特迪瓦、利比里亚、塞拉利昂、索马里出口武器和军事设备,禁止向伊朗出口核武器原材料及技术。③ 中国也参加了国际多边出口管制条约,为防扩散等义务的履行作出巨大的努力。因而,中俄巴国内管制法与国际管制条约不断靠拢,实践中,对受到联合国制裁和其他敏感国家加强技术出口管制。④

印度认为出口必须符合国内实情。虽然印度对不扩散等国际义务没有作出承诺,但是始终坚持不扩散是实现国家安全的最佳保障,单方面对原子能和两用项目及相关技术实行出口管制。⑤ 印度 2005 年《大规模杀伤性武器及其运输系统法》规定国家在技术出口、转让、再转让、中转和装船有最高管辖权。《对外贸易法》中规定了不受出口管制的技术。⑥ 但印度政府仍可以维护国家

---

① 俄罗斯联邦 2011 年《出口管制法》第 29 条规定:出口管制领域国际合作目的包括防止大规模杀伤性武器及其运载工具和生产武器的扩散、维护国际安全、在平等和互利基础上创造俄罗斯经济融"入世"界经济的有利条件、扩大商品及权利的国际交换并提高科技水平、对违反规定出口管制规定者进行处罚。

② P. C. Tripathi, Export Control in India, http://iitsonline org/Export％20 countrols-A％20 global％20survey.pdf,访问日期:2014 年 1 月 2 日。

③ 商务部:The federal republic of brazil, Foreign Market Access Report 2010, http://images.mofcom.gov.cn/gpi/accessory/201004/1271301891499.pdf,访问日期:2014 年 1 月 2 日。

④ 商务部 2002 年《关于两用物项和技术经营企业建立内部出口管制的指导意见》第 3 条第 3 款。

⑤ Manpreet Sethi, Export Control in India: Essential Confidence Building Measures for Trade and Security, South Asian Survey,2007,p.237.

⑥ 印度 1992 年《对外贸易发展与管理法》附录 39A 第 3 条第 2 款、第 9 款规定:不受出口管制规则约束的物品包括……(9)批准用于制造业的产品,根据双边协定确定的单独的自由贸易区或出口加工区、出口导向组织内的出口,对年度贸易议定书确定的能以卢比作为支付货币的国家的出口,对禁止向以前可以用卢比支付的国家和使用卢比的国家的出口。

安全、外交政策等原因实施出口管制，对管制国家有很大的决定权。

4.内部控制

各国均提出"企业内部管制机制"策略，要求被管制企业加强自律，自我控制敏感物项等的出口。中国商务部发布了在两用物项及技术经营企业建立内部进出口控制的指导意见，和将内部管制的建立作为许可证发放前审核标准的管理办法。企业内部出口管制机制在国家的推动下不断向前推进，如：中国长城工业集团有限公司成立出口管制委员会，对出口物项采取全面审查控制原则，明确将防止大规模杀伤性武器及其运载工具扩散的目标置于商业利益之上。[①] 华为技术有限公司在公司内部建立的内控体系包括控制环境、风险评估、信息与沟通和监督五大部分。[②] 俄罗斯、印度同样建立内部守则管制体系。俄罗斯立法规定从事与国家安全和国防项目有关产品的研发、生产的企业必须建立自我管制机制。[③] 对外贸易经营者必须接受国家审查，以确定其能履行符合俄罗斯联邦公共利益和环境安全要求的国际义务。检验结果和内部控制机制的建立成为决定许可证发放的前提条件。[④]

5.惩罚措施

惩罚措施能消除违法行为的消极后果，也能对技术出口者产生威慑作用，因而惩罚也是管制行为的一部分。

中国对违反出口管制规定擅自出口未经许可、未登记或超出许可范围的技术的出口经营者处以警告、罚款、撤销经营许可的处罚，构成犯罪的，追究其刑事责任；伪造、变造或者买卖技术出口许可证和以欺骗等不正当手段获取技术出口许可证的经营者也要承担行政责任和刑事责任。俄罗斯对不履行或不正确履行出口管制责任义务、提供虚假信息或隐瞒信息、无证经营的经营者应承担民事、刑事、行政责任，法律尤其提出给国家政治和经济利益、国防安全造成重大损害的经营者将被剥夺三年的外贸经营权。巴西对违反经营者，根据

---

① 中国长城工业集团有限公司：《出口控制》，http://cn.cgwic.com/ExportControl/，访问日期：2013 年 12 月 1 日。

② 华为技术有限公司：《内部控制》，http://www.huawei.com/cn/about-huawei/corporate-info/corporate-governance/internal-control/index.htm，访问日期：2013 年 12 月 1 日。

③ Vladimir A. Orlov, Export Control in Russia: Policies and Practices, The Nonproliferation Review, 2003, p.143.

④ 俄罗斯联邦 2011 年《出口管制法》第 21 条规定：国家管制货物、信息、服务、知识成果的外贸交易受到国家考核，接受公众审查，实现公共利益和环境安全利益的国际要求；国家设立考核的程序与条件，并将考核结果作为许可证发放的判断基础。

造成的后果和行为处以行政处罚和刑事处罚。① 印度扩大被管制者,将管制之手伸向国外,认为任何人都要遵守管制制度,被管制者行为也提升到"视同国内行为"层次;②出口经营者应检查最终用户的前科,若技术出口给了有理由相信该技术会被用于大规模杀伤性武器相关活动的对方,将受到民事和刑事处罚。

(二)各国管制行为中存在的问题

1.管制方式较单一

发放出口许可证、向主管部门登记是金砖国家技术出口的基本管制措施。配额许可证主要用于管理资源性出口商品、占主导地位的重要商品、外国对本国有配额限制的商品等。知识经济时代的到来必定加速国际技术交流。技术交流范围的扩大,参与交易主体的增加,涉及利益的多样性必然降低技术出口许可证的管制力,有必要适当使用配额许可制度。

2.管制方式透明度低

立法对出口经营者的身份要求、许可证申请程序和申请文件、申请接受主体和审查期限作出明确规定,但是管制行为的实行、决定的作出等方面没有具体的执行标准,导致出口管制权力的执行缺少具体审查依据。像俄罗斯,其经济发展和贸易部的出口管制部门收到限制出口技术的出口许可证申请后,向外交部、国防部、原子能部、科技部等部门征询意见,被征询部门全部同意情况下才授予出口许可证,而被征询部门同意的标准、拒绝的理由却没有制度规定。实质的正义不只需要程序的正义,严格标准也是必要的。出口商不能从制度规定中获得许可证发行具体标准,也缺少参加审查决定过程途径,无法对异议部分作出有效解释,也不能对不授予决定抗辩,最后的决定结果实际上就是国家垄断体制下的结果。

3.没有配套的国别管制清单

根据出口管制目的、外交政策的不同,很多国家都建立国别管制清单对不

---

① 巴西 1995 年《第 9112 号法》第 3 条、第 6 条规定,行政处罚包括警告、交易金额两倍的处罚、没收商品、暂停贸易出口权力 6 个月到 5 年,取消对外贸易资格,1—4 年刑事处罚。

② 印度 2005 年《大规模杀伤性武器及其运输系统(禁止未经许可的活动)法》相关规定如下:

第 3 条第 2 款　任何人的行为或不行为违反本法规定将在印度受到处罚。

第 3 条第 3 款　任何人在国外实行了本法不许可的行为,将被视作在印度国内实行,接受处罚。

同国家采取不同的出口管制政策。在技术出口管制领域,金砖国家几乎没有制定配套的国别清单,而是以国际义务履行、国家安全维护等为由或根据联合国决议禁止向特定国家出口技术。印度虽然规定了对建立共同自由贸易区国家、参加有互惠原则规定国际条约的国家和建立相似出口加工区域的地区在出口管制上采取较松的措施,但在中国建立了同出口加工区一样的经济特区,并相互磋商推进中印自由贸易区建立环境下,为了维持软件技术的国际领先,尤其针对中国,通过修改管制清单等方式限制或禁止向中国出口特定软件技术,阻碍了双方自由贸易的发展,不利于金砖国家经济与政治上的协作,也反应出在国别管制清单制定上的落后:表层的国别管制制度的指引,深层的国家利益辨识。

(三)各国在管制行为上的协调与中国的完善

1.扩大技术出口管制方式

金砖国家实施技术出口管制许可证的同时,也可以使用配额许可证制度。首先,在技术出口许可证上实行"轻者更轻,重者更重"的原则:对民用技术,应简化出口许可证申请程序;对军事技术、两用技术等,要求其提供更为详细的信息,设置更为严格的申请程序。[①] 其次,根据技术的使用范围、对科学研究和经济的推动作用、与国家安全和与军事利益关联度等将技术分成高低级别。针对低级别技术,国家可通过许可证方式进行管理,并加强出口经营者对提供的信息真实性、完整性的要求,严格遵守管制程序。在高级别技术的判断上,针对不同国家实行配额许可证或与出口许可证结合使用,防止威胁的发生。

2.建立具体审查标准

出口管制实体制度中应加强规定具体的审查标准,实现对管制机构管制行为的指导作用,加强出口经营者与管制机构的沟通与交流,促进信息在管制权力执行机构与被管制者间的有效流转,从而增强管制行为的透明度。具体审查标准的制定也能促进出口经营者在自我控制中,通过增加审查环节、审查标准、审查项目加强自我监督,有效实现企业内部控制。

3.建立和完善技术出口管制国别清单

国家实施技术出口管制的目标包括:国家安全、外交政策的推进、经济稳定与发展、限制短缺物品出口。根据各国的国家性质、实行的政策、外交现状

---

① 王金胜:《借鉴国际经验发展我国技术出口研究》,2011 年东北财经大学硕士论文。

与期望、与不友善国家间的关系及国家科学创新能力、防扩散能力等决定对一国出口管制的宽严程度。① 在技术出口管制领域,国家安全与外交政策推进是出口管制的主要目标。相比有效的出口管制,技术出口管制的政治目的排在首位。因而国家有必要建立和完善技术出口管制国别清单,也有助于实现国家增强透明度与明确性的承诺。美国等发达国家建立了明确清晰的国别管制清单就是证明。各国依据上述标准划分不同层次的国别管制类别,实行宽严不同的技术出口管制。在各个分类中可以对管制目的、重点管制技术、例外情况等作出规定,这实际上与美国商务部制定的《出口管制条例》中七组国别管制相似。② 除了商务部产业安全局负责的国家一览表,美国国别清单还包括国防部制定的禁运国家一览表和国务院反恐协调委员会负责的支持恐怖主义国家一览表,对产品及技术的出口目的地、最终用户进行控制。③ 因而金砖国家也可以在其他合理技术管制标准的基础上设置国别清单,加强国家对相关技术的管制。

4.中国的完善措施

中国技术出口管制条例明确规定商务部审核两用领域高新技术、国务院和中央军事委员会审核导弹技术、原子能机构和商务部、国防科学技术工业委员会审核或复核原子能技术。审核方式、意见协调措施在条例中都应当作出具体的规定,以增加技术出口管制的透明度,也能更好地约束出口管制机构。

中国经济和综合能力不断提升,使中国成为美国、日本等技术强国的重点管制目标。且中国作为社会主义大国,因意识形态的不同在国际关系中处于较特殊的地位,影响了中国的政治与外交。在技术出口管制领域,管制的政治目的占据主要地位,因而中国应该制定技术出口管制国别清单,分类规定管制对象国的限定标准。为获取技术以转变创新模式和实现与"同宽同严"的管制策略的配合,对华实行较宽松出口管制政策的国家,中国应在国别管制清单中对其放宽管制。

寻求持久和公正的中美贸易关系,并使美国人民获取国际贸易体制带来

---

① 余万里:《美国对华技术出口的管制及限制》,载《国际经济评论》2000 年第 7 期。

② 美国商务部于 1988 年制定《出口管制条例》,将除加拿大之外的所有国家分为七组。这种组别的区分不是一成不变的,依据现实的需要,名单随时会发生变化。

③ 中国进出口公平贸易局:《美国》,载《国别贸易投资环境报告 2008》。

的经济利益是技术强国美国对华贸易政策的原则之一。[1] 在美国出口管制制度中,中国是美国的出口管制重点。美国对华出口管制政策不断调整,修改出口管制政策甚至要听取中国的意见,但在军事技术、高新技术领域对中国实行严格的出口管制政策,反映出美国既想分享中国的经济发展机会,又担心中国动摇其霸主地位的矛盾心理状态。[2] 针对美国,中国采取反制措施,采取"同宽同严"的手段,既打击了美国的霸主野心,也增加了中国与美国技术交流谈判的筹码。

六、金砖国家技术出口管制协调的总体设计

(一)国家层面

1.国际方面

(1)建立金砖国家技术出口管制协调机制

金砖国家技术出口管制的合作仍然存在比较多的问题。①技术出口管制的政治属性很强。金砖国家的国家性质、意识形态、科技能力、经济实力有较大的差异。俄罗斯在苏联解体后独立,资本主义"复兴",而后来加入的南非同样是资本主义国家。中印边界问题久而未决、"中国威胁论"的大肆盛行、中国经济实力的不断增强也增加了印度、俄罗斯技术出口的政治与国家安全考虑。因而,目前金砖国家合作机制是政府主导的分散型合作,合作领域主要集中在经济领域。即便是经济领域的合作,金砖国家间也并不是没有任何摩擦。[3] ②金砖各个国家技术出口管制实体制度层次不一,除了存在管制机构分散、管制方式少、缺乏对自由裁量权的限制、全面管制界定标准欠缺、没有国别管制清单等相同问题外,各国的技术管制领域、管制程度、被管制者的设置、惩罚措施的实行等方面也不尽相同。实体制度的不一阻碍了各方技术的交流,制约金砖国际合作的深化,也使金砖国家面临巨大的不稳定性,极易遭到外部的冲

---

① United States Trade Representative,U.S.-China Trade Relations:Enter a New Phase of Greater Accountability and Enforcement,*Top-to-Bottom* Review,February 2006,http://www.ustr.gov/sites/default/files/Top-to-Bottom％20Review％20FINAL.pdf,last visited on 2 march 2014.

② 揣莉坤:《美国对华技术出口管制制度研究》,2011 年西南政法大学硕士论文。

③ 沈茜茜:《金砖国家的合作及其机制的研究》,2011 年复旦大学硕士论文。

击。① ③国际多边管制机制不能有效实现技术出口,加入国际多边条约实现金砖国家的合作不现实。目前国际多边管制机制面临多方挑战。成员国从管制目标国到技术提供国的地位转变(如俄罗斯、中国),对提供者分类的疑问,或缺乏管制资源支持,导致国家在威胁与国家安全认同上的分歧不断扩大。② 且多边出口管制条约条款有很大模糊性,使国家能违背条约目的出口商品和技术,③而美国也不遗余力地推行模糊条款。表面上发达国家为武器和两用技术有效国际管理作出巨大努力,实质上多边出口管制体制是美国等国家实现政治和经济目的的手段。④那么,金砖国家技术出口管制的合作也必然会遭到美国等技术强国的反对,利用技术威胁或合作、加重对国家意识渲染等方式阻碍技术管制得合作的进行与实现。

金砖国家有必要建立技术出口管制协调机制,增强在技术出口管制上的凝聚力。经济全球化推动了国际普通贸易在技术需求、供给与提供主体的扩展,而金砖国家也因经济发展速度快、市场需求大等因素对技术交流提出更高的要求。且金砖国家作为代表发展中国家的经济实体也应将国家意识、"中国威胁论"等思想搁置,加强合作,携手共进。各国需加强技术出口管制交流,促使各国在技术威胁与国家安全上达成共识,为技术出口管制合作奠定稳定的政治基础。在此基础上,实现出口管制技术范围的相对统一、管制的技术标准相对稳定、管制方式的增加、信息的共享、管制透明的增强等。技术交流又反向推动各国的政治互信、军事战略、国家安全目标的实现。在技术出口管制领域,各国对其他国家采取一致态度,坚决抵制以分裂技术合作为目的的任何行为和国家。作为补偿,金砖国家可以优惠的条件从其他国家获取技术。

(2)建立金砖国家技术出口管制的交流平台

在第二次"金砖峰会"中初步形成了金砖合作机制,各国在实现技术创新、贸易发展、金融改革等方面达成合作意向。⑤ 但在此后的峰会中,金融改革、

---

① 李娅、华伟:《金砖国家国际金融合作协调机制研究》,载《农村金融研究》2009 年。

② Robert Axelrod and Robert Keohane, Achieving Cooperation Under Anarchy: Strategies and Institutions, *World Politics*, Vol.38, No.1, 1985, p.237.

③ 核供应集团在原子能项目中呼吁国家"采取控制措施"的语言就是一个例子。

④ Andrew Latham and Brian Bow, Multilateral Export Control Regimes: Bridging the North-South Divide, *International Journal*, vol.53, No.3, 1998, pp. 465-466.

⑤ "金砖国家峰会",百度百科, http://baike.baidu.com/link? url = x2 HDFwhEKOC Arq6CB13WcoKJ-HLBfnDX4Qp87tHd7o59mmVTfE6Lu6dQl5F3jeXDP6417cL0DUpP35tg ctGIWa,访问日期:2014 年 3 月 10 日。

贸易发展是各国的讨论重点,技术合作没有提上议程。在认识到技术交流的重要性和出口管制的政治性下,各国可借助峰会充分表现维护国际和平与稳定,促进经济发展的立场及促进技术交流的意愿,推动协调机制的建立。在管制协调机制下,通过磋商解决技术出口管制摩擦、管制制度的冲突、信息共享体系构建等,协整技术出口管制方向。同时,各国也要加强出口管制技术数据库、信息披露体系的建立,保证各国能充分获取技术出口管制的最新动态,并及时采取相应协调措施。

(3)明确各国技术出口义务

国家较宽松且合理的技术出口管制是实现技术交流的前提。如上文所述,金砖国家应加强对民用技术的管制,但是只针对金砖国家以外的国家,否则就与加强金砖国家技术交流的目的背道而驰。各国从有利于人类健康、保护环境、科技发展、促进世界和平与发展的方式执行和解释技术出口管制,对促进药品研发、环境保护、[①]以和平为目的的武器研发、推动内生型技术发展的技术应该不予管制或采取较宽松的管制措施,以实现技术在金砖国家的便利流通及其为经济发展服务的积极作用。[②] 尤其在各国拥有的领先技术领域,应对金砖国家实行宽于其他国家的管制制度,推动金砖国家技术的不断创新。

较宽松的管制制度并不是没有管制,各国仍然要履行防扩散等国际义务。目前,两用物品及相关技术的私有化现象使得对两用技术的管理更加困难。两用物品私人产出虽然能大幅度降低成本,提高质量,但产出的分散管理也对加强国家对私人管制提出更高要求。[③] 中、俄、印国内环境并不稳定,防止武器等相关技术被其他国家恐怖势力掌握也是各国需要履行的管制职责。

(4)各国建立相对统一的国别管制清单

金砖国家应该建立相对统一的国别管制清单。一方面,相对统一管制清单的建立能增强金砖国家的对外凝聚力,为其对外采取技术管制行为提供依

---

① Robert Fair, Does Climate Change Justify Compulsory Licensing of Green Technology? *Brigham Young University International Law and Management Review*, Vol.6, February 2009, p.32.

② Matthew Burns, A Sustainable Framework for International Green Technology Transfer, *Colorado Journal of International Environmental Law and Policy*, Vol. 23, Summer 2012, p.414.

③ M. Hirsch, The Great Technology Giveaway, *Foreign Affair*, Vol.77, No.5, September/October 1998, pp.1-8.

据。另一方面,这也是在金砖国家内部实行较宽松管制行为的要求。各国将金砖国家单独设置一类,实行较宽松的管制。考虑到金砖国家合作机制的分散性和技术出口管制的政治属性,在追求经济利益、科技能力共同提高的同时,各国被放低的政治利益、军事战略目标与国家安全考虑也应在特定情况下适当的提出,如对方国家的威胁力量扩大,军事技术的转让极易被其获取。对其他国家,各国根据外交关系、国家安全考虑等因素自由设置管制类别。

(5)制定相对统一的管制技术清单

考虑各个金砖国家技术出口管制清单及促进技术交流的目的,金砖国家实行相对统一的管制技术清单。原因有三个:首先,金砖国家间出口管制技术范围不同,标准不同,内部存在重叠控制问题,阻碍技术出口。其次,金砖国家单独协调管制技术,需要政府间的合作和强大资金的投入,且不利于金砖国家整体技术能力的提升。最后,管制技术随实际情况发生的变动增加国家技术出口协调成本。制定统一的管制技术清单能促进更加有效的实行管制行为,减少资金投入,[①]也将减轻国家的外交努力。

(6)各国确立相对统一的技术标准

各国确立相对统一的技术标准能在一定程度上限制国家对管制自由裁量权的行使,有效解决各国在技术认定上的差异。技术标准的制定应采取严格、准确的语言,尽量减少弹性词语的使用,能更好地指导各国政府管制行为。在增加技术使用环境标准的同时,各国也应充分考虑其他国家安全、政治形势,将促进其他金砖国家恐怖势力、威胁力量活动的技术考虑在内,扩大技术的使用目的的情形。

(7)各国增加技术管制方式

如上文所述,各国技术出口管制方式较单一,主要采用出口许可证的管制方式。全球化推动了技术需求、供给与提供主体的扩展,且两用品私有化现象也使技术出口管理更加困难,这些都对增加管制方式提出了要求。配额管理的采纳将对实现宏观军事战略目标和政治经济利益、保护国内产业等产生积极作用。金砖国家间对某些领域的技术或特定技术可采取"自动"出口配额管理,技术范围和时期由各国自主协商。针对其他国家,各国根据市场容量、安全形势等实行主动出口配额。

各国还应加强对出口管制技术的监督,如获取远距离操控技术的信息、使

---

① Renée De Nevers and Rockefeller Brother Fund, Regimes as Mechanisms for Global Governance, *World Security*, 1999, p.12.

用网络监控等。微型化 GPS 定位器为定位受管制技术、监控受管制项目的移动创造了可能性。新型软件和互联网安全装置使企业出口管制执行机构能监督和限制技术数据通过网络传递、进行技术转让谈判。机制成员也可以将检查技术使用点作为技术贸易的附加条件。装货后现场检查能促进技术以许可证允许的方式使用,当前只有美国采用,各国可以借鉴。①

(8)签订双边或多边技术出口管制协定

如前文所述,当前各国技术出口管制实体制度未能找到最佳路径,被管制者欠缺、强制义务的缺失、缺乏对自由裁量权限制等缺陷导致技术转让有很大的不稳定性,且国际多边出口管制模式成为美国等技术强国实现政治和经济目的的手段,并没有实现技术的有效全球管理。要打破此僵局,金砖国家可以从签订双边或多边技术出口管制协定入手,这对协调各国技术出口管制实体制度,有效指导各政府行为,保障技术转让的稳定性,实现技术服务于人类有很大的作用。

该协定要明确防扩散等国际义务的履行,重申技术合作对经济和政治利益的促进作用,并对全面管制技术的范围及其标准作出详细规定。实体性条款上,①对技术出口被管制者重新定位,使国家、进口者、出口者在管制中处于正确角色。②对签订国的管制技术范围作出具体规定,实现各国进出口者对转让技术管制性质的认识。③对自由裁量权重新认识。协定中不再设置自由裁量权条款,国家从自由裁量中撤出,或者将自由裁量权条款细化为具体条款,分布于管制技术范围等条款中,且在协议的制定中防止模糊条款和弹性词语的使用。这也是降低技术转让不稳定性的主要手段。④明确管制技术标准。对管制技术的使用方式、使用领域以及使用环境等规定能实现技术出口的有效管制与知识产权的充分保护。程序性条款上,①建立信息共享与披露机制。如同国际多边出口管制条约,②制定信息共享程序是必需的,尤其是在出口许可证拒绝方面。这是确保各国能在经济利益的追逐中不会降低签订国角色,无视协议规则,导致违反规则情况出现的关键因素。③ 且出口管制始终如一的执行,许可证审查人员也必须掌握敏感最终用户信息和先前许可证拒

---

① 美国协调部门对两用物品及军品出口许可证审批程序的评述中,商务部大约执行 346 起装船出口检查,其数量在其他国家非常少见。

② 瓦纳森协定是唯一没有许可证拒绝通知的国际多边管制机制。

③ Daniel H. Joyner, Restructuring The Multilateral Export Control Regime System, *Journal of Conflict & Security Law*, Vol.9, No.24, 2004, p.185.

绝情况。① ②建立争端解决程序。除了上述通过磋商实现争端的解决,在协定中这可以对因技术出口管制争端的产生、情形及处理作出规定,并加重对违反协议者的惩罚措施,实现惩罚措施的预防作用。

2.国内方面

(1)加强国内出口管制体制改革

首先,金砖国家要完善出口管制法律法规。在共同磋商达成的技术出口管制认同上,各国进一步整合国内技术出口管制法律法规,制定相对统一的技术出口管制法律,并在考虑国家安全利益、军事战略目标、外交关系、经济发展等因素中确立管制者和被管制者、管制技术范围、管制方式等,尤其要明确违反者的罪名及惩罚措施。

其次,各国出台不同领域的执行规定,使管制的标准、管制程序、管制方式具体化,改变各国执法权的缺少依据的现状,增强管制的透明度。②

再次,各国完善出口管制体系。建立"一主多参"的出口管制机构模式,即由单一机构管理出口管制工作,并协调相关部门人员共同作出合理合规的决定。③

(2)完善知识产权保护体系

完善国内知识产权保护体系,制定国际技术转让知识产权保护法或在原有的知识产权保护法基础上对转让技术专门规定、作出更加精准的规定是金砖国家在国内创造保护引进技术的良好法律环境。最有效的方法。以中国为例,《对外贸易法》《技术进出口条例》是我国技术进出口的法律规范,但仅在《对外贸易法》第 16 条第 2 款④提到环境保护。在绿色先进技术需求量不断加强的趋势下,很有必要对国际技术转让进行专门规定。知识产权保护是依据经济发展水平内生形成的,因而要依据各国经济水平和科技创新能力制定合理的技术转让知识产权保护,通过分层制定,从国家层面、省级层面、行业层

---

① Bureau of Export Administration, Department of Commerce, *Annual Report 1998*, 1998, chap. 2. 16.

② 祁欣、张威:《我国两用物项出口管制管理体制改革研究》,载《国际贸易》2012 年第 12 期。

③ 同上注。

④ 中国《对外贸易法》第 16 条第 2 款规定:为保护人的健康或者安全,保护动物、植物的安全或者健康,保护环境,需要限制或者禁止进口或者出口的,国家可以限制或者禁止有关货物、技术的进口或者出口。

面①制定相应的知识产权激励、优惠与管制措施；制定促进技术引进改进式自主创新机制，明确转让双方的权利义务，尤其是对反向工程、复制作出合理限制，打消金砖国家内转让技术的顾虑。同时，构建以企业为中心的创新体系，并实施国家知识产权战略，构建与自主创新相匹配的非技术创新体系，实现自主创新型国家的发展路径；注重资金、技术、人才的扶持，拓宽对外贸易的地理方向和产品贸易结构，规避由贸易竞争引发的潜在的知识产权争端。②

（3）制定发布出口管制指南

金砖国家出口管制协调机制的建立必将扩大技术贸易往来，但协调机制的构建导致出口管制实体制度的变化与产生的疑惑应当立即予以通知、解决，才能实现制度变化与行为的统一，保障有效出口管制的实现。出口管制指南能通过解答疑惑、提供咨询信息与方式，加强政府与出口商信息的沟通，有利于政府教育和帮助出口商理解战略物品贸易的法律要求，鼓励出口商遵守合规计划，也能确保政府有效获取企业的回馈意见。而出口商通过许可前检查、进口保证、运送核证和装运后检查，核对最终用户信息的真实性。③ 面对贸易的扩大和大量新成立的中小企业，管制信息的普及工作巨大。让出口商认识到出口管制的重要意义，可以大幅提高出口管制相关理念的普及度，也有助于提高政府管制效率。④

（4）出口国促进贸易便利化

加强技术交流是构建协调机制的重要目标，这对机制建立提出了减少管制障碍，增强技术转让能力的双重要求。为激励私人部门技术转让动力，金砖国家要为技术转让建立有利的国内法平台。首先，制定和实施有利于技术转让的法律、财政政策，实行可行的激励政策，如减免税、优惠的财政管制、外汇政策等。对滥用权利行为给予必要的干预和限制，促使企业在公平合理基础上转让。⑤ 废除国内技术转让法律条文中针对环境、医药等利于公共利益技

---

① 省级层面、行业层面，依据经济发展水平地区、竞争优势和行业优势实行不同的知识产权保护策略。

② 沈国兵：《与贸易有关知识产权协定下强化中国知识产权保护的经济分析》，中国财政经济出版社 2011 年版，第 324、325 页。

③ Manpreet Sethi, Export Control in india: Essential Confidence Building Measures for Trade and Security, *South Asian Survey*, Vol.14, No.2, 2007, p.236.

④ 赵召：《美国出口管制法律改革的启示》，载《经济》2012 第 3 期。

⑤ 秦天宝、周琛：《国际环境技术转让的法律障碍及其克服》，载《江西社会科学》2011年第 3 期。

术转让的条款和可适用于该条款的规定,如限制性商业行为、对环境技术出口管制等。其次,健全政府职能,加强政府引导,塑造良好的法治政策环境,引导和支持企业建立知识产权内部管理制度,[1]培养企业的国际视野,从关注私利向私利与公利发展。最后,实行以创新促进转让的政策。各国应制定创新激励措施,并增加研究机构、科研人员、科技论文发表量的数量与层次,实现向高级生产要素的转变。[2]

(5)建立国家技术出口协调机制

金砖国家可以建立"国家主导,出口商参与"的技术出口协调机制。国家层面,各国在建立单一出口管制机构下,建立以协调技术管制与促进技术转让为目标的技术出口协调机构。协调机构的职责主要有监督出口者技术出口行为,尤其对关键技术领域进出口商的贸易行为,及时通知禁止违反国内法或国际条约的出口行为,并交予执行机构采取相应管制措施,同时在协调机制下实现以关税优惠等措施加强技术出口,实现对出口者技术管制与促进的协调。在国家机构的协调中,根据技术出口管制条约和国内法的规定协调机构间、行为与政策法律规定不相符的情形,实现管制机构间的协调统一。协调机构下可成立技术贸易协调委员会,解决技术贸易摩擦。尤其在金砖国家技术管制协调机制下,该委员会的设置将进一步深化金砖国家技术合作。出口商的参与将在下部分论述。

(二)出口者层面

1.构建出口者内部管制体系

健全的内部出口管制能实现外部与内部管制的相互协作,实现有效的管制监督,及时防止威胁的产生。内部出口管制机制一定程度上相当于政府管制行为在被管制者内部的深入,对国家安全、军事利益的实现有重要意义。健全的内部出口管制机制不只要求实行机构独立性、遵守管制法,它也需要完备的组织结构、明确的审查程序、审查标准、充足的人员配置等。各国应构建权责分离、结构明确的组织结构体系,如在出口者管制机构统一领导下,根据技术类别分别设置专人负责制管制部门,并由管制机构协调各部门在利益关乎重大的复杂贸易上的共同审查。技术出口管制的国家利益优先于出口者的经

---

[1] 沈国兵:《与贸易有关知识产权协定下强化中国知识产权保护的经济分析》,中国财政经济出版社 2011 年版,第 325 页。

[2] Porter,E.,The Competitive Advantage of Nation,*Harvard Business Review*,1990,p.26.

济利益,因而在机构人员的设置上适当禁止特定管理人员的参与,降低国家利益与经济利益选择冲突率。

在金砖国家协调机制下,出口者内部出口管制组织可以单独设立金砖管制部门,根据金砖国家签订的协定或磋商确定的管制技术范围、技术项目、技术管制标准等对出口的技术进行审查,对管制技术的全面管制依据国内法和管制协议、磋商成果确定。金砖管制部门可以获得相应国家技术专家的技术支持,加强对出口技术性质的认识。在禁止出口内部决定作出后,应及时通知主管政府机关,实现双方国家层面的沟通。

2.建立技术出口商协调机制

金砖国家出口商可通过成立类似中国商会、行业协会的非营利性组织,以构建技术出口自律协调机制,并将其作为国家出口管制协调机制的重要组成部分。各国技术出口商成立全国性的技术出口协会或区域性的技术出口商会,将促进技术贸易发展,防止与大规模杀伤性武器相关技术扩散与实现成员的共同利益作为其成立的主要宗旨。其职能范围主要有:(1)作为出口商与政府间的中介组织,一方面向政府提供出口信息,实现信息共享并反映利益需求;另一方面在出口商中宣传技术出口规定,尤其是与金砖国家相关的技术出口管制政策立法,从而在政府与出口商之间搭建沟通桥梁,促进双方行为协调。(2)指导出口商规范出口行为,为其提供技术价格、技术市场等相关信息,并提供咨询、开展技术出口活动、进行学术交流等服务,促进出口商行为的协调。(3)加强对关键技术市场和重要技术区域的监督、协助出口商建立内部管制机制,更好地实现出口商自律。在金砖国家技术出口中,各国协调机制仍然加强对大规模杀伤性武器相关技术的监督,但在民用技术领域可适当放松。各国内部管制机制的建立与完善也需要协调机制的帮助。

(三)进口者层面

1.扩大进口者内部管制范围

随着国际经济交流的不断扩大,从事外贸交易的企业和个人剧增,需加强国家对进口者在技术进口前、中、后的条件与行为的审查与监督。因进口国在技术发展、增强技术创新能力的考虑上积极促进技术引进,消极对待技术进口者的实行行为,故技术进口中,可以适用技术出口内部管制的方式对进口者的行为进行控制。人才、审查标准、程序设置是其关键。首先,增加相应技术领域技术专家。内部出口管制机构不仅要对出口技术进行审查,也需要在引进时对技术是否符合对方管制立法规定进行审查,因而对内部管制机构的审查

人员素质提出更高的要求。其次,扩大内部出口管制资料库,便利技术专家获取国外技术管制标准。经济全球化推动了技术贸易范围、领域的扩展,对进口者获取技术管制标准也提出了更高的要求。最后,增加内部管制审查程序。从出口和进口两个方向规定严格的内部控制程序,并设置不同的审查环节,通过内部管制降低技术的引进成本。

在金砖国家,进口者引进技术的内部管制管理可以由金砖国家管制部门组织实施。统一、全面负责的管理方式能提高管制效率,促进金砖国家的技术交流和实现有效出口管制。

2.建立技术进口商协调机制

各国进口商应建立进口技术协调机制。该机制除了协助进口商建立进口技术内部管制、加强进口商与政府信息沟通、提供咨询等服务、监督对技术出口管制的遵守等之外,尤其要帮助并监督进口商建立引进技术知识产权管理体系。技术出口管制与知识产权的保护有很大关联。在金砖国家技术出口管制协调机制下,各国在技术标准中增加技术使用环境标准,促进完善国内知识产权保护体系,鼓励企业和研究机构进行创新,增强出口者维护自己的知识产权的意识。[①] 进口国和进口者也要尊重和保护进口技术的知识产权,如培养知识产权出口的法律人才、科技人才,为进口者提供技术进出口服务;建立具有了解相关技术管制标准等素质的外贸人员培训体系,为加强技术合作创造条件。

七、结　语

技术对政治经济的影响日益加深,各国在技术出口管制上的努力不断加强。现行技术多边管制条约存在多方漏洞,国家间技术管制规定也不一致。为实现金砖国家技术贸易流转的自由化、便利化,履行防扩散国际义务,国际和国内努力必不可少。

为了有效应对技术出口管制,建立金砖国家协调机制和完善国内相关法律法规是不够的,还需建立一个强有力的功能性市场,在加强技术的管制的同时促进技术国际贸易,因而企业的参与必不可少。为了建立市场,国家必须战胜三个主要挑战:强化国内知识产权法律体系、建立自主创新机制、构建内部

---

① 王金胜:《借鉴国际经验发展我国技术出口研究》,2011 年东北财经大学硕士论文。

控制与责任追究制度。本文指出了金砖国家技术出口管制法律的一些基本问题,提出完善措施,在现行的国际国内经验上构建金砖国家技术出口管制协调机制。

实际上真正的挑战不是构建机制,而是让金砖国家在实现技术顺利流转目标下的自我控制与实行。各国在协调机制下执行严格或宽松的技术出口管制,若国家执行度与内部控制度的选择得不到控制,有效出口管制也就无法实现。

Coordination of Substantive Systems in Technology Export Control among BRICS

Zhang Shucong

Abstract:The BRICS needs to deepen co-operation in the field of technology export controls.in order to promote the further development of economy and technology. Based on the study of the BRICS'substantive systems of technology export control,this article puts forward proposals of coordination among BRICS, such as establishing of BRICS coordination mechanism on technology export control,formulating of relatively-unified control list, concluding agreements of bilateral or multilateral technology export controls at the international level,perfecting systems and domestic mechanism of technology export controls, completing relevant laws and regulations,stimulating guides of technology export controls, advancing trade facility,establishing national mechanism of technology export coordination at the national level; creating internal control systems of technology export and/or import and exporters's and/or importer's coordinating mechanism among exporters and/or importers.

Keywords:BRICS; technology export control; regulated extents; control behavior; coordination

✲ *Ivana Amorim de Coelho Bomfim* *

Condo-hotel: Offer to Investors and Its Characterization as a Security

In order to promote the expansion of tourist resorts in Brazil and meet the demand for hotels for the sporting events to be hosted here, real estate developers have adapted a business model to the Brazilian reality, allowing the financing of hotels through the attraction of resources from small investors; the so-called "Condo-Hotels". Condo-hotels are entrepreneurships approved as hotels and submitted to the regimen of residential building condominium in which its units are subject to a "hotel pool" managed by a specialized administration company.

In December 2013, as a result of the increase in the number of business deals structured in this fashion without proper disclaimer as to the risks involved and without prior authorization from the Comissão de Valores Mobiliários (CVM), as is required by law, the CVM issued a warning to the market in regard to the verification of irregular investment offers in hotel ventures financed through collective investment contracts.

The concept of Security used in Brazil was "imported" from American

---

* Ivana Amorim de Coelho Bomfim, Brazilian, LL.B. from Universidade Federal da Bahia (UFBA) and post-graduate degree in Contracts from Pontifícia Universidade Católica de São Paulo (COGEAE), LL.M in Financial and Capital Markets from Instituto de Ensino e Pesquisa, São Paulo - Insper.; Senior lawyer in the Real Estate and Admitted to Brazilian Bar (OAB); Research scholar of the Acalleme of BRICS Laws, Soufhwest Political Science and Law.

regulation of the Securities and Exchange Commission (SEC) in order to protect investors after the fraudulent episode of the late 90's involving the Brazilian company named "Fazendas Reunidas Boi Gordo". Said concept was extended in 2001 to also deem as a security: "when publicly offered, any other collective investment instrument or agreement that creates the right of participation on profits or remuneration, including as a result of the rendering of services, and whose profits derive from the efforts of the entrepreneur or from the efforts of third parties."

Currently, the concept of Securities in the US is based on "the Howey Test", resulting from the case of the SEC vs. Howey, through which it can be verified whether or not a transaction involves Securities when the following four (4) elements are present: (*i*) cash investment; (*ii*) common enterprise; (*iii*) expectation of profits (*iv*) arising solely from the efforts of third parties other than the investor. This is complemented by the notion that the initial investment does not have a guaranteed return and that the investor does not have managerial control of the involved risk.

In the interest of ensuring full and fair disclosure to investors of said hotel products, CVM served notice on several Condo-Hotel projects, irrespective of the product offered to the public being the sale of individual units, fractions of the property, shares or equity interests. This demonstrated concern as to the economic substance of the business and the investment risk. Since then, entrepreneurs have submitted projects to the CVM and requested exemption from registration for their offerings and issuers.

However, caution is needed in order to avoid generalizing and defining any hotel product offered to the market as being a collective investment contract. In certain situations, it is possible to be faced with pure real estate business, regulated by the Civil Code and/or the Real Estate Development Act (Brazilian Federal Law No. 4,591/1964) and, therefore, monitored by the Property Registry officer, which is why additional regulation by the CVM can only hinder the process and make this type of product inaccessible to buyers.

This theme has divided opinion among experts and should be analyzed

on a case by case basis, especially when the Real Estate Development Brief has not been registered yet and the product to be purchased by the investor is an autonomous unit corresponding to a future hotel room. Moreover, there has been much discussion concerning: (*i*) the demands made by the CVM for granting exemptions – e.g. the demand for ventures intended for only qualified and accredited investors who possess assets equal to or greater than R $ 1.5M or invest over R $ 1M in the project; and (*ii*) the documents that must be submitted for analysis when applying for exemption from registration of the offering and issuer, such as the duly registered Real Estate Development Brief, bearing in mind that the period of analysis by the CVM may come to affect any grace period for withdrawal of the developer, as granted by Real Estate Development Act (Brazilian Federal Law No. 4, 591/1964, Article 34). The CVM has in fact issued some registration exemptions for offerings and issuers and specific regulation is expected by the market this year.

The situation in the city of Rio de Janeiro, for example, requires special attention as the urban legislation is restrictive in relation to the implementation of hotel projects involving division into autonomous units. With the exception of the region of Porto Maravilha and some areas in the downtown area, it is not possible to develop condo-hotels in the city based on the traditional business model, with the registration of the real estate development and sale of future autonomous units. Thus, property fractions, not linked to a specific part of the hotel, have been sold. In these situations, the investor that acquires a fraction of the real estate development will not be the proprietor of a hotel room, but will be the co-owner of the hotel as a whole, along with all other investors, in their respective share. Based on the recent technical decisions of the CVM Board, it has been understood that this alternative structure generates more headache for investors, so much so that of all the projects that have so far had exemption from registration granted by the CVM, the only one in which there was the demand for the offer to be exclusively targeted at qualified and accredited investors used this structure.

The concern and intervention of the CVM are justifiable, given the risk of an investment of a collective nature being offered without proper transparency and clarification of the risks involved. Furthermore, the average buyer of real estate units is not used to this type of investment and may be oblivious to the fact that he might have to invest resources in maintaining the hotel if it is not successful in terms of occupation or administration.

It is clear, therefore, that the characterization of the business model of condo-hotels as an offer of securities and, therefore, subject to the scrutiny of the CVM, should always be evaluated on a case by case basis, with the premise that the investor should always have available for analysis and investment decision, correct, complete and up-to-date information, as well as a summary of the risks involved. Given the necessary elements to characterize the offered product as a collective investment contract, and until there is specific regulation by the CVM in regard to this matter, the real estate developer will need to act with diligence and zeal to best address the application for exemption from registration of the offering and issuer; presenting sufficient documentation for such an exemption and avoiding the imposition of restrictions or conditions that could derail the intended project, financially or through missed deadlines.

✳ 苏　挈*

金砖国家外资准入实质条件研究

摘要:《金砖国家贸易投资合作框架》对未来金砖各国间的贸易投资合作作出了框架性安排,各国在该领域的合作将逐步加深。本文对金砖国家外资准入实质条件进行了较深入的系统研究,试图通过对金砖各国相关立法的梳理和分析,指出金砖国家有关制度存在的问题及其解决办法,并就各国间统一外资准入实质条件提出条文建议,对促进金砖国家在外国投资及其法律领域的合作具有重要意义。

关键词:金砖国家　外资准入　实质条件　法律协调

---

* 苏挈(1989—　),女,西南政法大学国际法学院国际法专业 2011 级硕士研究生(指导教师邓瑞平教授),北京中伦(成都)律师事务所律师,主要从事房地产及基础设施相关法律事务。本文由本卷编辑在作者 2014 年 6 月硕士学位论文的基础上修改而成。

引言

金砖国家成员作为当今世界经济舞台上表现最为活跃的发展中国家,对外资的吸引力不言而喻。随着国力的增强,各国展示出对外投资的愿望。金砖国家间开展深度的投资合作极其必要,各国需要联合成一个声音与世界对话,也需要通过合作来提升发展中国家的整体实力。

金砖国家已进行了五次领导人会晤,在政治、经济、文化等各个方面达成了广泛的合作意向。2013 年 3 月 26 日,金砖国家第三次经贸部长会议发表联合公报及《金砖国家贸易投资合作框架》,对金砖国家在贸易和投资方面的合作作出了框架性安排,是金砖各国在经济领域合作跨出的实质性一步。

本文旨在通过对金砖国家外资准入实质条件的研究,找出金砖国家间在投资合作中面临的实质性障碍,提出金砖国家间在本领域的法律协调措施。①

---

① 对以下问题进行说明。(1)应区分"外国投资"和"国际投资"。根据国际投资法理论,国际投资可以有不同表述。站在资本输出国的角度,国际投资可表述为对外投资;站在东道国的立场上,国际投资可表述为外国投资。本文是站在东道国角度进行分析,故国际投资将以"外国投资"的措辞加以阐述。(2)应区分"外国投资"与"外国直接投资"。根据国际投资法理论,外国投资分为外国直接投资和外国间接投资,本文所称外国投资仅指外国直接投资。国际社会和各国立法对外国直接投资的定义颇多,如国际货币基金组织(International Monetary Fund)在其发布的《国际收支手册》中对外国直接投资的定义为:一个国家(地区)的居民或实体(外国直接投资者或母公司)与另一国的企业(国外直接投资企业、分支企业或国外分支机构)建立长期关系,具有长期利益,并对其进行控制的投资。从该定义中可以看出,外国直接投资的重点在于"控制",而控制的方式在理论界颇具争议。有的观点认为,外国投资者只能通过股权参与的方式形成控制,有的观点则认为控制的方式分为股权参与式和非股权参与式。其中,非股权参与式是指通过与东道国企业签订相关合同,取得对该东道国企业的管理控制权的方式。笔者认为,外国直接投资的重点在于"控制",是否通过股权参与方式取得控制并不影响对其是不是"外国直接投资"的判断。(3)金砖国家间开展深入的投资合作,需要对各国法律制度进行法律协调,而这样的协调应当包括国内法、双边投资协定、区域性投资协定及国际多边投资协定等多层次的协调,本文仅对国内法和区域性投资协定层面的协调进行论述。

一、金砖国家准入"外资"的条件

(一)金砖国家关于"外资"的界定

1.巴西关于"外资"的界定

《巴西联邦外资法》对"外资"的定义如下:进入巴西时无外汇垫款(initial foreign exchange disbursement),用于制造产品或提供服务的任何货物、机械或设备,以及流入巴西境内用于经济活动的任何资金,而这些货物、机械、设备和资金必须属于定居或者总部设在国外的自然人或法律实体(individuals or legal entities either domiciled or headquartered abroad)。[①] 而除了上述的货币和货物等财产外,外国投资者还可以使用可转换信贷在巴西进行投资。其中,货物、机械和设备应当是巴西本地没有的货物、机械和设备,如果是已经使用过的货物,则其必须投入对巴西本地产业有培育作用的项目。[②]

而外国直接投资在巴西被定义为:定居或总部设在国外的自然人或法律实体持有巴西公司的份额或股票,或者外国公司经授权后在巴西开展经营活动。[③] 根据该规定,外国投资者可以通过股权参与的方式在巴西投资,也可以以外国公司本身的名义(非股权参与式)在巴西投资。

2.俄罗斯关于"外资"的界定

《俄罗斯联邦外国投资法》规定,外国直接投资是指外国投资者根据俄联邦民事法律在俄联邦境内获得以公司形式成立的或重新成立的商业组织注册资本(合股资本)10%以上股份(投资);对俄联邦境内成立的外国法人分支机构固定资产的投资;外国投资者在俄联邦境内作为融资租赁出租人出租独联体海关进出口税则第十六类和第十七类所列海关估价不少于 100 万卢布的设备。同时该法规定,外国投资者有权在俄联邦境内以俄联邦立法所不禁止的

---

① Centro de Estudos das Sociedades de Advogados, Legal Guide for Foreign Investors in Brazil, 2012, p. 27, http://www. brasilglobalnet. gov. br/arquivos/publicacoes/manuais/pubguialegali.pdf, last visited on February 28, 2014.

② Centro de Estudos das Sociedades de Advogados, Legal Guide for Foreign Investors in Brazil, 2012, p. 30. http://www.brasilglobalnet.gov.br/arquivos/publicacoes/manuais/pubguialegali.pdf, last visited on February 28, 2014.

③ Centro de Estudos das Sociedades de Advogados, Legal Guide for Foreign Investors in Brazil, 2012, p. 29. http://www.brasilglobalnet.gov.br/arquivos/publicacoes/manuais/pubguialegali.pdf, last visited on February 28, 2014.

任何方式进行投资。

由此可知,外国投资者可以使用货币、货物、设备等法律不加禁止的任何财产在俄罗斯进行投资,投资方式包括在俄罗斯设立公司、分支机构,或者通过并购取得俄罗斯公司的股权,或者俄罗斯法律不加禁止的一切方式。

3.印度关于"外资"的界定

印度将外国直接投资定义为:非印度公司或非印度居民(non-resident entity/person)在印度设立公司的行为。[1] 同时,外资在印度进行直接投资只能采取股权参与式。其中,在印度进行绿地投资可以设立以下形式的经济实体:(1)合伙企业。但通过该形式投资可能会受到一定限制,如非居民印度人通过合伙企业的方式进行投资的,不能涉足农业、不动产以及印刷媒体业。(2)风险投资基金。采取该方式应在印度国内设立全资风险投资经营机构,并在印度设立管理公司来管理基金。除了风险投资基金外,其他形式的信托不被允许。(3)有限合伙企业。通过有限合伙企业进行投资只能涉足允许外资100%持股且对外资没有其他限制的行业,而用于投资的资本只能是现金。(4)根据印度国内法设立公司,如有限责任公司等。[2] 在印度,取得股权控制的路径有两种:一是跨国并购;二是绿地投资。但在一些特殊的行业,印度只允许外资以绿地投资的方式进行投资,比如制药业。[3]

4.中国关于"外资"的界定

中国相关立法对外资的概念没有明确界定,但《外资企业法实施细则》规定,外国投资者可以用于投资的财产包括货币、设备、机器、知识产权、技术等,同时也包括在中国境内取得的经营利润。根据《外资企业法》《中外合资经营企业法》《中外合作经营企业法》《外国企业或者个人在中国境内设立合伙企业管理办法》的相关规定,外国投资者可以在中国设立中外合资经营企业、中外合作经营企业、外资企业以及合伙企业进行投资。其中,中外合资经营企业只能是有限责任公司,外资企业为有限责任公司及其他形式。值得注意的是,《中外合作经营企业法》并未规定外国投资者应持有合作企业股权,故该方式的投资可以是非股权参与式。又根据《关于外国投资者并购境内企业的规

---

① Department of Industrial and Promotion，Ministry of Commerce and Industry of India，Consolidated FDI Policy，April 5，2013，p. 8.

② Department of Industrial and Promotion，Ministry of Commerce and Industry of India，Consolidated FDI Policy，April 5，2013，p. 8.

③ Government of India Ministry of Commerce and Industry Department of Industry and Promotion，Press No.2014，2014 series，p. 1.

定》,对于股权参与式投资,除绿地投资外,外国投资者可以采取并购中国企业的方式,而并购则包括了股权并购和资产并购。

5.南非关于"外资"的界定

根据南非中央银行的定义,外国直接投资是指外国人在南非的投资,其应具备以下特征:在南非拥有一个分支机构的所有权,或在与南非人合伙的企业中拥有部分所有权;在与南非人合伙的企业中,作为一个外国人或几个外国人,拥有的投票权至少不低于10%;在南非的企业中,拥有少于10%的投票权,但作为外国投资者能有效地对该企业的政策发表积极的意见。[1] 在南非,外国投资者可以用货币、货物、设备等一切法律不加禁止的财产进行投资。外国投资者在南非从事大多数行业不需通过南非公司实现,所以在南非的公司法中有"外国公司"(external company)这一概念,外国投资者在南非开始经营活动之日起20天内,应当在登记部门进行"外国公司"的登记,以表明其外国公司的身份。但在一些限制性行业,外国投资者只能通过在南非设立公司或者进行跨国并购的方式在南非进行投资,如电信业。[2]

(二)金砖国家关于"外资"界定中存在的问题

金砖国家相关立法中对"外资"概念界定的角度不尽相同。有的国家仅将"外资"作为可以用于投资的财产进行界定,有的国家则将"外资"作为外国直接投资这种行为加以界定。

大多数金砖国家对外国投资者可用于投资的财产限制较少,基本都包括了来自于境外的货币、货物、机器设备等,但有的国家也将可转换贷款、来自于东道国境内的投资者在东道国获取的利润等作为投资财产加以确定。但通观各国国内立法和各国间双边投资协定,对该问题的规定缺乏统一性和完整性。

而对于外国直接投资的界定,各国也存在差异。在金砖各国允许的外国直接投资方式中,巴西和南非限制较少,外国投资者可以直接以自身名义开展经营活动,而在中国和俄罗斯,则必须采取股权参与和有限制的非股权参与的方式进行投资,若采取非股权参与式的投资,应在东道国设立分支机构或特殊形式的经济实体,而在印度,则只能通过股权参与的方式进行投资。同时,部分国家也将外国投资者的最低持股比例作为界定标准之一,比如外国投资者

---

[1] "在南非经商的各种法律形式",2006年3月24日,http://mep128.mofcom.gov.cn/mep/hwzd/gwfg/tz/88773.asp,访问日期:2013年11月24日。

[2] Morné van der Merwe, Foreign Investment Review 2013, South Africa, November 2013, p. 103, last visited on March 1, 2014.

在俄罗斯和南非通过股权参与的方式进行投资,应至少持有 10% 以上股权才能被认定为直接投资。

(三)金砖国家间关于"外资"界定的法律协调

金砖国家国内法和投资协定应当对"外资"作出明确界定,且应将"外资"作为外国直接投资这一行为进行界定,这使得对"外资"的界定包含了对外国投资者、可以用于投资的财产、投资方式等一系列概念的界定。

1.可以用何种财产投资

一般来讲,货币、货物、机器设备等都可以用于投资,但知识产权、土地使用权等无形资产、可转换贷款、在东道国取得的利润等是否可以用于投资则需进一步确认。笔者认为,为扩大金砖国家间投资合作,应在"何种财产可以用于投资"的问题上持包容态度,不仅应将传统的来自于境外的财产纳入投资财产范围,还应当允许外国投资者使用其从东道国获取的利润进行再投资。[①]

2.可以以何种方式投资

为促进金砖国家间的投资合作,应扩大外国投资者的投资方式。国内法和投资协定中可以规定,金砖国家投资者在金砖国家的投资包括股权参与式和非股权参与式。而对于股权参与式投资是否有最低的持股比例要求,因外国直接投资要求投资者对企业进行实际的经营管理,故原则上应引入最低持股比例,但同时不应拘泥于此,[②]只要外国投资者能有效地对该企业的经营活动造成影响,就应当被认定为外国直接投资。

3.关于外国投资者概念的界定

将在下文详述。

二、金砖国家对准入"外国投资者"的条件

(一)金砖国家关于"外国投资者"的界定

1.巴西关于"外国投资者"的界定

---

① Akhilesh Chandra Prabhakar,An Overview of the New Emerging Balance of Forces the BRICS,G20 and G7'Response to the Global Financial Crisis,Asian Economic and Financial Review,Vol.1,2011,p. 106.

② Alexey Kuznetsov,Inward FDI in Russia and Its Policy Context,Columbia FDI Profiles,Nov. 30,2010,p. 55.

巴西对"外国投资者"的概念没有作出明确界定,但其对"外资"如前述定义可见,外国投资者应当是定居或者总部设在国外的自然人或法律实体。

2.俄罗斯关于"外国投资者"的界定

俄罗斯《外国投资法》对"外国投资者"的定义为:依据其本国法律有权在俄罗斯投资的外国法人,依据其本国法律有权在俄罗斯投资的外国其他组织,依据国籍国法律有权在俄罗斯投资的外国公民,依据永久居住地所在国法律有权在俄罗斯投资的无国籍人,依据俄罗斯签署的国际协议有权在俄罗斯投资的国际组织,依据俄罗斯法律有权在俄罗斯投资的其他国家。特别要指出的是,俄罗斯2008年实施的《战略领域外国投资法》将"外国投资者"的范围扩展至外国投资者控制的在俄罗斯境内建立的组织机构。

3.印度关于"外国投资者"的界定

如前述,印度将外国直接投资定义为:非印度公司或非印度居民(non-resident entity/person)在印度设立公司的行为。[①] 而印度相关立法对居民的定义是:一个经济年度内在印度居住超过182天的人,或者在印度注册的公司或实体,或者受非印度居民控制的在印度的分支机构、代理机构,或者在印度之外但受印度居民控制的分支机构、代理机构。[②] 综上,在印度投资的非居民都将被认定为外国投资者。

4.中国关于"外国投资者"的界定

中国《外资企业法》规定,中国允许外国的企业和其他经济组织或者个人(外国投资者)在中国境内举办外资企业,保护外资企业的合法权益。《外资企业法实施细则》规定,香港、澳门、台湾地区的公司、企业和其他经济组织或者个人以及在国外居住的中国公民在大陆设立全部资本为其所有的企业,参照该实施细则办理。《涉外民事关系法律适用法》规定,自然人的民事权利能力和行为能力适用经常居所地法律;法人及其分支机构的民事权利能力和行为能力适用注册登记地法律。可见,中国对"外国投资者"的界定与印度有相似之处,总体上,"外国投资者"等同于"非居民投资者"。

5.南非关于"外国投资者"的界定

南非相关立法虽未对"外国投资者"作出明确界定,但在一些限制性行业立法中依旧可以找到与"外国投资者"概念相关的规定。如根据南非《航空服

---

① Department of Industrial and Promotion, Ministry of Commerce and Industry of India, Consolidated FDI Policy, April 5, 2013, p. 8.

② Department of Industrial and Promotion, Ministry of Commerce and Industry of India, Consolidated FDI Policy, April 5, 2013, pp.11-12.

务业法》中"只有南非居民和南非合资公司被允许持有航空业的许可,且合资公司的三分之一的股权应当由南非居民持有"的规定①可以得出推论,该法中的"外国投资者"是指非南非居民和注册地不在南非的公司。

(二)金砖国家关于"外国投资者"界定中存在的问题

1.界定标准存在差异

从国际法理论上看,国籍标准似乎应当是判断投资者身份的主要判断标准,但事实上,国籍标准的运用在某些情况下可能带来国籍冲突问题。对于该问题,各国也通过相关立法予以解决,如在很多国家,若自然人同时拥有东道国国籍,其将被排除在外国投资者之列,又如在一些国际投资立法中,若自然人为无国籍人,则应当按照其永久居住地来判断其是否为外国投资者。对于经济实体的国籍冲突,很多国家规定按照管理中心所在地判断其国籍。② 但事实上,世界各国对"外国投资者"的界定并非完全依赖国籍标准。比如经常被运用的实际控制标准就是对国籍标准的背离。当外国投资者依据东道国法律在东道国注册一家全资公司,如果依据国籍标准进行判断,该全资公司一般会被认定为具有东道国国籍,但问题随之而来,当该全资公司在东道国国内从事某些敏感行业时,其国内投资者的身份是否妥当?③ 不同国家对该问题有不同的解决办法。有的国家直接规定某些敏感行业外资不得进入或者限制其进入的持股比例,从根本上避免了该问题,而有的国家依据实际控制标准将该类公司纳入外国投资者的范围。

一些国际立法对"外国投资者"予以了界定。如《解决国家和他国国民间投资争端公约》(以下简称《ICSID 公约》),在对外国投资者进行界定时就采用了国籍标准和实际控制标准相结合的方式。值得注意的是,《ICSID 公约》并未明确规定国籍的判断标准。实践中,其对投资者国籍的判断标准已经逐渐由早期的秉持法人注册地原则和管理中心所在地原则转变为根据个案的实

---

① Morné van der Merwe, Foreign Investment Review 2013, South Africa, November 2013, p. 104, http://www.bakermckenzie.com/zh-CHS/ARSAGettingtheDeal ThroughPEMar13/,last visited on March 3,2014.

② 何佳曦:《论 ICSID 对"外国投资者"的法律界定》,2011 年华东政法大学硕士论文。

③ David Tarr, Russian Trade and Foreign Direct Investment Policy at the Crossroad, *European Journal of Political Economy*, Vol. 12,2010, p. 32.

际情况运用不同标准。①

金砖国家在界定"外国投资者"时主要采取以下两种标准:居民标准和国籍标准。其中,巴西、印度、中国和南非均采用的是居民标准,俄罗斯采用的是国籍标准。巴西将外国投资者界定为定居在国外的自然人和总部设在国外的法律实体,以经常居住地作为对自然人外国投资者的判断标准,以管理中心所在地作为对法律实体外国投资者的判断标准。印度在该问题上采取的也是居民标准,对于自然人按照其经常居住地来判断其身份,对于经济实体则按照注册地标准判断其居民身份,同时印度又将外国投资者分为不同的类型,对于非居民印度人在印度投资的相关政策总体上要比"纯正"的外国投资者宽松得多。中国的做法与印度有相似之处,无论投资者根据外国法律应为何国国籍,其都以统一的标准对其身份予以认定,对于自然人以其经常居所地为判断标准,对于法人以其登记注册地为判断标准。南非虽然没有对"外国投资者"进行明确界定,但在相关立法中也可以发现居民标准的运用。与其他金砖国家不同的是,俄罗斯运用国籍标准对外国投资者加以界定,同时在《战略领域外国投资法》中又结合了实际控制标准。② 俄罗斯这一做法可能导致国籍冲突的发生,对于无国籍人,俄罗斯采取长期居住地判断其身份,但对于国籍的积极冲突,则未作规定。

2.关于"外国投资者"形式的规定存在差异

除了投资者"内外身份"的判断外,各国外资立法和国际投资立法往往也对投资者的"形式"予以界定。一般来讲,外国投资者可能的形式包括自然人、法人、合伙企业、国际组织和国家等。在各国签订的各种双边投资条约(Bilateral Investment Treaty)中,因不同的情况对某些形式的投资者予以了排除,比如排除合伙企业、排除慈善组织和非营利性机构、排除国有性质的企业等。在各国国内法中,相关规定也有较大差异。

金砖国家对外国投资者形式的规定也不尽相同。如俄罗斯规定,外国投资者可以是自然人、法人、非法人组织,同时,俄罗斯也将外国组织和国家囊括到外国投资者范围中,而在中国,外国投资者可以是企业、其他组织或者个人,对于其他形式的外国投资者则未作规定。

3.存在歧视性规定

① 何佳曦:《论 ICSID 对"外国投资者"的法律界定》,2011 年华东政法大学硕士论文。

② Jonathan Luckhurst, Building Cooperation between the BRICS and Leading Industrialized States, *Latin American Policy*, Vol. 4, No. 2, 2013, p. 47.

对外国投资者的歧视性规定主要体现为以下两个方面：一是对外国投资者进行再次分类，不同类别的外国投资者享受不同待遇；二是对不同国家的外国投资者给予不同待遇。

这方面在印度的相关立法中体现得尤为明显。印度对外国投资者的界定采取居民标准，但是在该标准下，印度又区分出"非居民印度投资者"和"印度裔投资者"等投资者类别，对这些投资者，其待遇要明显好于其他"纯正的"外国投资者。印度还对某些"敏感国家"的投资者进行差别对待，如来自尼泊尔和巴基斯坦的投资者。[1] 虽然印度明文规定的"敏感国家"并不多，但在实际操作中，"敏感国家"所囊括的范围较广，中国有可能位列其中。

(三)金砖国家间对"外国投资者"界定的法律协调

1.统一"外国投资者"的界定标准

国内法和投资协定应对"外国投资者"予以明确界定。对于自然人，鉴于采用国籍标准会产生国籍冲突问题，故应采取居民标准来界定其身份。当投资者为法人或其他经济组织时，可以根据其注册地或者总部所在地进行判断。除此之外，适当在各国认为十分重要的战略领域引入实际控制标准也是十分必要的。

2.扩大"外国投资者"的形式范围

与"外国投资者"的概念界定不同，多数金砖国家在相关立法中并未对外国投资者的形式予以明确规定。为了促进金砖国家间的投资合作，应扩大外国投资者的形式范围，除各金砖国家普遍承认的自然人、法人等形式外，还应当将非法人组织、非营利组织、国家、国际组织一并纳入外国投资者的范围。而对于一些特殊行业，如涉及国家安全的行业，可以通过一些例外性规定将"国家"等形式排除在外。

3.消除歧视性规定

歧视性规定对金砖国家间的投资合作无疑会造成重大阻碍，金砖各国应对此类规定进行修改。对于各国立法中规定的享有更高待遇的"外国投资者"，其"更好的待遇"不必消减，而是应当将金砖国家投资者的待遇提高到与其相同的水准。对于金砖国家投资者，应适用最优惠待遇，对于其他国家的投资者，也应当在一定时期内实现国民待遇或最惠国待遇。

---

① Department of Industrial and Promotion，Ministry of Commerce and Industry of India，Consolidated FDI Policy，April 5，2013，p.10.

三、金砖国家对外资准入领域的限制

(一)金砖国家关于外资准入领域限制的规定

1.巴西关于外资准入领域限制的规定

根据巴西相关立法,外资在巴西禁止从事以下行业:核能开发、医疗卫生、养老基金、航天工业。[①] 但外资在巴西从事下列行业要受到限制:(1)航空运输业;(2)保险业;(3)媒体业;(4)高速公路运输业;(5)放射性矿石开采。[②]

总体上来看,巴西在投资领域方面的限制相对较少,且巴西也在逐步减少这方面的限制。以媒体业为例,巴西《1988年宪法》规定,外国投资者禁止在巴西从事报刊业、无线广播业、电视网络业等传媒行业,到了2011年,该行业已取消了股权比例限制,全面向外国投资者开放。

2.俄罗斯关于外资准入领域限制的规定

俄罗斯禁止外国投资者从事赌博业和人寿保险业。[③] 而《战略领域外国投资法》则规定了以下外资限制性行业:水文气象,地球物理,传染病病原体相关领域,核设施、核材料、放射材料、放射性废弃物相关领域,核材料、放射材料相关领域,放射性废弃物相关领域,密码运用领域、密码器材领域,特种器材领域,武器装备、弹药、爆炸材料领域,航天航空设备领域,电视广播领域,电力、邮政、通讯领域,特种金属领域,矿产领域,水生物资源领域,印刷出版领域。上述限制性行业又大致可以分为以下四个领域:(1)自然资源领域,包括地理地质勘探、自然资源的再生(如果这种自然资源被界定为联邦级资源的地下资源);(2)国防领域,包括武器、军队装备、放射性材料、航空器、加密技术相关的行业;(3)媒体领域,包括电视广播、印刷出版相关行业;(4)垄断领域,不仅包

---

① Durval de Nornoha Goyos, Jr., Legal Guide: Business in Brazil, August 30, 2011, p. 6, http://www. noronhaadvogados. com. br/guia/legalguide2011. pdf, last visited on March 4, 2014.

② U. S. Bureau of Economic And Business Affairs, 2013 Investment Climate Statement-Brazil, February 2013, http://www.state.gov/e/eb/rls/othr/ics/2013/204608. htm, last visited on March 4, 2014.

③ 中华人民共和国商务部:《对外投资合作国别(地区)指南——俄罗斯》,2013年版,第42页。

括通业、金属业,还包括其他各种垄断行业。① 此外,《外国投资法》作为俄罗斯外资法律制度的基本法,其调整范围并不包括外资从事银行业。可见俄罗斯对银行业的重视程度非其他行业能够相比。在俄罗斯《GATS 协定》具体承诺清单中,虽然俄罗斯承诺对外资开放银行业,但外资在俄罗斯从事该行业的准入门槛依然很高。

在 2008 年之前,俄罗斯并未出台专门的法律法规对外资准入投资领域作出限制,立法的缺失导致其很多战略领域被外资控制。② 正是基于对国家安全的考虑,俄罗斯出台了《战略领域外国投资法》。客观讲,即使俄罗斯未专门颁布这样一部限制外资准入的法律,其对外资在投资领域的限制仍然存在,《战略领域外国投资法》的颁布提高了俄罗斯外资法律制度的透明性。但该法仅对 42 种限制性行业进行了概括规定,难免会有扩大解释的可能性。如该法第 6 条规定,进行密码运用等活动应当受到《战略领域外国投资法》的调整,但这一规定使很多不涉及国防安全的活动都有可能被纳入调整范围,比如银行业务就会涉及很多与密码相关的服务。③

3.印度关于外资准入领域限制的规定

印度将外资准入领域分为禁止类行业、限制类行业和允许类行业。④ 除禁止类行业与限制类行业外,其他行业为外资允许类行业。⑤ 当然,印度对部分行业也实行鼓励政策,如软件业和电信业等。⑥

印度外资禁止类行业有以下 8 类:乐透业(包括政府乐透业、私人乐透业、网上乐透业等),赌博业,银会(Chit funds),贷款公司(Nidhi company),买卖

① Clifford Chance, a legal review to foreign investments in russia's strategic sector, March 2011, p. 2, http://www.cliffordchance.com/publicationviews/publications/2011/03/a_legal_overviewtoforigninvestmentsi.html, last visited on March 3, 2014.

② 王佳慧:《当代俄罗斯外资立法的发展》,载《俄罗斯中亚东欧市场》2012 年第 9 期。

③ Clifford Chance, A Legal Review To Foreign Investments In Russia's Strategic Sector, March 2011, p. 2, http://www.cliffordchance.com/publicationviews/publications/2011/03/a_legal_overviewtoforigninvestmentsi.html, last visited on March 1, 2014.

④ Department of Industrial and Promotion, Ministry of Commerce and Industry of India, Consolidated FDI Policy, April 5, 2013, p. 39.

⑤ Department of Industrial and Promotion, Ministry of Commerce and Industry of India, Consolidated FDI Policy, April 5, 2013, p. 39.

⑥ 王宏军:《印度外资准入法律制度研究——兼从中印比较的角度》,2011 年对外经济贸易大学博士论文。

可转移土地发展权,买卖土地或者建造农用房屋,制造雪茄、香烟、烟草或烟草替代品,原子能和铁道运输业。[1]

印度外资限制性行业有以下 19 大类[2]:(1)农业:农产品种植与动物饲养,花卉、园艺、养蜂、蔬菜和蘑菇,种子和种植原材料,动物饲养(包括狗)、养鱼、水产养殖,与农业相关的服务业,除了上述行业,其他农业领域不允许外资的进入;(2)茶叶种植,其他种植业不允许外资的进入;(3)煤矿业、石油、天然气;(4)中小企业保留项目的制造业;(5)国防工业;(6)广播传输业;(7)广播内容服务;(8)印刷出版业;(9)民用航空业;(10)快递、运输包裹、行李(不包括信件的配送);(11)建筑业(村镇、住房、基础设施等);(12)"工业园区"项目;(13)卫星;(14)私人安全机构;(15)电信业;(16)贸易业;(17)金融服务业;(18)制药业;(19)短期现货交易。

可见,印度外资限制性行业的种类十分庞杂,且在限制性领域中的部分行业实际上是完全对外资禁止的,如在种植业领域,外资只能从事茶叶种植,其他种植业不能涉及。印度对其国内特殊人群的保护也会影响外资准入领域的范围,如外资进入印度相关法律中规定的"中小企业保留项目产品"领域会因印度对中小企业生产该类商品作出保护性规定而受到限制,在进入该行业前要经过相关政府部门的审批,还应取得工业许可证。[3]

4.中国关于外资准入领域限制的规定

中国的外商投资项目分为鼓励、允许、限制和禁止四类。根据 2011 年修订版的《外商投资产业指导目录》,外资在中国被禁止从事的行业明列共有 38 种,其大致可以分为以下几类:(1)涉及国家安全及具有战略意义的行业。如武器弹药制造业、放射性矿产的冶炼和加工、空中交通管制公司、邮政公司、社会调查、大地测量、海洋测绘、军事等特殊领域教育、新闻机构、出版业、广播电台等行业。(2)涉及环境保护及自然环境资源利用的行业。如自然保护区和国际重要湿地的建设经营、国家保护的原产于我国的野生动植物资源开发、象牙雕刻、虎骨加工、我国稀有和特有的珍贵优良品种研发养殖等。(3)涉及自然资源利用的行业。如稀土勘查、开采、选矿相关行业、珍贵矿产的勘查开采

---

[1] Department of Industrial and Promotion, Ministry of Commerce and Industry of India, Consolidated FDI Policy, April 5, 2013, p. 39.

[2] Department of Industrial and Promotion, Ministry of Commerce and Industry of India, Consolidated FDI Policy, April 5, 2013, pp. 40-80.

[3] Department of Industrial and Promotion, Ministry of Commerce and Industry of India, Consolidated FDI Policy, April 5, 2013, p. 45.

等行业。(4)涉及我国传统文化保护的行业,如珍贵中药材加工、中药秘方产品的生产、宣纸墨锭生产等。(5)涉及社会公序良俗的行业,如色情业、赌博业等行业。外资在中国的限制性行业有:农林牧渔业,如珍贵树木原木加工;采矿业,如贵金属的勘查和开采;制造业,如食用油、面粉、大米、玉米的加工等农副食品加工业,黄酒及名优白酒生产,打叶复烤烟叶加工生产,出版物印刷,石油加工,化学原料及制品的制造,重要药品、疫苗、血液制品的生产,有色金属冶炼,通用设备制造,专用设备制造,船舶制造,通信设备、计算机及其他电子设备制造;批发零售业,如农业生产相关产品的销售;金融业,如投资设立银行;房地产业;商业服务业,如法律服务;科学研究,如开办测绘机构;教育业,如开办普通高中教育机构;娱乐业,如电影院的建设、经营。

与俄罗斯《战略领域外国投资法》相较,中国《外商投资产业指导目录》更加具体,也因此更具导向性。[①] 根据该目录可知,中国对外资准入领域限制多是基于国防安全、国家战略、环境保护、保护传统文化等考虑,但是正如有学者所认为的,现今的中国外资法呈现出准市场性,但是完全依赖于市场还没有形成,计划的成分依旧隐形存在。[②] 这主要体现在相关规定对外资进入被国有企业垄断的行业上的限制,比如电信业。当然,对于一些早先从未对外资开放的行业,中国正逐步放开。以金融业为例,在中国《GATS 协定》具体承诺中,中国对金融服务行业中的保险业、银行业、证券业都不同程度地作出了市场准入承诺,虽然对外资进入这些行业依旧会施以限制,但相较先前的金融业投资准入政策,已经有较大程度的松绑。

5.南非关于外资准入领域限制的规定

南非对外资持开放态度,故其在行业领域方面的限制并不多,且很多行业的限制同样适用于南非本地私人投资者。其针对外资的限制性行业主要有:(1)银行业。(2)电信业。根据《南非电信业法》的相关规定,只有南非籍的自然人和南非合资公司才能取得从事电信行业的许可,且如果是合资公司申请许可,必须要将其经营中心设在南非。(3)乐透赌博业。南非的九个省都对赌博业进行了单独立法,如果外资要对赌博业公司进行控制或者取得5%以上的利润,需要得到省级行政相关部门的许可。(4)保险业。(5)航空服务业。航空服务业是南非予以重点管控的行业,南非政府采取较为严格的措施使得

[①] Yunyun Duan, FDI in BRICS: A Sector Level Analysis, *International Journal of Business and Management*, Vol. 5 (1), 2009, p. 78.

[②] 邱润根:《中国外资立法及其社会动因》,载《南昌大学学报》2010 年(第 41 卷)第 4 期。

该行业被控制在南非居民的手中。(6)矿产石油业。

(二)金砖国家关于外资准入领域限制中存在的问题

1.相关制度缺乏稳定性,没有统一立法或者立法层次较低

除了中国与俄罗斯外,其他金砖国家外资准入领域相关制度未形成统一的立法。即使在中国与俄罗斯,很多规定散见于各行业立法、行政规章中,这使得立法透明度大大降低。以印度为例,印度专门针对外资制定的法律文件仅 1999 年《外汇管理法》一部,除此之外,印度的外资法律制度体现在大量的政府政策当中,这些政策包括:《1948 年工业政策决议》、《1956 年工业政策决议》以及印度每个五年计划初始之时发布的工业政策陈述。印度外资法律制度还体现在由印度工业政策及促进局发布的数十个"新闻通报"中,这些"新闻通报"在发布后由印度相关部门将其作为《外汇管理法》的修正案固定下来。[1]虽然印度工业政策与促进局每年会在其官方网站上发布最新的外资政策汇编,对印度现行外资政策进行总结,但其缺乏稳定性且严格意义上并不是一部法律文件。

2.对外资准入领域的限制较为严格

除巴西和南非外,其他金砖国家对外资准入领域进行了较为严格的限制。以中国为例,在《外商投资产业指导目录》中,限制类行业涉及 13 个行业,共 79 项,禁止类行业涉及 12 个行业,共 38 项。又如,印度发布的外资政策汇编以表格形式将庞杂的投资领域限制予以了罗列。俄罗斯《战略领域外资法》以保护国家安全的名义对外资进入 42 个行业进行了限制,且这些规定较为粗略,存在被扩大解释的可能性。

在具体的限制领域上,各国普遍对涉及国家安全、自然资源等因素的行业予以了禁止或限制。对此类领域的限制是可以容忍的,但对此范围之外的领域,金砖国家应放宽限制。

(三)金砖国家间对外资准入领域的法律协调

1.出台较高层级的国内法对外资准入领域予以明确规定

以中国为例,由国家发展和改革委员会、商务部发布的《外商投资产业指导目录》就是对外资准入领域限制的归纳与补充。虽然其并不是全国人大制

---

[1] 王宏军:《印度外资准入法律制度研究——兼从中印比较的角度》,对外经济贸易大学博士论文,2011 年 5 月,第 22 页。

定的法律,但一方面,其实现了外资准入领域和比例限制相关立法的统一;另一方面,因相关外资政策存在一定的变动性,以政府部门规章的形式发布相关政策,也是较为妥当的。所以各国应当将其国内关于外资准入领域限制相关规定进行归纳总结,颁布部门规章以上层级的法律,对该问题进行确认。

2.统一准入领域限制标准,缩小禁止性和限制性领域范围

金砖各国宜统一外资准入限制的标准和行业领域。这些行业领域应仅涉及国家安全、自然资源保护、社会公序良俗等因素。[①] 在具体范围上,金砖各国列出本国禁止性领域和限制性领域清单作为协定的附件,而清单中所列行业应在一定时期内予以消减。除上述例外规定,金砖各国投资者和投资在该问题上应当适用国民待遇、最惠国待遇、公平公正待遇中最优惠的待遇。

四、金砖国家关于持股比例的限制

(一)金砖国家关于持股比例限制的规定

1.巴西关于持股比例限制的规定

巴西关于持股比例限制的规定如下:(1)外资在巴西从事航空运输业持股上限为49%;(2)在巴西保险业市场开放3年内,60%以上的行业份额应掌握在巴西投资人手中;(3)巴西人应当持有整个媒体行业至少1/3的投资份额。除了上述三个行业受到限制外,在巴西从事高速公路运输业,外国投资者要受到20%的持股比例上限的限制,在放射性矿石的开采等行业同样也会受到类似限制。[②]

目前,巴西对外资准入的持股比例限制日益减少。以媒体行业为例,1988年颁布的《巴西联邦共和国宪法》规定,外国投资者禁止在巴西从事报纸杂志业、无线广播业、电视网络业等传媒行业;而于2002年正式生效的宪法修正案则规定外国投资者可以持有纸面媒体和广播媒体公司最高25%的有表决权

---

① Eric M. Burt, Developing Countries and the Framework for Negotiations on Foreign Direct Investment in the World Trade Organization, *American University Journal of International Law and Policy*, Vol. 12, 1997, p. 76.

② U.S. Bureau of Economic And Business Affairs, 2013 *Investment Climate Statement-Brasil*, February 2013, http://www.state.gov/e/eb/rls/othr/ics/2013/204608. htm, last visited on February 28, 2014.

的股权,外国投资者在电视电缆行业最高可以持股49%;[1]2011年,相关立法则取消了上述49%的持股比例限制。

2.俄罗斯关于持股比例限制的规定

俄罗斯相关立法中有大量的关于股权比例限制的规定。如俄罗斯《电信法》规定,外国投资电信业不能采取独资的形式,只能以合资的形式建立公司,且外方的比例不能超过49%。又如外资在俄罗斯投资证券登记公司,其持股比例不得超过25%;外资在俄罗斯投资保险行业,其持股比例不得超过50%;外资在俄罗斯从事银行业的持股权比例虽然不被限制,但俄罗斯仍然在银行体系内实行外资额度限制,即外资在俄罗斯银行体系总额占比不得超过50%。[2]

3.印度关于持股比例限制的规定

印度关于持股比例限制的规定如下表:[3]

编号	行业	最高持股比例
1	农业:农产品种植与动物饲养,花卉、园艺、养蜂、蔬菜和蘑菇,种子和种植原材料,动物饲养(包括狗)、养鱼、水产养殖,与农业相关的服务业 除了上述行业,其他农业领域不允许外资进入	100%
2	茶叶种植 除此之外,其他种植业不允许外资进入	100%
3	煤矿业	100%
4	石油、天然气	100%(用于公共领域的石油提纯最高持股49%)
5	中小企业保留项目的制造业	100%
6	国防工业	26%

---

① Durval de Nornoha Goyos,Jr., Legal Guide:Business In Brazil,August 30,2011,p. 41,http://www. noronhaadvogados. com. br/guia/legalguide2011. pdf,last visited on February 27,2014.

② 中华人民共和国商务部:《对外投资合作国别(地区)指南——俄罗斯》,2013年版,第43页。

③ Department of Industrial and Promotion,Ministry of Commerce and Industry of India,*Consolidated FDI Policy*,April 5,2013,pp. 40-80.

续表

编号	行业	最高持股比例
7	广播传输业 广播内容服务	74%（有线电视网路最高持股49%） 地面广播:26% 包含新闻时事的电视频道:26% 不包含新闻时事的电视频道:26%
8	印刷出版业	新闻时事报纸杂志:26% 在印度发行外国新闻出版物:26% 科学技术出版物:100% 发行外国报纸:100%
9	民用航空业	绿地投资项目:100% 已存在项目:100% 航班飞行:49% 非航班飞行:74% 直升机:100% 地面服务:74% 飞机保养与修理、飞行测试:100%
10	快递,运输包裹、行李(不包括信件的配送)	100%
11	建筑业(村镇、住房、基础设施等)	100%
12	"工业园区"项目	100%
13	卫星	74%
14	私人安全机构	49%
15	电信业	74%（电信基础设施建设最高持股100%,网络服务、无线电服务最高持股74%）
16	贸易业	收取现金的批发:100% 电子商务:100% 市场测试:100% 单一品牌零售:100% 多个品牌零售:51%

续表

编号	行业	最高持股比例
17	金融服务业	资产重组公司:74%(单一投资者不超过 50%) 私人银行:74%(外国银行全资子公司除外) 公众银行:26% 商品交易所:26% 远期交易:20% 信用信息公司:49% 保险业:26% 非银行金融公司:100%
18	制药业	100%
19	短期现货交易	26%

4.中国关于持股比例限制的规定

中国关于持股比例限制的规定可以分为以下三类:(1)直接规定外资从事某行业的最高持股比例。以金融业为例,外资对人寿保险公司的持股比例不得超过 50%,证券公司的外资比例不超过 1/3,证券投资基金管理公司的外资比例不超过 49%。又如外资从事增值电信服务,持股比例不超过 50%,从事基础电信业务,持股比例不超过 49%。(2)规定被投资企业的形式仅限于中外合作企业或者中外合资企业,这就间接地排除了外资投资该行业 100% 持股的可能性。如外资在中国从事音像制品(除电影外)的分销,仅能以中外合作企业的形式从事该业务。根据《中外合资经营企业法》的相关规定,在合营企业的注册资本中,外国合营者的投资比例一般不低于 25%。所以如果外国投资者选择以合资企业的形式从事该行业,其投资比例一方面不能达到100%,另一方面不应低于 25%。(3)规定被投资企业应由中方控股或者中方相对控股。根据《指导外商投资方向规定》,中方控股是指中方投资者在外商投资项目中的投资比例之和为 51% 及以上;中方相对控股,是指中方投资者在外商投资项目中的投资比例之和大于任何一方外国投资者的投资比例。如外资在中国从事农作物新品种选育和种子生产,其所投资的企业只能由中方控股,其持有的股权比例不得超过 49%。

5.南非关于持股比例限制的规定

南非关于外资准入持股比例限制的规定如下:(1)外资在南非可以持有银行 100% 股权,但是如果要持有银行 15% 以上的股权应当经过政府相关部门的批准,且持有越多股权,就需要越高层级的政府部门进行批准。值得注意的是,即使是持有银行控股股东公司15％以上的股权,也要通过相关部门的批准。从这一点来看,南非似乎对外资进入银行业把控十分严格,但是事实上,这样的要求同样适用于南非本地投资者。(2)外国投资者不能在事实上对电信行业的公司形成控制或者持有超过20％的股权。(3)如果外资要对赌博业公司进行控制或者取得5％以上的利润,需要得到省级行政相关部门的许可。(4)持有25％以上保险业公司股权需要经过政府相关部门的批准,且该保险公司应当将经营中心地设在南非。(5)只有南非居民和南非合资公司被允许持有航空业的许可,且合资公司的1/3的股权应当由南非居民持有。根据上述规定,南非对外资准入股权比例的限制相对较少,大多数行业允许外国投资者持有100％股权。

(二)金砖国家关于外资准入持股比例限制中存在的问题

1.相关制度缺乏稳定性,没有统一立法或者立法层次较低

一般来讲,限制外资准入持股比例是限制投资领域的途径和手段,在投资领域限制相关立法缺失的情况下,持股比例限制相关立法也无法完善。所以金砖各国应当完善国内立法,对外资准入持股比例予以确认。但是与投资领域不同的是,持股比例的相关规定可能更加不具稳定性,因为某一行业受到限制的情况可能长期存在,但在该行业对外资准入的限制程度却是随着各国国内情况的变化而变化的。

2.外资准入持股比例限制较严格

除巴西和南非外,中国、印度和俄罗斯在外资准入持股比例上的限制较为严格。对外资比例限制实际上是对外资控制企业、控制某一行业能力的限制。对于一些战略性行业,适当地限制外国投资者对该行业的控制是有必要的,但纯粹基于保护国有企业垄断等目的而施以的限制则是超过限度的限制,会对各国投资合作造成阻碍。

(三)金砖国家间对外资准入持股比例的法律协调

1.具体明确外资持股比例

与外资准入投资领域的法律协调相似,各国应当将其国内关于外资准入持股比例限制相关规定进行归纳总结,颁布部门规章以上层级的法律,对该问题进行确认,且相关规定应在一段时期内保持稳定性。

2.明确各国限制性领域的持股比例限制

各国应对外资限制性领域及外资最高持股比例以列举的方式予以统一明确，对于一些涉及国防安全、自然资源保护、关键技术安全的领域，可以允许各国将外资持股比例限制在较低水平，如国防工业等；但对于一些基于其他原因需要进行持股比例限制的领域，应将持股比例提高到一个较高水平。各国应在规定范围内拟定限制性领域及持股比例清单，且清单所列持股比例限制应在一定时期内逐渐消减。而对于规定范围外的领域，各国不得施以持股比例的限制，且金砖国家投资者和投资在持股比例问题上应适用国民待遇、最惠国待遇和公平公正待遇中最优惠的待遇。

五、金砖国家关于履行要求的限制

（一）金砖国家关于履行要求的规定

1.巴西关于履行要求的规定

巴西的限制性履行要求相对较少，但其制定了一系列鼓励性履行要求。如在电信业，如果投资者购买的 IT 设备是使用巴西技术制造的，其将享受税收减免。这些鼓励性政策虽然较一般的限制性履行要求显得较为"友善"，但实际上造成了投资者间的差别待遇。值得注意的是，巴西大多数关于鼓励性履行要求的规定同时适用于国内投资者，从这一点上来看，国内外投资者受到了同等待遇。

2.俄罗斯关于履行要求的规定

俄罗斯法律明文规定的履行要求较少，但在实践中大量存在。在俄罗斯相关立法中有所体现的履行要求主要有以下几种：（1）当地成分要求。《俄罗斯联邦产品分成协议法》规定，建设工程所需设备价值的 70% 部分应当在俄罗斯法人和俄罗斯境内注册的外国法人中采购。（2）本地雇佣要求。如《俄罗斯联邦产品分成协议法》的相关规定，在俄罗斯承揽工程的外国投资者聘用的俄籍雇员数量应不少于所聘雇员总数的 80%，只有按协议约定的工程初期或俄罗斯没有相应专长的工人和专家的情况下方可聘用外国工人和专家。又如外国银行在俄罗斯设立的分支机构的俄罗斯雇员比例应达到 75%。（3）业务限制要求，如保险业中禁止国外保险公司参与"俄罗斯强制保险方案"相关的业务。

3.印度关于履行要求的规定

印度在履行要求上的限制很多。以多品牌零售业为例，外国投资者从事该行业应满足以下要求：（1）只能经营新鲜农产品的零售；（2）最小投资额为 1

亿美元;(3)至少 50%的投资应用于"后台支持基础设施"的开支,这一做法的目的在于限制生产规模;(4)至少占总价值 30%的生产材料应从印度"小工业"领域进行采购;(5)打折只能在特定区域进行。(6)政府对农产品的采购有优先权。同时,印度相关立法明确规定,以上政策并非固定不变的,政府部门可以根据实际情况增加其他履行条件。[①]

在其他投资领域,印度主要采取的履行要求如下:(1)强制股权减持要求。如在印度从事茶叶种植的外国投资者必须在 5 年内至少转让其持有的 26%公司股权给印度本地投资者。[②](2)销售限制要求。如外资在印度开办煤矿加工厂(如洗矿厂)所生产的产品不能在公开市场上销售,只能销售给原矿的供货方。[③](3)技术转移要求。如外资在印度从事钛矿石分离相关行业,应将使钛矿石增值的设施设备转移到印度国内,且应将相应的科学技术转移到印度。[④](4)强制出口要求。如外资在印度从事"中小企业保留项目产品"的生产,应保证将因其生产而增加的该类产品中的至少 50%在 3 年内进行出口销售。[⑤](5)工业许可证要求。如外资在印度从事国防工业行业应取得工业许可证。(6)锁定期要求。如在国防工业领域,外资投资者在 3 年的锁定期内不得将其持有的股权转让给其他非居民投资者。(7)生产规模限制。如外资在印度从事国防工业行业,其制造规模要受到印度相关部门的限制,而相关部门的判断标准是印度国内同种类产品的容量。[⑥](8)最低投资规模要求。外资从事修建村镇、住房、基础设施,应满足最小开发面积的要求。[⑦](9)本地雇佣要求。在印度从事航空业、媒体传播业、电信业等行业应聘用印度人作为

---

① Department of Industrial and Promotion, Ministry of Commerce and Industry of India, Consolidated FDI Policy, April 5, 2013, pp. 70-71.

② Department of Industrial and Promotion, Ministry of Commerce and Industry of India, Consolidated FDI Policy, April 5, 2013, p. 45.

③ Department of Industrial and Promotion, Ministry of Commerce and Industry of India, Consolidated FDI Policy, April 5, 2013, p. 43.

④ Department of Industrial and Promotion, Ministry of Commerce and Industry of India, Consolidated FDI Policy, April 5, 2013, p.44.

⑤ Department of Industrial and Promotion, Ministry of Commerce and Industry of India, Consolidated FDI Policy, April 5, 2013, p. 45.

⑥ Department of Industrial and Promotion, Ministry of Commerce and Industry of India, Consolidated FDI Policy, April 5, 2013, p. 47.

⑦ Department of Industrial and Promotion, Ministry of Commerce and Industry of India, Consolidated FDI Policy, April 5, 2013, p. 58.

CEO。(10)本地成分要求。若外商持有经营单一品牌零售业的企业超过51%股权,其30%价值的货物采购应当来自印度(domestic sourcing),且最好是从中小企业、农棉工业、手工业进行采购。①

4.中国关于履行要求的规定

中国所采取的履行要求体现在一系列行业法规中。如《外商投资稀土行业管理暂行规定》、《外商投资建筑业企业管理规定》、《外资参股基金管理公司设立规则》、《外商投资国际货运代理业管理办法》、《外商投资商业领域管理办法》、《设立外商投资会议展览公司暂行规定》、《外资投资保险公司管理条例》、《外商投资广告企业管理规定》、《外商投资租赁业管理办法》等。以电信业为例,根据《外商投资电信企业管理规定》的相关规定,外资在中国从事电信行业要满足以下要求:(1)业务限制要求。外国投资电信企业可以经营基础电信业务、增值电信业务。(2)投资规模要求。如经营增值电信业务的最低股本为1000万元。(3)资质要求。如外方主要投资者应在注册的国家或者地区取得基础电信业务经营许可证。又如《外商投资建筑业企业管理规定》中规定,外资建筑业企业只允许在其资质等级许可的范围内承包下列工程:(1)全部由外国投资、外国赠款、外国投资及赠款建设的工程;(2)由国际金融机构资助并通过根据贷款条款进行的国际招标授予的建设项目。

加入WTO前,中国实施的履行要求十分庞杂,且这些履行要求往往是被TRIMs协定明文禁止的。为了加入WTO,中国对其外资法作出了一次大规模改动,共有148部法律法规被修改,571部法律法规被废除。② 目前,违反WTO相关法律制度的履行要求在国家层面的外资法中已不多见,但是在大量地方性法规和实际操作中依然存在。

5.南非关于履行要求的规定

2003年11月,南非议会通过的《全面提高黑人经济实力法案》确立了"促进黑人经济地位战略"(以下简称"BEE")。该战略渗透到南非的各行各业当中,如2000年出台的《石油和液体燃料业提高社会弱势群体经济地位章程》中规定,10年内弱势群体在石油经济中的比重要达到25%。③ 在南非,企业是否履行了促进黑人经济发展的义务会被记载在一张计分卡中,虽然对BEE战

---

① Department of Industrial and Promotion, Ministry of Commerce and Industry of India, Consolidated FDI Policy, April 5, 2013, p. 69.

② 牛莉:《加入WTO对我国外资立法的影响》,载《当代法学》,2002年第1期。

③ 中华人民共和国商务部:《对外投资合作国别(地区)指南——南非》,2013年版,第48页。

略的违反不会导致任何法律责任,但是当企业在申请行业许可、特许权,或者与相关国有企业建立合作关系时,促进黑人经济的实施效果将成为政府相关部门重点考察的因素。[1] 同样,在投资履行要求方面,外资也应受到 BEE 战略的限制,比如需满足当地雇佣要求、当地成分要求等。但是这样的要求并不仅仅针对外资,其国内投资者同样适用。从这个角度看,南非对外资在履行要求方面的限制是较为公平的。

(二)金砖国家关于履行要求存在的问题

1.违反 TRIMs 协定的履行要求依然存在

以印度为例,印度实施的部分履行要求的目的在于保护其国内特殊人群的利益。如外资在印度从事"中小企业保留项目产品"的生产,应保证将因其生产而增加的该类产品中的至少50%在3年内进行出口销售。此外,印度相关立法中规定的强制出口要求、本地成分要求等也都违反了 TRIMs 协议。虽然这种情况在金砖国家国内立法中并不多见,但在实践中,依旧有很多国家采取违反 TRIMs 协议中予以禁止的履行要求。

2.多数金砖国家在履行要求方面十分严格

在金砖国家中,巴西与南非对外国投资者在履行要求方面的限制相对较少,而印度、中国、俄罗斯则较多,其中又数印度为最盛。如前所述,印度的履行要求种类庞杂,且外资进入某一行业需要同时履行多个履行要求。而在俄罗斯,虽然关于履行要求的规定在俄罗斯外资立法中并不多见,但在实际操作中,相关部门在批准外资进入时依然会要求外资作出额外承诺。[2] 值得注意的是,虽然巴西与南非的限制性履行要求较少,但其采取的往往是鼓励性的履行要求,即当外资承诺了某一履行要求后,就能享受政府的优惠政策。鼓励性的履行要求虽然较限制性履行要求危害小,但是其事实上造成了外国投资者之间的差别待遇。[3]

---

[1] Clifford Chance, A Legal Review To Foreign Investments In Russia's Strategic Sector, March 2011, p.107, http://www.cliffordchance.com/publicationviews/publications/2011/03/a_legal_overviewtoforeigninvestmentsi.html, last visited on February 28, 2014.

[2] U.S. Bureau Of Economic And Business Affairs, 2013 Investment Climate Statement-Russia, February 2013, http://www.state.gov/e/eb/rls/othr/ics/2013/204720.htm, last visited on February 24, 2014.

[3] C. Bellak, M. Leibrecht, The Role of Public Policy in Closing FDI gaps, *European Journal of Political Economy*, Vol. 37, 2010.

(三)金砖国家间对外资履行要求的法律协调

1.消除国内立法中违反 TRIMs 协议的履行要求

如今金砖各国皆为 WTO 成员国,各国应受到 TRIMs 协议的约束。所以区域性投资协定应以负面清单的形式明确对违反 TRIMs 协议的履行要求即刻进行消减,这些履行要求包括当地成分要求、贸易平衡要求、通过贸易平衡手段限制进口、通过外汇手段限制进口、出口限制等。

2.将国民待遇原则适用于履行要求限制

仿照《北美自由贸易协定》中的履行要求禁止条款对履行要求即刻进行全面消减是不符合金砖国家各国国情要求的,①目前对金砖国家履行要求的法律协调应首先解决违反 TRIMs 协议的履行要求问题,但对于其他种类的履行要求,如当地雇佣要求、技术转移要求等,金砖国家间应在一定时期内完成对所有履行要求的消减,最终在该问题上适用国民待遇、最惠国待遇和公平公正待遇中最优惠的待遇。

六、金砖国家对外资准入的国家安全要求

(一)金砖国家对外资准入国家安全要求的规定

1.巴西对外资准入国家安全要求的规定

目前,巴西没有明确的外资准入国家安全要求相关立法,但投资者在某些关键行业进行并购活动时,除了要受到反垄断部门的审查,还应事先取得相关行业部门的审批。如电信公司间的并购活动应取得电信政府部门的事先审批,而在银行业也存在类似的规定。这些规定也应适用于外国投资者。虽然严格来讲这些审查并非针对外资,但事实上也对外资进入巴西关键行业造成了阻碍,巴西相关部门在对外资进行此类审查时,难免不考虑国家安全相关因素。②

---

① Jurgen Kurtz, A General Investment Agreement in the WTO? Lessons From Chapter 11 of NAFTA And the OECD Multilateral Agreement on Investment, *University of Pennsylvania Journal of International Economic Law*, Vol. 23 (2002), p. 740.

② Oliveira Felix Advogados, Brazil Chapter - Merger Control 2014, April 2014, http://www.iclg.co.uk/practice-areas/merger-control/merger-control-2014/brazil, last visited on February 27, 2014.

2.俄罗斯对外资准入国家安全要求的规定

在俄罗斯《战略行业外国投资法》规定的 42 个领域,以下行为应由相关政府部门予以初步同意:使外国投资者或团体、外国、国际组织及其控制的组织获得注册资本并能控制商业组织的交易;使外国、国际组织及其控制的组织能控制商业组织的交易;使外国、国际组织或其控制的组织掌握商业组织注册资本超过总投票数 25% 股权;可以阻碍此类商业组织管理机构决策的股权;利用联邦级矿产的商业组织超过 5% 的股权。该法又对"控制"标准予以界定,并对安全审查部门、审查程序等一系列问题作出规定。

根据上述规定可知,俄罗斯外资准入国家安全要求的适用范围不仅局限于外资在战略性行业的并购,而且扩展至其他能使外国投资者控制商业组织的交易。对于外资准入国家安全要求的内容,《战略行业外国投资法》并未作出规定。

3.印度对外资准入国家安全要求的规定

目前,印度相关立法仅对少数行业的国家安全要求进行了规定,如在电信业,外资公司的高层领导、关键岗位应当由印度人担任,且需要满足一系列关于数据使用、设备转移的限制。[①] 但从大量实践可知,印度实际上在很多行业都对外资施以了国家安全要求。在外资准入国家安全要求的适用范围上其主要考虑三个因素,即来自敏感国家的投资、对敏感行业的投资和对敏感地区的投资,但具体范围并不明确,且将不同国家投资者进行区别对待的做法值得商榷。印度对"国家安全"概念的理解则基本属于国防安全的范畴。[②]

4.中国对外资准入国家安全要求的规定

中国《反垄断法》仅对外资并购境内企业等经营者集中行为应进行国家安全审查作出了明确规定。而根据随后出台的《商务部关于外国投资者并购境内企业的规定》、《国务院办公厅关于建立外国投资者并购境内企业安全审查制度的通知》等,外国投资者并购境内企业,涉及可能影响国家安全的行业的,应进行国家安全审查。外资并购适用国家安全要求的范围主要包括并购军工、军事设施周边领域的企业,及涉及国防安全的其他企业,也包括并购涉及国家安全的农业产品、自然能源、基础设施、运输业、核心技术、装备制造相关企业。相关部门在对外资并购进行安全审查时,应当考虑并购交易对国防所

---

① Department of Industrial and Promotion, Ministry of Commerce and Industry of India "Consolidated FDI Policy", April 5, 2013, p.61.

② 王宏军:《印度外资准入法律制度研究——兼从中印比较的角度》,2011 年对外经济贸易大学博士论文。

涉及的国内生产力和服务提供力、相关设施的影响,对国内经济运行和生活秩序稳定性的影响,对国内研发关键核心技术的影响等因素。

由上可知,中国外资准入国家安全要求的范围仅包括外资在相关领域进行的经营者集中,但对于并购以外的经营者集中行为的国家安全管控并未出台配套措施,而中国定义的"国家安全"包含了国防安全、经济安全、社会基本秩序安全、技术安全等内容。

5.南非对外资准入国家安全要求的规定

目前,南非外资准入国家安全要求相关制度较少,只是在一些行业立法中,相关政府部门可以以"公共利益"为由对外资进行审查,比如《南非银行法》、《保险法》、《矿产石油发展法》中就有相关规定。

"公共利益"要求是否可以被认为是南非的国家安全要求呢?首先,该种要求同样适用于其本国投资者;其次,南非对公共利益的定义中未包含国防安全等内容,与通常的国家安全要求内容不符。但应注意的是,很多基于"公共利益"的要求审查都与南非的关键行业相关,且多数立法对"公共利益"未作界定,实际上造成了外资准入的障碍,如相关部门可以以公共利益为由拒绝投资者获取南非保险公司25%以上股权的申请,但具体审查内容并不明晰。

(二)金砖国家外资准入国家安全要求存在的问题

1.外资准入国家安全要求缺乏透明

以印度为例,截至目前,尚未出台相关立法对外资准入安全要求的适用领域、适用行为进行规定,这就造成了相关制度的不透明性,给印度政府权力的扩张提供了空间,对于一些敏感国家投资者的投资,印度常以国家安全的理由拒绝其投资。

2.外资准入国家安全要求的适用范围存在差异,且容易对其进行扩大化解释

对于国家安全要求适用的行为,大多数国家规定应适用于经营者集中行为,但各国规定仍存在差异。如在俄罗斯,外资准入国家安全要求适用于一切可能对相关企业形成控制的行为。

在适用的领域方面,部分国家对适用领域进行了罗列,如俄罗斯,但其关于42个战略性行业的规定较为笼统,容易导致扩大化解释。而在另一些国家,国家安全要求的适用领域并未被明确规定。

3."国家安全"的概念存在差异

以中国为例,其关于国家安全的规定较为笼统,主要包括国防安全、经济

安全、社会基本秩序安全、技术安全等,但没有具体可量化的标准。而在其他金砖国家,关于"国家安全"定义的规定也较少,因而导致各国的外资准入国家安全要求的内容不具透明性,政府权力扩张的空间较大。

(三)金砖国家间对外资准入安全审查要求的法律协调

1.完善外资准入国家安全要求的立法

金砖各国应针对外国外资准入安全审查问题进行专门的立法,对外资准入国家安全要求的适用领域、适用行为、安全要求所包含的内容等予以确定。明确的立法使各国相关制度具备透明性,各国政府基于国家安全的限制趋于公开化,是对外资准入的进一步松绑。

2.缩小外资准入国家安全要求的适用范围

金砖各国外资准入国家安全要求的适用范围可仅限于经营者集中行为,并对"经营者集中"的概念进行界定。对于适用的领域,宜以列举的方式加以确定,且对于部分领域,只有当经营者集中行为使外国投资者对该领域经营者形成控制时才能适用国家安全要求。

3.明确外资准入"国家安全"的概念

目前,几乎没有国家对"国家安全"的概念予以明确界定,但对其进行适当的确认是十分必要的。各国宜将外资准入国家安全要求的内容限制在有限范围内,应仅包括传统的国防安全以及经济产业安全、社会民生安全、关键技术安全等其他国家安全。

七、金砖国家对外资准入的反垄断要求

(一)金砖国家关于外资准入的反垄断规定

一般而言,垄断行为分为三种:第一种是垄断协议,第二种是滥用市场支配地位,第三种是经营者集中。其中,与外资准入有密切联系的是经营者集中,因为在大多数的外国直接投资中,投资者都是通过跨国并购或者设立合资企业的方式进行投资的。[①] 以下文着重对金砖国家反垄断法中的经营者集中制度进行探讨。

---

① Edward T.Swaine, International Coordination of Competitive Policy: Does Global Antitrust Law Have a Future, *Virginia Journal of International Law*, Summer, 2003, p. 109.

1.巴西关于外资准入的反垄断规定

巴西 1988 年宪法规定,法律对旨在操纵市场、消除竞争和任意获取利润的经济权利滥用予以限制。而后巴西于 1994 年《反垄断法》规定,任何可能限制或者阻碍竞争自由,可能导致投资者在特定产品或服务的相关市场取得支配性地位的行为,应当向巴西相关政府部门进行申报。再后的《横向合并指南》确定了 1994 年《反垄断法》相关条款对合并行为的适用。目前,巴西新《反垄断法》已于 2012 年颁布。

根据相关立法,巴西实施的反垄断要求包括:不能导致相关市场竞争的消减,不能导致在相关市场其取得操纵地位或滥用市场地位。在对上述问题进行判断时,相关部门又会考虑市场份额、对消费者利益及宏观经济的影响等因素。① 在实践中,相关行为还应满足对国际竞争力的影响、对就业的影响等要求。②

2.俄罗斯对外资准入的反垄断规定

根据俄罗斯《保护竞争法》,达到一定条件的商业组织并购、金融机构并购、商业组织设立,应当向俄罗斯相关政府部门进行申报,取得其批准。由此可知,俄罗斯的外资准入反垄断审查范围不仅包括并购或者经营者集中,还包括新设商业组织的行为。但对投资者应满足的反垄断要求内容,俄罗斯相关立法未明确规定。

3.印度对外资准入的反垄断规定

印度 2002 年《竞争法》对企业收购、吸收合并、新设合并以及以其他方式取得控制权等活动进行了明确规定。该法进一步规定,印度竞争委员会在确定企业合并是否会对相关市场竞争产生可估量的不利影响时,应考虑下列因素:市场进口产品的实际和潜在竞争水平;进入市场的壁垒范围;市场内企业合并的程度;市场抵销购买力的程度;企业合并导致合并当事方显著且持续提高价格或者利润空间的可能性;相关市场保持竞争力的可能性;获得相关替代品的可能性以及获得需求替代的可能性;单独或者联合参与企业合并的个人或者企业在相关市场的市场份额以及合并之后的市场份额;企业合并在市

① Oliveira Felix Advogados, Brazil Chapter - Merger Control 2014, April 2014, http://www.iclg.co.uk/practice-areas/merger-control/merger-control-2014/brazil, last visited on February 28, 2014.

② Durval de Nornoha Goyos, Jr., Legal Guide: Business In Brazil, August 30, 2011, p.127, http://www.noronhaadvogados.com.br/guia/legalguide2011.pdf, last visited on February 27, 2014.

场上消除一个或者多个强有力的竞争对手的可能性;市场纵向一体化的性质和程度;经营失败的可能性;创新的性质和程度;与支配地位对竞争产生可能产生可估量的不利影响相比,企业合并对经济发展做贡献作用的优势;企业合并如果能产生有利影响,则其是否利大于弊。上述考虑因素即为印度外资准入的反垄断要求。

4.中国对外资准入的反垄断规定

中国的"经营者集中"的范围较广,不仅包括了企业合并,还包括通过股权与资产交易取得控制权以及通过合同方式取得控制权。外国投资者在以下方面应符合相关标准:参与集中的经营者在相关市场的市场份额及其对市场的控制力;相关市场的市场集中度;经营者集中对市场进入、技术进步的影响;经营者集中对消费者和其他有关经营者的影响;经营者集中对国民经济发展的影响和其他要求。

5.南非对外资准入的反垄断规定

南非《竞争法》规定的"经营者集中"的范围较广,囊括了通过股权、资产、权益的购买或出租,甚至包括了联营、合营等方式建立起来的对其他企业的控制。根据相关立法,南非实施的反垄断要求包括以下内容:相关行为可能带来的进口竞争影响、对市场进入的影响、是否有串通进行垄断行为的历史、是否取得市场支配地位、是否会给市场带来创新、失败的可能性、排除其他竞争者的可能性等。实践中,相关部门还会对以下因素进行考量:相关行为对就业的影响、对特定行业的影响、对小规模经营者的影响、对促进黑人经济地位的影响、对南非国际竞争力的影响。①

(二)金砖国家外资准入反垄断要求存在的问题

1.外资准入反垄断要求内容差异

如中国的反垄断要求包括了在相关市场的市场份额、对市场的控制力、市场集中度、市场进入、技术进步的影响、对消费者和其他经营者的影响、经营者集中对国民经济发展的影响等,而印度的反垄断要求更为庞杂,还包括了经营失败的可能性、创新的性质和程度等数十个要求,且其中部分要求难以用量化的标准进行判断。

2.外资准入反垄断要求适用范围差异

---

① Lesley Morphet,South Africa Chapter - Merger Control 2014,http://www.iclg. co. uk/practice-areas/merger-control/merger-control-2014/south-africa, last visited on February 27,2014.

大多数金砖各国的外资准入反垄断要求的适用范围基本涵盖了合并、股权或资产收购、通过合同或其他方式取得控制权等行为，但各国的表述不尽相同。究其原因是因为金砖国家对"经营者集中"概念的界定不尽相同。有的国家的经营者集中范围较窄，仅包括合并、股权收购等内容，有的国家的经营者集中范围较宽泛，还包括了联营、合营、合同等方式建立起来的对其他企业的控制。有些国家的反垄断要求还适用于新设企业的行为，如俄罗斯。

(三)金砖国家外资准入反垄断要求的法律协调

1.对反垄断要求的内容和适用范围予以相对统一

首先，各国应对"反垄断要求"的概念及内容进行明确界定，反垄断要求应围绕"是否会消除竞争"这一核心来实施，而不能包含其他不可量化的因素。各国不得对外国投资者实施规定范围之外的其他反垄断要求，范围内的要求应仅包括市场准入、市场集中度、市场份额等内容。其次，应明确反垄断要求仅适用于"经营者集中"行为而不应适用于新设企业的行为，且应对"经营者集中"的概念作出统一界定。

2.各国完善相关立法

根据上述协调内容，各国应尽快完善相关立法，对外资准入反垄断要求的适用范围和内容予以确定。

八、金砖国家间统一外资准入实质条件的主要条文建议稿

根据前文所述，金砖国家无论在"外资"和"外国投资者"的界定上，还是在外资准入各实质条件的规定上，都存在诸多差异与不足，势必成为金砖国家间加深投资合作的法律障碍。为解决这一问题，金砖各国应从各国国内法、各国间双边投资协定、区域性投资协定、国际性投资协定等多个层面进行法律协调。其中，各国共同签署一项投资协定是关键。以下仅就《金砖国家间统一外资准入实质条件》的主要条文提出建议稿。

《金砖国家间统一外资准入实质条件》主要条款建议稿

(一)外资的定义

就一方而言，"外资"是指来源于本方管辖领域以外的资本。其中：

1."外国投资者"是指非本方居民(non-resident person/entity)投资者，包

括但不限于自然人、法人、合伙企业、非营利组织、国际组织、国有企业、国家等。自然人投资者以其永久居住地判断其居民身份,经济实体以其注册地判断其居民身份。在涉及各方国防安全的重要领域时,"外国投资者"可以扩大至由他方居民控制的本方企业,也可以将部分投资者形式予以排除。

2."外国直接投资"是指非本方的投资者以包括但不限于现金、货物、机器设备、知识产权、信用贷款、在本方领域内获取的利润等财产,向本方进行能够对本方经济实体的经营活动造成有效影响的投资(股权式投资),或者直接以外国投资者身份在本方开展经营活动的投资(非股权式投资),且不包括证券等形式的间接投资。

(二)投资领域

一方可以对其他方投资者在以下领域的投资予以禁止:

1.涉及一方政治、军事、国防、经济安全的领域;

2.涉及一方生态环境、动植物资源、矿产资源保护的领域;

3.涉及一方传统文化保护的领域;

4.违反一方国内公序良俗的领域。

各方应在上述规定范围内制定一份禁止性领域清单,所有清单应作为本文件的附件。

(三)持股比例

一方可以对其他方投资者在以下行业的投资予以持股比例的限制:

1.他方投资者在以下行业投资的持股比例不应高于25%:稀有资源的开采、开发、冶炼,国防工业。

2.他方投资者在以下行业投资的持股比例不应高于49%:国内航空运输业、铁路运输业、高速公路运输业、水上运输业,民用航空业,银行业、保险业、证券业等金融行业,媒体业,电信业,电视广播业,印刷出版业,农副产品种植、加工业,重要药品生产业,水力、电力等与民生相关的供应业,医疗业,房地产业。

除上述例外规定外,任何一方不得在其他任何领域对其他方投资者的投资施以持股比例限制。各方应在上述规定范围内制定一份限制性领域及持股比例清单,所有清单应作为本文件的附件,且清单所列持股比例限制应于2020年前消减完毕。

(四)履行要求

各方应全面消除当地成分要求、贸易平衡要求、通过贸易平衡手段限制进口、通过外汇手段限制进口、出口限制等履行要求,以符合世界贸易组织

TRIMs 协议。

(五)国家安全要求

"国家安全"包括国防安全、经济产业安全和关键技术安全。

外资准入国家安全要求适用于如下范围:

1.他方投资者在涉及国防安全的领域及周边领域的经营者集中行为。

2.他方投资者在涉及其他国家安全的重要农产品、自然能源、自然资源、基础设施、运输业、核心技术等领域的经营者集中行为,且对这些领域的经营者形成控制。

"经营者集中"是指经营者吸收合并或新设合并、以获取其他经营者股权或者资产的方式对其他经营者形成控制、以签订合同等方式对其他经营者形成控制的行为。

满足下列条件之一即达到"控制":

1.他方投资者及与其有控制关系的公司在经营者集中后持有50%以上的股份。

2.他方投资者在经营者集中后合计持有50%以上的股份。

3.他方投资者在经营者集中后虽持有少于50%的股份,但可对股东会等决策机关的决议产生重大影响。

4.其他导致他方投资者获得本方境内企业的经营、人事、财务、技术等相关实际控制权的情形。

(六)反垄断要求

本文件所指反垄断要求仅针对他方投资者的经营者集中行为。

"反垄断要求"是指:(1)他方投资者的经营者集中行为对其在相关市场的市场份额及控制力应符合本方的国内法标准;(2)他方投资者的经营者集中行为对消费者和其他经营者的影响应符合本方国内法标准;(3)他方投资者的经营者集中行为对相关市场的市场集中度的影响应符合本方国内法标准。其他要求均不属于反垄断要求。

(七)待遇

除非本文件有例外规定,任何一方应在投资领域、持股比例、履行要求、国家安全审查、反垄断要求方面给予其他方投资者及其投资以国民待遇,或最惠国待遇或公平公正待遇,并视情况给予最优惠待遇。

(八)实施

各方应在本文件签署之日起2年内,完善本国相关法律措施,以确保本文件规定的内容得到全部实施,并使本文件所涉领域的法律要求及其适用的具体范围保持稳定和透明。

九、结语

本文对"外资"及"外国投资者"的概念作出了较全方位界定,分别对金砖国家在准入领域、持股比例、履行条件、国家安全要求和反垄断要求等外资准入实质条件问题上存在法律缺失、法律缺陷及法律冲突进行梳理与总结,提出以签署一项投资协定为核心的法律协调路径,并就上述实质条件的法律协调提出了分别建议和总体建议稿,为在本领域的继续研究者提供初步参考。

Studies on Substantive Conditions of Foreign Capital Access in BRICS

Su Qie

Framework of BRICS' Trade and Investment Cooperation has made a programmatic arrangements on the trade and investment cooperation among BRICS in the future, each of BRICS will deeply cooperate in the areas. This paper makes a systematic study on substantive conditions of foreign capital access in BRICS and tries to point out the problems in related systems in BRICS and find out solutions by carding and analyzing provisions in these countries, makes recommendations on the provision of substantive conditions of foreign capital access among countries to harmonize substantive conditions. The results of this study will promote the BRICS cooperation in the field of foreign investment and the law in both theoretical and practical aspects.

Keywords: BRICS; foreign capital access; substantive condition; legal coordination

✳ 谢镇远*

金砖国家双边投资协定待遇条款研究

内容摘要：金砖国家是新兴市场经济体，拥有丰富的人力资源和自然资源，为投资者提供了广阔的市场，其加强 BIA 的协调，提高相互给予的投资待遇，对发挥金砖国家合作机制和增强各自实力均十分有益。本文旨在比较研究金砖各国 BIA 中的各种待遇条款，指出其存在的问题，提出金砖国家间协调 BIA 中投资待遇条款的必要性、可行性和主要措施。

关键词：金砖国家　BIA　待遇条款　协调

    * 谢镇远（1990—　），男，西南政法大学国际法学院国际法专业 2012 级硕士研究生（指导教师邓瑞平教授）。本文由本卷编辑在作者 2015 年 6 月硕士论文的基础上修改而成。

引　言

　　国际投资现已成为推动世界经济发展、促进各国友好交流的主要动力之一，而其在法律上的体现又尤其以双边投资协定（以下简称 BIA）为代表。据联合国贸易和发展会议（以下简称贸发会）的统计，截止到 2013 年年底，世界上的 BIA 总数接近 3000 项，占了国际投资条约（BIT）中的绝大多数。① 尽管现在各国有采用区域性协定来对相关问题作出安排的趋势，但在相当长一段时期内，BIA 仍会继续发挥它在国际投资领域中所起到的主导作用，依然是各国保护国际投资最为普遍的手段。特别是对于发展中国家而言，BIA 能有效避免在签订区域或多边协定过程中遇到的分歧，最大限度地尊重和考虑各国的国情和利益，同时发展中国家也对 BIA 的发展起到了导向作用，使得国际投资的性质由单方面的经济掠夺向合作共赢、互惠互利转变。②

　　金砖国家（BRICS）包含了中国、俄罗斯、印度、巴西以及南非五个世界上最具活力的发展中国家。五国领土面积占世界的比例超过四分之一，人口接近全球总数的一半，具有广阔的投资前景和巨大的投资能力。其中，中国作为全球最大的发展中国家以及第二大的国际直接投资接受国，其对外直接投资有望在近年超过对外资的引进。③ 其他金砖国家成员在国际投资领域同样也表现不俗，无论是在资本输出还是在输入方面都保持了较为强劲的增长势头。④

　　现有的合作机制对金砖各国加强相互投资十分有利。从 2006 年各国首次举行外长会晤以来，金砖国家逐步建立起了常态化的峰会机制和更为紧密的联系，发布了一些卓有成效的文件。如在 2013 年 3 月的经贸部长会议上发布的《金砖国家贸易投资合作框架》直接就加强各国在国际投资方面的合作作出了安排。同时目前也存在着亟待改善之处，如金砖国家的相互投资占各自对外投资的比重还不大，各国给予外资的待遇水平也有待提升，这些问题可能

---

　　① United Nations Conference on Trade and Development，World Investment Reports Overview：Investing in the SDGs - An Action Plan，24 January 2014，pp.19-20.

　　② 刘颖、邓瑞平：《国际经济法》，中信出版社 2008 年版，第 382 页。

　　③ United Nations Conference on Trade and Development，World Investment Reports Overview：Investing in the SDGs：An Action Plan，24 January 2014，p.12.

　　④ Dr. Uche Ewelukwa Ofodile，Africa-China Bilateral Investment Treaties：a Critique，*Michigan Journal of International Law*，Fall 2013，p.149.

对进一步深化各成员在国际投资领域中的战略合作关系形成阻碍。因此,在现有情形下对金砖国家 BIA 中的投资待遇条款进行研究很有必要。

本文考察金砖国家相互签订的 BIA 中待遇条款之间的区别并作出评价,①研究各成员与他国签订的 BIA 及国际其他相关法律文件,探究相关问题的历史演变、发展现状和趋势,提出金砖国家间协调相关条款的意见和建议。

一、导论

国际投资待遇或外资待遇,其含义是指外国投资者在东道国领域内进行投资时所能享有的权利以及应当承受的义务。② 它不但体现了东道国对待外资的态度,也决定了一国投资环境的好坏,是外国投资者在进行国际投资时所须考虑的先决条件。

(一)BIA 待遇条款的国际现状

从人身自由到财产权利,从国际贸易到国际投资,世界上有关外国人待遇的理论和实践随着社会的进步而不断扩展至国际法的各个领域。作为外国人待遇的重要组成部分,投资待遇在很多方面受到了来自贸易领域的影响,同时它也具有自身鲜明的特征。如国际贸易所涉及的通常是不同国家当事人间的关系,而国际投资则涉及外国投资者与东道国政府间的关系,因而后者往往关系到更为复杂的利益,各个国家在对待投资待遇问题上的态度也倾向于审慎。

BIA 待遇条款主要包含了国民待遇、最惠国待遇以及公平公正待遇三项内容。据统计,从 20 世纪末到 21 世纪初,除新加坡、印尼等国签订的 BIA 中有少许未纳入国民待遇外,大多数 BIA 都包含了各种待遇条款。③ 尽管如此,各 BIA 中规定的投资待遇程度却是参差不齐的,这表现在开放领域、适用阶段、适用事项以及例外规定等多方面上。

---

① 目前金砖国家间已生效的 BIA 主要有 5 个,即 2006 年《中华人民共和国政府和俄罗斯联邦政府关于促进和相互保护投资协定》(以下简称《中俄 BIA》)、2006 年《中华人民共和国政府和印度共和国政府关于促进和保护投资的协定》(以下简称《中印 BIA》)、1997 年《中华人民共和国政府和南非共和国政府关于相互鼓励和保护投资协定》(以下简称《中南 BIA》)、1994 年《俄罗斯联邦政府和印度共和国政府关于促进和相互保护投资协定》(以下简称《俄印 BIA》)、1998 年《俄罗斯联邦政府和南非共和国政府关于促进和相互保护投资协定》(以下简称《俄南 BIA》)。

② 徐崇利、林忠:《中国外资法》,法律出版社 1998 年版,第 19 页。

③ 杨慧芳:《外资待遇法律制度研究》,中国人民大学出版社 2012 年版,第 70 页。

造成这一现象主要包含了下列因素。首先,不同国家在国际投资待遇方面对 BIA 的依赖程度不同,如到目前为止美国签订的 BIA 数量大概仅为中国的三分之一,这是因为美国等发达国家更青睐于通过建立自由贸易区来对投资待遇作出更高水平的要求。其次,基于不同的经济地位,投资待遇条款对于不同的国家具有不同的意义。对于发达国家来说,将待遇条款引入 BIA 的目的主要在于打开国际市场,扩大资本输出;而对于发展中国家来讲,则多是希望借助充足的资本和先进的技术来帮助本国经济发展。同时不同的经济地位决定了处于相对优势地位的国家更容易从国际投资中获益,这令表面上看似公平的规定容易导致实质上的不公。

但提高外资待遇、改善投资环境依然是当今世界经济发展的重要主题,即使是一些传统上倾向于在待遇条款中采用较为严格标准的国家,也在近年逐步放松了对外资的管制。待遇条款既赋予了外国投资者权利,也为东道国施加了义务,权利与义务相结合,构成了 BIA 中最为核心的要素。

(二)金砖国家 BIA 待遇条款的现状

随着合作机制的逐步完善,金砖国家作为一支整体力量在世界经济中所处的位置愈显重要。据贸发会统计,金砖国家在 2005 年至 2007 年的平均直接外资输入量占全球比重的 11%,而到 2013 年达到 21%;[1]输出量则由 2000 年的 70 亿美元迅速增至 2012 年的 1450 亿美元,占全球比重的 10%。[2] 仅 10 年左右的时间就得到了如此突飞猛进的发展,不得不说是对金砖国家在投资领域所取得成果的肯定。与此同时,各国相互间国际投资活动的增加也对各国健全相关法律制度、提高外国投资者待遇提出了更高要求。从各国签订的 BIA 来看,基本包含了较完备的投资待遇条款,对促进与保护投资发挥了巨大的作用,但同时也存在着一些显著的问题。

目前中国已经签署的 BIA 超过 140 个,其中生效的达 100 个;[3]而与此相

---

[1] United Nations Conference on Trade and Development, World Investment Reports Overview (2014), p.6.

[2] United Nations Conference on Trade and Development, World Investment Reports Overview (2013), p.2.

[3] Thomas Osang, World Trade and Investment: Where Do the BRICS Stand? *Law & Business Review of the Americas*, Fall 2012, p. 522.

对,巴西则仅与世界上 14 个国家或经济联盟进行了签署,且至今无一生效。[①]这意味着来自中国以及其他金砖国家成员的投资者在巴西进行的投资将得不到投资协定的保障,其所能享受的待遇应依东道国的国内法而定,反之亦然,这对促进和保护相互间的投资较为不利。

对于已签有 BIA 的国家而言,其中有关投资待遇的规定也存在着较大分歧。首先,无论从范围上还是程度上来看,各协定所提供的标准都不相一致。这使得各成员国的投资者需要面对庞杂多样的法律体系,无助于整合各国在统一框架下所具有的优势。另外从适用时间上来看,各协定的规定也各不相同,如《中俄 BIA》和《中印 BIA》规定只要一方不提前以书面形式通知对方终止,协定在规定期满后将自动延长一定期间,而《中南 BIA》和《俄印 BIA》规定在协定期满后,缔约任何一方可随时通知对方终止协定,这使得东道国给予外国投资者的待遇处于一种不稳定的状态。[②] 又如,《中印 BIA》中规定了对不符合国民待遇和最惠国待遇的国内措施的维持和延续,这使东道国可以继续采取在该协定生效前就存在的不符措施,只要不增加其不符程度就不会构成对义务的违反,这大大降低了待遇条款的约束力。[③]

(三)金砖国家对待遇条款的总态度和国别态度

从合作机制上看,包括《金砖国家贸易投资合作框架》在内的一系列会议成果都鼓励各国建立更为紧密的投资联系,推进在新兴产业加强交流,增加合作机会,这表明金砖国家在总的态度上是以开放和包容的姿态来接受国际投资的,并在对待各成员投资者的待遇问题上有意作出更为优惠的规定。从经济水平上看,各国均处于发展中阶段,想在短时间内来快速提高给予外资的待遇标准并不现实。因此在各国的 BIA 中,待遇条款的内容往往局限在投资运营阶段和国内立法的规定上,无论在范围上还是程度上都要低于发达国家同类型条款的标准。相比促进资本的跨国流动,金砖国家更加看重待遇条款在吸引外资上所发挥的作用,这就使得各国在致力于加深投资合作的同时,又在待遇条款的制定中展现出一种较为保守的姿态。

---

① United Nations Conference on Trade and Development, International Investment Agreements by Economy, http://investmentpolicyhub.unctad.org/IIA/IiasBy Coun,try # iiaInnerMenu, last visited on 6 Jan. 2015.

② 2006 年《中俄 BIA》第 13 条第 2 款、2006 年《中印 BIA》第 16 条第 1 款、1997 年《中南 BIA》第 12 条第 3 款、1994 年《俄印 BIA》第 13 条第 2 款。

③ 2006 年《中印 BIA》议定书第 1 条。

中国是目前世界上签订 BIA 最多的国家。^① 就金砖国家内部而言,除未与巴西签订外,与其他三国间均存在已生效的协定,在给予投资待遇问题上,态度较为积极,相关条款中均包含有提供良好投资条件、方便外国人出入境或工作的内容。俄罗斯同中国一样,与其他三个金砖国家成员均签订了 BIA,但它倾向于为待遇条款施加更多限制,如要求给予待遇的范围须根据国内法律法规来确定,并在适用上添加更多的例外规定。^② 而印度和南非间未签订 BIA,但都分别与中、俄进行了签订。巴西至今未与任何一个成员签订,态度较为消极,这源于其在国际立法实践上所一贯坚持的做法。^③ 因此,金砖五国在态度大体一致的情况下,又各有独自的考虑,从而在待遇条款中反映出不同特点。

(四)小结

尽管金砖国家在对待 BIA 投资待遇条款的态度上存在着较为明显的差异,给予外国投资者的待遇水平还有待提高,但总体上各国关于 BIA 待遇条款的法律实践是应当得到肯定的。一方面,各国在共同的合作机制下就投资待遇方面达成了越来越多的共识,并据此努力完善国内法律制度;^④另一方面,从双边合作上来看,除巴西未与其他金砖国家以及印度、南非相互未签订 BIA 外,各成员间均已存在生效的协定。不仅如此,其中有的还是在"金砖国家"这一概念提出后签订的,如 2006 年签订的《中印 BIA》和《中俄 BIA》。这充分肯定了各成员在经济合作上取得的成果和这一机制在促进和加强相互投资上的潜力。以下分别对各协定中的国民待遇、最惠国待遇以及公平公正待遇条款展开分析。

---

① Dr. Uche Ewelukwa Ofodile, Africa-China Bilateral Investment Treaties: a Critique, *Michigan Journal of International Law*, Fall 2013, p.153.

② United Nations Conference on Trade and Development, Russia-BITs, http://investmentpolicyhub. unctad. org/IIA/ CountryBIAs/175 # iiaInner, last visited on 8 January 2015.

③ United Nations Conference on Trade and Development, Brazil-BITs, http://investmentpolicyhub. unctad. org/IIA/ CountryBits/27 # iiaInnerMenu, last visited on 8 January 2015.

④ Thomas Osang. World Trade and Investment: Where Do the BRICS Stand? *Law & Business Review of the Americas*, Fall 2012, p. 519.

二、金砖国家 BIA 中的国民待遇条款

国民待遇作为国际经济法中的一项基本原则,在促进世界经济发展和自由化的过程中发挥着不可替代的作用。在国际投资领域,国民待遇条款的主要意义在于实现本国和外国投资者竞争条件的平等化,这是非歧视原则的内在要求。[1]

(一)国民待遇的含义和类型

1.国民待遇的含义

国民待遇的基本含义为一国应在民事权利方面给予外国人与本国国民一视同仁的待遇。[2] 具体在国际投资领域中,它指的是东道国应给予外国投资者的投资同等或不低于本国投资者的待遇。但由于涉及国家主权原则以及许多传统上属于主权国家自主管辖的内部事务,其在不同的法律条文中的表现形式是不尽相同的。正基于此,以开放市场为目的的多边投资协定(MAI)由于各国分歧较大,最终没能达成一致,当前世界各国主要是通过双边或区域性投资协定来对国民待遇进行规定的。因此,并无绝对的国民待遇,在国际投资领域中,外国投资者究竟在多大限度上能够享有与本国投资者同样的待遇,有赖于投资协定中国民待遇条款的具体规定。

2.国民待遇的类型

就金砖国家间的 BIA 来看,有关国民待遇条款的规定可以分为如下类型:(1)是否在同一款项中对国民待遇和最惠国待遇进行规定。例如《中印BIA》中规定:"缔约各方给予缔约另一方投资者投资的待遇,不应低于其给予其本国投资者和任何第三国投资者的待遇。"[3]而《中俄 BIA》和《中南 BIA》对国民待遇和最惠国待遇分别在不同的款项中进行了规定。后一方式通常意味着对国民待遇的适用将有比最惠国待遇更多的限制。(2)是否受制于国内法。《中俄 BIA》明确包含了限定性条件"在不损害其法律法规的前提下",而《俄印BIA》规定东道国可以制定或维持不符合国民待遇要求的例外,但不适用于在

---

① Dr. Uche Ewelukwa Ofodile, Africa-China Bilateral Investment Treaties: a Critique, *Michigan Journal of International Law*, Fall 2013, p. 166.

② 王贵国:《国际投资法》,法律出版社 2008 年版,第 111 页。

③ 2006 年《中印 BIA》第 4 条第 1 款。

该例外生效前就既已进行的投资。① 这类表述意味着投资协定所规定的国民待遇在很大程度上要受到东道国国内立法的影响,因而自由化程度有所降低。而在《中南 BIA》和《中印 BIA》中均未有类似规定。

(二)金砖国家 BIA 中国民待遇的适用范围

国民待遇的实际内容根据所属法律文件的不同,体现出很大的灵活性,因而对其适用范围不能一概而论。从适用对象的范围上来看,各协定间的区别较大。在《中俄 BIA》中,国民待遇针对的对象是"投资者的投资及与投资有关的活动",在《中南 BIA》中则是"投资者的投资和收益的待遇",而在《中印BIA》中仅仅规定了"投资者投资的待遇"。② 此外,对关键术语定义的不同也会导致适用对象的不同。③ 例如《中俄 BIA》所规定的投资者包括自然人和法律实体,而《中南 BIA》对投资者的定义则是自然人与公司,二者关于投资者的定义不但在形式上有所出入,并且确定国籍的标准也是不同的。④《中南BIA》采取的是成立地标准,而《中俄 BIA》采取把成立地与住所地结合起来的复合标准。⑤

从宏观上来看,BIA 主要可以分为两类:一是以德国为代表的欧式 BIA,也称作促进和保护投资协定。这是当今世界上主要采用的类型,如金砖国家间签订的 BIA。二是由友好通商航海条约发展而来的美式双边投资协定。友好通商航海条约在早期的作用主要在于保护航海贸易,但"二战"后为适应国际投资的迅速增长,其内容结构发生了大规模的调整,重心也开始向国际投资

---

① 2006 年《中俄 BIA》第 3 条第 2 款、1994 年《俄印 BIA》第 4 条第 2 款。

② 2006 年《中俄 BIA》第 3 条第 2 款、1997 年《中南 BIA》第 3 条第 3 款、2006 年《中印 BIA》第 4 条第 1 款。

③ Helena Sprenger, Bouke Boersma, The Importance of Bilateral Investment Treaties (BITs) When Investing In Emerging Markets, *Business Law Today*, March 2014, p. 2.

④ 2006 年《中俄 BIA》第一条第二款:法律实体,包括根据缔约任何一方的法律设立或组建且住所在该缔约一方境内的公司、协会、合伙及其他组织;1997 年《中南 BIA》第一条第二款:缔约一方公司,即根据该缔约方法律、法规设立或组成的任何经济实体、法人、公司、商号或组织。

⑤ 余劲松:《国际经济法问题专论》,武汉大学出版社 2003 年版,第 341 页。

领域倾斜。① 就国民待遇的适用范围而言，二者的主要区别在于前者仅要求在外资运用阶段适用国民待遇，而美式 BIA 将其适用范围扩大到外资准入阶段。

1.外资准入阶段

作为最初的一步，外资在准入阶段是否被纳入国民待遇条款，直接决定了投资自由化程度的高低。② 对东道国而言，是否允许以及在何种程度上允许外资自由地进入本国，体现了该国的国家利益所在以及对外资开放的态度。对外国投资者来说，则意味着参与东道国投资的难易程度及其与东道国投资者进行竞争时所处的地位。1994 年《美国双边投资条约范本》（以下简称美国1994 年《范本》）首次尝试将外资准入阶段纳入国民待遇的适用范围，③排除了东道国就准入领域与准入条件等方面对外资的普遍审查权，大大提高了投资自由化程度。随着美国 1994 年《范本》的修订，准入阶段的国民待遇标准还在不断提高和明确化。④ 与此相反，金砖国家所签订的 BIA 通常通过"促进和保护投资"条款来要求东道国依照其法律法规接受国际投资，因而准入阶段所适用的是东道国的外资法。具体而言，外资准入阶段主要包括以下几个方面：

（1）设立范围

引进外资是一项必将对东道国国内带来深远影响的经济活动，因而各国在外资的设立范围上大都采取比较谨慎的做法，特别是对于关涉一国经济命脉的重要领域，一般都禁止或者限制外资进入。对设立范围的确定大致有三种做法：一是全面的准入前国民待遇，即采用"否定式清单"的方式来将不适宜的产业或活动排除在准入阶段国民待遇的适用范围之外，如 NAFTA 和《日韩 BIA》中的做法；二是有限的准入前国民待遇，通过设定"肯定式清单"的方

① Aaron M. Chandler, BIAS, MFN Treatment and the PRC: The Impact of China's Ever-evolving Bilateral Investment Treaty Practice, International Lawyer, Fall 2009, p. 1304.

② United Nations Conference on Trade and Development, Bilateral Investment Treaties 1995—2006 -Trends in Investment Rulemaking, United Nations, 2007, p.33.

③ 1994 年《美国双边投资条约范本》第 2 条：每一缔约方应尽可能地为其境内的另一缔约方国民和公司提供较为优惠的投资环境，这些投资的设立和运作的条件在相同情况下应不低于该缔约方给予其本国国民和公司的待遇。

④ 2004 年、2012 年《美国双边投资条约范本》第 3 条第 1 款：缔约一方应当对缔约另一方的投资者在其境内设立、并购、扩大、管理、运营、转让或其他投资处置方面，在相同情况下给予不低于本国国民享有的待遇。以下对两个范本分别简称为美国 2004 年《范本》、美国 2012 年《范本》。

式规定适用的范围;三是不给予准入前国民待遇,因而外国投资者设立投资的范围完全由东道国国内法来定,如印度法律禁止外国投资者进入风险基金领域。① 但无论采取哪种做法,至今没有哪个国家实行了全面、无条件的国民待遇。

（2）设立条件

设立条件所要解决的是外资应当符合什么样的条件才能够进入某些领域的问题。从目前的法律实践上来看,较为普遍的做法是建立外资审查制度,即通过环保审查、公共道德审查、公共健康审查、反垄断审查等程序性规定,来对意欲进入东道国国内的外资进行预先登记、核准,从而甄别出适应进入本国市场的外资,以防止和减轻因外资大量流入而对本国经济造成的负面影响。譬如根据俄罗斯《战略领域外国投资法》规定,外国投资者如有意于在战略领域获得相关企业一半以上的股份,必须向政府专门委员会申请并获得许可。②

（3）履行要求

履行要求是向外资本身提出的准入条件,包括原产地要求、当地含量要求、技术转让要求、外资投资比例、设置资本限额等条件。③ 在以上三种限制措施中,数履行要求对国际投资的影响最大,因而在国际上逐步减少乃至取消该限制措施成为一种普遍趋势。譬如巴西的法律要求外国投资者在公路货物运输领域持有的有表决权的股份比例以 20% 为限,④而南非黑人经济成分法案规定在赌场、矿业及通信等领域,黑人占股必须到达一定比例。⑤ 此外,除对外资进入某些领域进行限制,巴西和南非还经常采用鼓励性措施来给予达到一定条件的外国投资者更加优惠的待遇,这在特定情况下也可能构成事实

---

① 中华人民共和国商务部:《对外投资合作国别(地区)指南——印度》,2014 年版,第 36 页。

② 中华人民共和国商务部:《对外投资合作国别(地区)指南——俄罗斯》,2014 年版,第 47 页。

③ Jeswald W. Salacuse, The Law of Investment Treaties, Oxford University Press, 2010, p.329.

④ 中华人民共和国商务部:《对外投资合作国别(地区)指南——巴西》,2014 年版,第 72 页。

⑤ 中华人民共和国商务部:《对外投资合作国别(地区)指南——南非》,2014 年版,第 38 页。

上的歧视。①

从上述分析可以看出，各国对国民待遇的限制是多种多样、程度各异的。目前金砖国家相互签订的 BIA 均未对外资准入阶段的国民待遇进行规定，而仅在"促进和保护投资"中要求缔约国对外资的进入给予必要的帮助，因此国民待遇仅适用于外资运营阶段。

2.外资运营阶段

外资运营阶段指的是依照东道国法律法规，外资获准进入本国市场后，设立商业存在进行经营活动的阶段。相比在准入阶段对投资跨国流动的关注，该阶段给予国民待遇的主要意义在于对投资的保护。对于发展中国家而言：一方面由于经济实力相对较弱，为保护脆弱的民族产业而有限制外资进入的必要；另一方面因缺少资金技术，基础设施薄弱，故有引进外资的现实需求。为调和这一矛盾，目前大多数 BIA 中的国民待遇条款是针对这一阶段而订立，即在准入阶段对外资进行限制，而在运营阶段给予国民待遇。

其法理基础在于，东道国基于其属地管辖权，并无义务让外国投资进入其领土，但一旦同意进入就应当给予相应的待遇。同时也是由于在前期的准入阶段，各国已基于自身利益的考虑对合格的投资进行了筛选、认定，而运营阶段又是一项投资被具体落实的阶段，因此在这一阶段中，除通过在条款中规定例外情形等措施来对其范围进行限制外，各国在实践上一般给予外资以国民待遇。具体而言，外资运营阶段包含管理、经营、运作、出让、处分等部分。例如《俄印 BIA》规定"缔约一方应当对缔约另一方投资者在其境内管理、维持、使用、享有和处置投资方面给予不低于本国国民……享有的待遇"。②

金砖国家间的 BIA 对国民待遇条款的内容规定得较为笼统，通常未具体列出投资在运营阶段所享受的国民待遇包括哪些部分，为此有的采取定义的方式来对待遇的范围进行细化和明确。如《中俄 BIA》规定"'活动'一词系指对所承认的投资的管理、维持、使用、享有和处置"。③ 其中"所承认的投资"表明了根据该协定国民待遇仅适用于运营阶段，而关于"管理、维持、使用、享有和处置"的表述则通过定义的方式对"与投资有关活动"所包括的范围进行了界定。而《中南 BIA》定义"'收益'一词是指由投资所产生的款项，包括利润、

---

① C.Bellak，M.Leibrecht，R.Stehrer，The Role of Public Policy in Closing Foreign Direct Investment Gaps，*European Journal of Political Economy*，Vol. 37，No. 1，2010，pp. 19-46.

② 1994 年《俄印 BIA》第 4 条第 1 款。

③ 2006 年《中俄 BIA》第 1 条第 4 款。

股息、资本利得、利息、提成费或其他合法收入",同时规定国民待遇适用于外国投资者投资的收益。① 因而根据这一内容,外国投资者对于其在东道国进行投资所取得的收益具有不低于其本国国民的待遇,而不应受到外汇平衡以及利润汇出等方面的歧视。因此即便是在限制相对较少的运营阶段,根据条款措辞的不同,外国投资者实际能享受到的国民待遇的具体范围是不尽相同的。

金砖国家 BIA 还可以通过协定项下的其他条款来对国民待遇的适用范围进行规定,如是否适用于损失赔偿。② 对于投资因战争等紧急情况而于东道国内遭受到的损失,《中俄 BIA》、《中印 BIA》及《俄印 BIA》均允许外国投资者在恢复原状、赔偿、补偿或采取其他措施方面主张国民待遇,而在《中南 BIA》中未见类似规定,后者仅把外国投资者相关的待遇限定在不低于第三国投资者的范围内。③

(三)金砖国家 BIA 中国民待遇的例外

无论是发达国家和发展中国家间,还是发达国家内部以及发展中国家内部间,各国在给予国民待遇的态度上都有符合其现实需要的特殊考虑。④ 因而在协定中有关国民待遇条款的形成是缔约双方各自从其经济实力和国家利益出发,在谈判中通过相互博弈和妥协达成的结果。这势必使得东道国在原则上对外国投资者与本国国民一视同仁的同时,对国民待遇本身作出种种限制。如上所述,BIA 在导入国民待遇条款之时就已对其在投资准入阶段和运营阶段的适用范围上作出了概括的界定。不仅如此,各协定还通过例外规定进一步对国民待遇的实际效果进行限制,以排除某些东道国不愿外资进入和需要控制的领域、企业及活动。常见的做法有在同一条款中专门对国民待遇的例外作出规定,比如《中南 BIA》第 3 条第 3 款,也有在单独的条款中作出概括规定的,比如《中印 BIA》第 14 条,还有的在双边投资协定正文之外通过议定书等形式对例外进行补充,比如《中德 BIA 议定书》和《中日 BIA 议定书》第

---

① 1997 年《中南 BIA》中第 1 条第 3 款、第 3 条第 3 款。

② Jeswald W. Salacuse, *The Law of Investment Treaties*, Oxford: Oxford University Press, 2010, p.336.

③ 2006 年《中俄 BIA》第 5 条、2006 年《中印 BIA》第 6 条、1994 年《俄印 BIA》第 6 条、1997 年《中南 BIA》第 5 条第 1 款。

④ Andrew Newcombe. Lluis Paradell, *Law and Practice of Investment Treaties*, Wolters Kluwer, 2009, p.156.

3 条。具体而言,国民待遇的例外主要包括如下三种:

1.一般例外

例外规定虽然在很大程度上降低了外资待遇的标准,但事实上是两国能够进行磋商谈判的关键,这对各缔约方乃至 BIA 本身的可行性而言都是必要的。一方面,例外可使东道国在遵循非歧视原则的同时,对有关其重大利益的部分作出保留,以对外资的流向进行合理的引导;另一方面,国民待遇的例外也是其相对性和灵活性的必然要求和体现。在所有例外的类型中,一般例外主要针对的是有关于一国根本的价值观念,例如公共道德、生命健康、社会秩序和国家安全等,由于这些部分的基础性特征,对它们的保护往往是全面而概括的,因而一般例外通常以例外条款或促进与保护投资条款的形式单独在协定中列为一项,而不仅是在国民待遇条款中发生作用。

如根据《中印 BIA》的规定,东道国可以基于安全利益的考虑或在极端紧急状况下采取特殊措施。[①] 这意味着东道国有权在国内法中针对国家安全和某些特殊的情形,对外国投资者作出不同于其本国国民的规定,但前提条件是非歧视地适用法律,即该条款规定的一般例外是法律上的例外,而非适用上的例外,东道国不得滥用例外条款对外国投资者作出歧视性安排,否则便构成对义务的违反。

一般例外在协定中的表述通常具有较大的弹性,例如何为"基本安全利益"或"极端紧急情况",往往并无详细解释,这给东道国采取相关措施的条件和方式预留了很大的空间,从而保证一国对其主权的行使。但同时,这种概括性的表述也给例外的援引带来了较大的困难,使得各方在对例外的理解和解释上容易出现分歧。对此,可以参照 GATT 或 GATS 中一般例外和安全例外的做法,其对相关范围有较为明确的界定。

2.特定事项例外

所谓特定事项例外,是指以某一具体的对象和客体为依据,将与之相关的投资部分从国民待遇的适用范围当中排除。在各国的法律实践中,主要包括税收、知识产权、金融服务中的审慎措施以及政府采购等方面,其中又尤其以对税收的例外为普遍。如《中印 BIA》第 4 条第 3 款规定,"任何全部或主要与税收有关的事宜"不适用于国民待遇。《中南 BIA》第 3 条第 3 款的规定也将"全部或主要关于税收的国内立法"作为国民待遇的例外。二者的区别在于后

[①] 2006 年《中印 BIA》第 14 条规定:本协定不妨碍东道国缔约方根据其正常、合理和非歧视地适用的法律,采取保护其基本安全利益的措施或极端紧急状况下的措施。

者仅将相关国内立法纳入到例外范围,而前者则规定为有关的事宜,具有更大的限制作用。《中南 BIA》还将"旨在专为促进、保护和提高由于南非共和国过去的歧视性做法而受到损害的人或人群的计划或经济行动"作为例外而排除在国民待遇的适用范围之外。①

3.特定产业例外

特定产业例外可以使东道国在某些行业和部门保留其区别对待外国投资者及其本国国民的权利,从而在不影响其他产业的前提下,对国民经济中的薄弱环节或是重大领域进行保护。由于这一例外主要涉及外资开放问题,因而通常针对准入阶段而规定。美国和加拿大等国签订的 BIA 往往将国民待遇的适用范围拓展到准入阶段,通常以附件的形式将保留的产业进行规定,从而使东道国可以对相关的产业采取更多的限制性措施。在协定中还保留东道国依照其国内法给予国民待遇的权利,如根据《俄印 BIA》的规定,东道国即便未在协定中明确例外的产业,也可基于战略、政治或经济等方面的考虑对外国投资者在某些产业中的权利进行限制。②

(四)金砖国家间 BIA 中国民待遇条款存在的问题与协调

1.存在的问题

在金砖国家相互签订的 BIA 中,普遍存在着国民待遇条款表述混乱、标准不一、程度有限的问题。这在一定程度上加剧了相互之间进行投资的困难,不利于充分发挥金砖国家合作机制的优势,因而有必要从内外两个方面入手,加强各国在给予外国投资者国民待遇问题上的协调。

2.内部协调

首先,应当对有关"投资者"和"投资"的表述进行协调。在金砖国家相互签订的 BIA 中,对投资者的定义大致采用了两种方式:一种将投资者分为国民和公司,如《中南 BIA》和《中印 BIA》;另一种则分为自然人和法律实体,如《中俄 BIA》、《俄印 BIA》,建议统一采用后者的表述,并采用成立地标准来确认法律实体的国籍。关于投资的定义同样分为两种:一种将其规定为"投入的各种财产",如《中俄 BIA》、《中南 BIA》及《俄印 BIA》中的规定;另一种则为"设立或取得的各种财产",如《中印 BIA》。在投资的范围方面,各协定的表述大体一致,如动产和不动产、股权、请求权、知识产权、特许权等,但《俄印 BIA》

---

① 1997 年《中南 BIA》第 3 条第 3 款。
② 1994 年《俄印 BIA》第 4 条第 2 款。

的列举未包含最后一项。为消除歧义,建议统一采用"设立或取得的各种财产"的表述,并通过不完全列举的方式尽可能地对其主要内容进行列举。

其次,应当对国民待遇条款的适用阶段进行清楚的说明,同时建议在协定中规定,投资者因战争、紧急状态而遭受损失,东道国应按国民待遇条款的要求对其进行赔偿或补偿。这有利于提高投资环境的稳定性。

最后,应尽量避免东道国法律法规对国民待遇条款的限制,如《中俄 BIA》和《俄印 BIA》中的类似规定。在协定中添加这类前提条件将大为降低条款对东道国的约束力,难以在促进和保护投资上发挥其预期的作用。但出于对国家主权的尊重和特殊情况的考虑,可以采用变通的方式来对国民待遇条款的适用范围进行限制,如尽可能明确地列举出其例外的情形,或是参考《中日韩投资协定》中的做法,对既存不符措施的维持进行认可,但要求缔约方应当逐步消除此类措施。这样做一方面保障了各国的根本利益,另一方面防止了东道国以不损害国内立法为由随意违反国民待遇原则。

3.外部协调

投资待遇的提高不能单靠 BIA 中国民待遇条款本身,因为作为一项相对标准,国民待遇本身并不包含实际内容,并且其适用范围无法涵盖到投资待遇的方方面面,因而其作用的充分发挥还有赖于外部环境的配合。这一方面需要金砖国家继续加强在投资方面的合作,通过会谈协商出台更多有利于改善投资条件的文件;另一方面需要加强各成员在有关国际投资特别是投资准入的本国法律法规上的协调。

根据各成员的现行法律法规,禁止或限制外资进入的产业主要集中于放射性矿产、国防、新闻等易对一国安全构成重大影响的领域。此外,各国还根据具体国情而禁止或限制外资进入某些领域,例如稀土本身不属于放射性矿产,但由于对中国具有重大战略意义,因而国家禁止外资参与对稀土的勘查、开采及选矿活动,并将对它的冶炼、分离仅限于合资、合作的方式。[①]

总的来说,在金砖五国中巴西和南非对外资的态度较为开放,巴西虽未与其他任何成员签署 BIA,但其国内法为外资待遇规定了较高的水平,譬如巴西在近年来通过修宪的方式逐步放松了对矿产开采的管制,并对电信行业实行了私营化。[②] 而南非不但较少对外资的禁止或限制性规定,甚至还鼓励外国投资者在采矿和选矿以及交通基础设施等领域进行投资。[③] 这些是值得其他

---

① 国家发展和改革委员会:《外商投资产业指导目录》,2011 年版,第 23、27 页。

② 商务部:《对外投资合作国别(地区)指南——巴西》,2014 年版,第 71 页。

③ 商务部:《对外投资合作国别(地区)指南——南非》,2014 年版,第 37 页。

金砖国家借鉴之处,各国应当在制定和修订与投资相关的法律法规方面进行协调,努力降低准入门槛,同时应兼顾各国国情,对个别行业和领域进行适当的限制。除设立范围以外。各国还在主管部门、设立条件、持股比例等方面不同程度地存在着管理混乱、差异较大等问题,这些同样需要各国在立法上加以协调,尽可能地完善和统一标准,以促进和方便外国投资者来本国投资。

(五)小结

由于对一国经济安全的影响较为直接,因此任何 BIA 在使用国民待遇条款的同时都在不同程度上对其施加了限制。虽然金砖各成员在条款的利益导向上呈现出一定的分歧,但都无一例外地将国民待遇条款的适用阶段限定在了投资运营阶段。这是对各国经济水平和发展阶段的客观反映,这一现状将在很长一段时间内得以维持,但对于一些显著减损协定约束力、降低投资待遇水平的做法,应当尽量纠正。同时由于国民待遇条款所固有的局限性,投资待遇的提高难以完全依靠 BIA 的规定来实现,这要求各国在国际投资上进行更广范围更深层次的合作,加快对本国投资环境的改善。

三、金砖国家 BIA 中的最惠国待遇条款

最惠国待遇最早也出现在国际贸易领域,但随着世界经济的不断发展和各国联系的日益密切,最惠国待遇作为非歧视原则的重要体现,广泛地在国际投资领域中得到确立。国民待遇所处理的是外国投资者同东道国国民之间的关系,而最惠国待遇所解决的是缔约方的外国投资者同第三国投资者之间竞争关系的问题。[①]

(一)最惠国待遇的含义和类型

1.最惠国待遇的含义

最惠国待遇的主要作用在于避免缔约方投资者在东道国处于较第三国投资者更加不利的地位,以在更为广阔的范围内实现所有投资者机会的平等。《布莱克法律词典》将其定义为"一国因作为某一条约的成员而从该条约的其

---

① Surya P. Subedi, *International Investment Law: Reconciling Policy and Principle*, Hart Publishing, 2008, p.68.

他成员处获得的享有一定特权的条约性地位",①具体反映在国际投资领域中,这一所谓的"特权"就是指缔约方投资者有权享有同等或不低于东道国给予第三国投资者的待遇。② 这意味着即便在各缔约方之间并未规定某项具体待遇,其中一方也可以基于另一方给予第三国投资者的优惠而获得。

2.最惠国待遇的类型

在历史上,根据是否互惠和有无条件可以将最惠国待遇分为以下几类:(1)片面的最惠国待遇。早期的强国往往通过单边的最惠国承诺而从弱国处攫取利益,而并不承担相应的对等义务,清政府在近代与英国签订的《虎门条约》便属此类。片面的最惠国待遇不但根本不能实现经济自由化的要求,反而会在缔约国间造成进一步歧视,加深双方所处的不平等地位,因而早已为国际社会所摒弃。(2)互惠的最惠国待遇。即缔约一方从另一方那里取得最惠国待遇须以其也给予相应的待遇为前提,这符合互惠、对等原则,因而为现代社会所承认和采纳。③ 作用于金砖国家间的投资待遇条款也当然属于这一类型。(3)有条件的最惠国待遇。也称为美式最惠国待遇。美国在 18 世纪末至 19 世纪初的实践中主要采取此种模式。当缔约一方给予第三国某项待遇时,这一待遇并不自动给予另一方,而只有在另一方满足规定的条件时才能获得。(4)无条件的最惠国待遇。这里所谓的无条件并非全然的没有条件,而是指在取得最惠国待遇时,受惠国不以向施惠国进行相应的补偿为条件。无论是有条件的最惠国待遇还是无条件的最惠国待遇在今天都有所使用,如 1978 年《关于最惠国条款的规定(草案)》第 11 条和第 12 条、第 13 条分别对无条件的和有条件的最惠国待遇进行了规定。但总的来说,无条件的最惠国待遇更为符合当今世界投资自由化的趋势。④ 因而在金砖国家间签订的 BIA 中,最惠国待遇条款所采取的主要是这种类型。

---

① Bryan A. Garner, Black' Law Dictionary (seventh edition), West Group Company, 1999, p.1031.

② Aaron M. Chandler, BITS, MFN Treatment and the PRC: The Impact of China's Ever-evolving Bilateral Investment Treaty Practice, International Lawyer, Fall 2009, p. 1302.

③ Andrew Newcombe. Lluis Paradell, *Law and Practice of Investment Treaties*, Wolters Kluwer, 2009, p.199.

④ Stephan W. Schill, Multilateralizing Investment Treaties Through Most- Favored-Nation Clauses, *Berkeley Journal of International Law*, No. 27, 2009, p. 511.

(二)金砖国家 BIA 中最惠国待遇的适用范围

东道国给予外国投资者最惠国待遇的参照基准是东道国缔约方以外的第三国投资者,其目的在于保证外国投资者间竞争机会的均等,而不直接涉及与东道国国民的关系,故而给东道国的民族产业带来的不利影响较小。虽然各国在不同程度上给予本国投资者以更多优惠,但除因国际协定而带来的不同安排外,东道国很少会在国内措施上因国籍的不同而对外国投资者进行歧视。例如在《中俄 BIA》和《俄印 BIA》中,有关国民待遇的规定需以不损害其国内立法为前提,而对最惠国待遇无此要求;《中印 BIA》将最惠国待遇的适用范围从国民待遇条款中仅包含的投资者投资的待遇扩大到其所取得的收益等方面。由此可以发现,在对待最惠国待遇的态度上各国并无大的分歧和限制,这是因为若非基于条约义务的原因,一国很难得益于这种歧视性做法。但这并不意味着其表述都是一致的,实际上各协定对最惠国待遇条款的规定是大相径庭的。

首先,最惠国待遇作为一种相对待遇,东道国根据该条款给予外国投资者待遇的具体内容并不确定,[①]而随时须根据其所签订的其他协定而发生变化,缔约一方可以根据另一方在签订本协定后给予第三国投资者的待遇而获得新的优惠,这使得缔约双方的权利义务关系处于一种不稳定的状态。特别是对于无条件的最惠国待遇而言,某一方并不会因为新义务的出现而获得相应的补偿,这可能导致缔约双方利益上的不平衡。其次,对最惠国待遇的适用包括适用对象、参照基准和适用规则等方面,待遇条款在这些方面上的不同表述将直接影响到其所能产生的实际效果。例如,作为适用规则的同类规则要求唯有在利益所涉及的主体事项相似的情形下,才属于最惠国待遇的适用范围。这反映在待遇条款中有诸如"相同情况"、"类似情况"等表述,但在金砖国家间签订的 BIA 中并无此规定。虽然缺少此种措辞并不意味着对最惠国待遇条款的援引可以延伸至不同的主体事项和种类事项,但由于同类规则的含义本身并不明确,因而可能造成实际运用的不同。[②] 具体而言,最惠国待遇的适用范围主要包含以下几个方面。

1.适用对象

---

① Jeswald W. Salacuse,The Law of Investment Treaties,Oxford University Press,2010,p.206.

② [日]小寺彰:《内国民待遇違反を決定する要因は何か》,载《投资协定仲裁委员会报告书》,2009 年 3 月,第 42 页。

相对于国际贸易领域,国际投资具有持续时间长、涉及法律广等特点,相关事项也由此更为敏感和重大,若采用列举的方式对其适用范围进行说明,则伴随有列举不全之虞。[①] 而表述的宽泛意味着更大的解释空间,这为东道国给予外国投资者最惠国待遇带来了不确定的因素。适用对象作为待遇条款的必要组成部分,决定了何种主体就何种事项可以享受到相关条款所规定的待遇。因此,要确立最惠国待遇的适用范围,首先要对适用对象进行限定。

适用对象的不同,既可以表现为相关条款表述的不同,也可以表现为协定对相关条款中所用术语定义的不同。首先,《中俄 BIA》和《中南 BIA》均将最惠国待遇的适用对象规定为"投资者的投资及与投资有关活动",而《中印 BIA》的适用对象分别包含了"投资者投资的待遇"与"包括其投资的收益方面"在内的"投资者"的待遇。[②] 简而言之,各个协定中的最惠国待遇条款都涵盖了"投资者的投资"一项,而表述上主要的分歧在于是否将"与投资的相关活动"或者"投资者"的待遇包含在内。除了在最惠国待遇条款中对适用对象进行规定外,BIA 也可以通过在其他条款中对最惠国待遇的引入来反映出对其适用的范围。例如上述各协定都在"损失赔偿"条中对最惠国待遇进行了规定,《中印 BIA 议定书》第 2 条还明确了外国投资者在投资及收益的汇回方面所能享受到的最惠国待遇。

其次,条款的措辞虽然对适用对象进行了基本界定,但具体包含的方面还有赖于定义的进一步细化。因此,根据协定对术语定义的不同,即便是在最惠国待遇条款中使用了相同表述,外国投资者在东道国所能实际主张的待遇也可能是截然不同的。如《中俄 BIA》和《中南 BIA》在最惠国待遇适用对象上的规定虽大体一致,但二者对于投资者及其投资的定义显然是有区别的。如就投资而言,二者都规定投入的资产在形式上的变化不影响其作为投资的性质,但《中俄 BIA》添加了限制条件"只要该变化不违反接受投资一方的法律和法规",[③] 而在《中南 BIA》中并无此规定,这就给适用对象进行不同的解释提供了一定的余地。

2.程序事项

将最惠国待遇适用于实体法律方面,属于实践中的普遍做法,也是该项待遇的主要意义所在,但对于其能否适用于有关争端解决的程序事项,各国间仍

---

① 杨慧芳:《外资待遇法律制度研究》,中国人民大学出版社 2012 年版,第 125 页。

② 2006 年《中俄 BIA》第 3 条第 3 款、1997 年《中南 BIA》第 3 条第 2 款、2006 年《中印 BIA》第 4 条第 1 款、第 2 款。

③ 2006 年《中俄 BIA》第 1 条第 1 款。

存在着较大争议。其主要原因在于：首先，东道国和外国投资者对这一问题分别持有不同的态度。从东道国的角度来看，将最惠国待遇的适用扩展到程序事项加大了其所承担的条约义务，同时削弱了其进行自由裁量的权利；对外国投资者来讲，程序上的公正或高效显然能更好地保证其权益，正如一句法谚所说，没有程序的正义就没有实体的正义，二者的关系是相互依存的。[①] 其次，资本输出国和资本输入国在这一问题上存在着广泛的分歧，前者为了保护投资希望通过缔结投资协定获得更高标准的待遇，而后者试图将投资待遇限定在于己有利的范围内。

这些分歧主要反映在不同类型的规定当中。一类是在投资协定中明确规定了最惠国待遇在程序事项的适用。例如根据《中俄 BIA》及其议定书的规定，如果在东道国和外国投资者间发生了与投资相关的任何争议，外国投资者可以将该争议提交给作为争议一方的缔约方国内有管辖权的法院，或是在用尽国内行政复议程序之后将之提交给协定认可的第三方机构，同时规定该国内行政复议程序应当在最惠国待遇的基础上实施，且仲裁裁决应当基于本协定的条款。[②] 因此，最惠国待遇的适用范围明确包含了"国内行政复议程序"以及"仲裁裁决"。

但《中南 BIA》和《中印 BIA》未就此作出规定。单从"待遇"和"保护"这样的字眼来看，这一类协定既没有表明最惠国待遇的适用范围可以拓展至程序事项方面，也没有明确对此进行否定，这为各方基于利己的考虑而采用不同的解释提供了可能。有的观点认为最惠国待遇在程序方面的适用是保护外资机制的基石，[③]也有观点认为此种做法缺乏足够的历史依据，[④]而近年来相关案例中频频出现的不同结果在事实上支持了这种分庭抗礼的局面。

对最惠国待遇在程序事项的适用进行肯定的典型案例有 2000 年的

---

① Aaron M. Chandler. BITS, MFN Treatment and the PRC: The Impact of China's Ever-evolving Bilateral Investment Treaty Practice, International Lawyer, Fall 2009, p. 1309.

② 2006 年《中俄 BIA 议定书》第 3 条。

③ 王楠：《最惠国待遇条款在国际投资争端事项上的适用问题》，载《河北法学》2010 年第 1 期。

④ 徐崇利：《从实体到程序：最惠国待遇条款的适用范围之争》，载《法商研究》2007 年第 2 期。

Maffezini 案①、2004 年的 Siemens 案②等。在这类案件中,仲裁庭认为,诸如"待遇"这样概括性的表述本身并未提供其与实体性抑或是程序性事项的关联,如果从相关的法律文件中并不能直接地推导出最惠国条款不能适用于程序事项,那么"待遇"应当被解释为包括程序性事项在内的广泛的"待遇"。2004 年的 Salini 案③和 2005 年的 Plama 案④则皆对此种观点进行了否定,其主要依据在于仲裁属于合同事项,仲裁机构对争议实现进行管辖需要双方的书面同意,同时基于仲裁条款自治这一原则,仲裁条款具有不同于协定项下其他条款的特殊性和独立性,故而在缺少明示的同意的情况下,"待遇"并不当然能包括在程序事项上的适用。总的来说,自从 Maffezini 案以来,开始有越来越多的案例对"待遇"的扩大解释进行支持,但学界对此的看法还远未能达成统一。

3.适用阶段

最惠国待遇也涉及外资的准入和运营两个阶段。一般而言,最惠国待遇主要被运用于后一阶段。虽然对于东道国来说,重要的是将外国投资者与本国投资者区分开来,但这并不意味着最惠国待遇不能对东道国投资者造成冲击。由于其本身所具有的多边自动传导效应,即便在缔约各方所签订的协定中就某些方面并未给予外国投资者国民待遇,但只要其中一方在与第三国所签订的协定中对此进行了规定,那么根据最惠国待遇条款,另一方的投资者也能够同该第三国的投资者一样间接地享受到国民待遇。因此,在对于国民经济影响最为重大的外资准入阶段,各国在引入最惠国待遇条款时一般都采取了较为谨慎的做法。

在目前的实践中,各投资协定常采用将国民待遇和最惠国待遇合并规定在同一条款的方式,但即便是分别进行规定,由于二者的互补作用,在适用范围上往往并无较大的区别。因而对于只在运营阶段实施国民待遇的国家而

① Emilio Agustin Maffezini v. Kingdom of Spain (Case NO.ARB/97/7), Decision on Objection to Jurisdiction of January 25, 2000.

② SiemensA.G. v. The Argentine Republic(ICSID Case No.ARB/02/8), Decision on Objection to Jurisdiction of August 03, 2004.

③ Salini Construttori S. p. A. and Italstrade S. p. A. v. the Hashemite Kingdom of Jordan(ICSID No. ARB/02/13), Decision on Objection to Jurisdiction of November 29, 2004.

④ Plama Consortium Ltd. v. Republic of Bulgaria(ICSID No.ARB/03/24), Decision on Objection to Jurisdiction of February 08, 2005.

言,它们同样更加倾向于把准入阶段的投资排除在最惠国待遇条款的适用范围之外。因此,金砖国家间 BIA 中的最惠国待遇条款主要是针对外资的运营阶段而发挥作用的。

(三)金砖国家 BIA 中最惠国待遇的例外

投资自由化在当今世界上既是一股势不可当的潮流,也构成对一国经济主权的挑战。对于任何一个国家而言,无论其经济水平的高低,在顺应开放的潮流和维护本国利益之间找到一个平衡点都是至关重要的。对此,各国在将非歧视待遇条款引入投资协定的同时,对其例外情形加以规定是十分必要的。无论是国民待遇还是最惠国待遇,也无论是有条件的待遇还是无条件的待遇,它们的适用范围都受到来自例外规定的限制,这种限制也构成前二者之间的重要区别。

国民待遇条款所处理的是外国投资者同东道国投资者之间的关系,故而对其适用范围进行限制,主要目的体现在对本国民族产业的保护和有利于政策目标的实现上。对于最惠国待遇条款而言,其所要涉及的是不同国籍的外国投资者之间的关系,故而有关于此的大部分例外都是针对东道国所承担的多种条约义务而定的。当然这并不否定在例外规定上两种待遇标准有相互重合的部分。例如根据《中印 BIA》第 14 条的规定,一般例外的对象包括了国民待遇和最惠国待遇。只不过这种弹性较大的例外一般都以独立条款的形式单列于待遇条款之外,并对协定项下的全部内容概括地发生作用。就专门针对最惠国待遇适用的例外来说,其主要目的仍是在于,在尽可能不对外国投资者造成歧视性影响的基础上,充分利用最惠国待遇的灵活性以发挥东道国所处的优势。

1.区域性安排例外

区域性安排例外是最惠国待遇在适用上的一个重要特征,其原因在于,作出区域性安排的目的本身是为了实现区域内成员间更高水平的待遇,这将不可避免地导致与最惠国待遇的要求发生冲突。尽管区域性安排在某种程度上确不符合非歧视性原则,然而其存在仍然是必要和合理的。就其性质来讲,区域经济一体化是全球化的重要组成部分。实现投资自由化是一个循序渐进的过程,需要长期的探索和多方的努力,而现阶段各国经济实力参差不齐,开放的程度迥然有异,目前还不具备建立一个全球性的多边投资体制的条件。因而先在区域范围内提高投资待遇,实现互惠互利,对加快经济全球化的进程而言是利大于弊的。同时在区域内实行优惠安排也有其现实需要,因为相邻的

国家和地区在制度和文化上往往具有较大的相似性，相互间的经济往来也更为密切，而地理位置上的靠近为投资行为带来了便利。近些年的区域性安排不再局限于单纯的地域限制，而是在更为广阔的范围内寻求更多的投资机会。从实际效果来看，区域性安排确实在促进投资上发挥了相当大的作用。因而对区域性安排作出例外规定已成为国际社会中普遍的做法。其中包括：

(1)区域经济一体化组织

这是最为常见的区域性安排例外。通过参与缔结此类协定，成员方可以获得比在 BIA 中更高的待遇。例如《中俄 BIA》规定，最惠国待遇不适用于自由贸易区、关税同盟、经济联盟、货币联盟等。① 《中南 BIA》中也有类似规定，它把相关区域安排归纳为关税同盟、自由贸易区、共同市场等。② 而《中印 BIA》对此的表述较为简单，仅规定了关税同盟或类似国际协定。③ 虽然上述协定对例外范围的列举各有不同，但在对象上都同时包含了缔约方在签订协定时已经加入的和在此之后新加入的区域经济一体化组织。这样的规定一方面有利于化解 BIA 与区域性安排的冲突，但也因此在一定程度上限制了最惠国待遇发挥预期的作用。除上述因相关的国际协定而给予第三国投资者更高的待遇外，还有一种例外规定，即允许缔约双方给予的待遇不高于某种国际协定。如根据《中俄 BIA》，各缔约方在不损害协定关于征收、损失赔偿和争议解决的规定的前提下，给予对方的待遇可不高于各自根据双方都加入了的与投资待遇相关的多边安排而给予的待遇。④

(2)边境贸易优惠

不同于区域经济一体化组织，有关边境贸易优惠的例外并不以缔约方加入特定的组织为前提。例如《中南 BIA》规定，最惠国待遇不适用于"旨在便利边境贸易的特别安排"，⑤因而外国投资者不能在此范围内主张不低于第三国投资者的待遇。根据条款中对这一例外的表述，符合条件的措施不只是需要在客观上具备有利于边境贸易的效果，并且应当在主观上是为了这一目的而实施的，但对于"边境贸易"的具体范围，协定中并未作出进一步阐释。从实践上来看，边境地区一般指距离国境一定范围的领域，在此范围内进行贸易的主体局限于邻国之间的国民。

---

① 2006 年《中俄 BIA》第 3 条第 4 款。

② 1997 年《中南 BIA》第 3 条第 4 款。

③ 2006 年《中印 BIA》第 4 条第 3 款。

④ 2006 年《中俄 BIA》第 3 条第 5 款。

⑤ 1997 年《中南 BIA》第 3 条第 4 款。

（3）基于历史原因而给予的特殊优惠

如根据《中俄 BIA》第 3 条第 4 款及《俄印 BIA》第 4 条第 3 款的规定，俄罗斯联邦在作为东道国时，可以按照其与其他苏联国家缔结的、与本协定项下投资有关的协定而给予这些国家投资者更高的待遇，由此而产生的区别对待不构成对本协定义务的违反。它与区域经济一体化组织的不同之处在于，后者是以既存和将来加入的组织为对象，而它以已经不存在的组织为对象；它与边境贸易优惠的区别在于，后者以一种特定的贸易为对象，其范围并不明确，而该例外以具体的国家为对象。

2.特定事项例外

和国民待遇中的特定事项例外一样，针对最惠国待遇，协定对一些特定的对象或客体作出例外规定，使得涉及相关事项的外资待遇并不受其约束，其中尤其以与税收有关的事项为主。例如《中俄 BIA》第 3 条第 4 款规定，最惠国待遇不适用于"与税收有关的国际协定或者国际安排"；《中南 BIA》第 3 条第 4 款规定，最惠国待遇不适用于"任何全部或主要关于税收的国际协定或安排"；《中印 BIA》第 4 条第 3 款规定，最惠国待遇不适用于"任何全部或主要与税收有关的事宜"。

虽然从字面上看，上述各款的内容非常接近，但其实际效果根据措辞的不同仍然有较大的差异。如在例外的范围上，《中俄 BIA》和《中南 BIA》的对象是"国际协定"或"国际安排"，而《中印 BIA》则把所有"与税收有关的事宜"从最惠国待遇的适用范围中排除。又如在与税收相关联的程度上，《中南 BIA》和《中印 BIA》均要求例外事项须是"全部或主要"关于税收的，而《中俄 BIA》仅要求到达"与税收有关的"程度。

还有根据投资的设立是否以营利为目的而设置的例外，如《中南 BIA》规定，最惠国待遇不适用于东道国给予有外资参与且主要以非营利行为提供发展援助的开发金融机构的特别优惠。①

3.权利保留

根据权利保留，当外国投资者基于 BIA 以外的缘由而享有比其规定的内容更为优惠的待遇时，应当以更优惠者为准。目前金砖国家间签订的 BIA 中都包含了此项例外，如《中南 BIA》的规定。②《中俄 BIA》和《中印 BIA》中也包含了针对权利保留的类似规定，但不同之处在于，《中南 BIA》只规定了缔约

---

① 1997 年《中南 BIA》第 3 条第 5 款。

② 1997 年《中南 BIA》第 13 条：缔约一方根据其法律、法规给予缔约另一方投资者的投资或者与投资有关的活动的待遇比本协定的规定更为优惠的，从优适用。

一方的法律、法规,而《中俄 BIA》和《中印 BIA》将例外的范围扩展至缔约双方之间存在的国际义务或加入的国际协定。后两者还明确规定了当其他待遇高于本协定所规定的待遇时,适用该其他待遇的范围应当被限定在更加优惠的范围之内。这就为权利保留的援引提供了比较具体的规定,有利于最惠国待遇价值目标的实现。

除了以上几类主要的规定以外,构成最惠国待遇条款适用例外的还包括特定产业例外、祖父条款等等。其中特定产业例外主要是针对扩展至准入阶段的最惠国待遇,而祖父条款旨在保护既得利益不受损害。虽然这些例外不如区域性安排、特定事项和权利保留那样常用,但它们都作为对最惠国待遇适用范围的限制,在保证非歧视原则的灵活性和各种利益的平衡方面发挥了重要的作用。[①]

(四)金砖国家间 BIA 中最惠国待遇条款存在的问题与协调

在金砖国家相互签订的 BIA 中,有关最惠国待遇条款的规定仍然存在着类似于国民待遇条款所面临的问题,如表述不明、形式不统一等。鉴于上述分析,建议各国从以下几个方面对此进行协调:

1.优化条款结构

在结构上将最惠国待遇条款和国民待遇条款置于"投资待遇"项下进行并列规定。虽然二者在内容和性质上较为接近,但从立法实践上来看,后者的适用往往被添加了更多的限制,因而一般来说,即便是将最惠国待遇和国民待遇在同一条款中进行规定的 BIA,也会在后续条款中针对某一项待遇进行补充说明,例如《中印 BIA》和《俄印 BIA》。因此,在结构上并无将二者进行合并规定的必要,同时并列规定还可以使各款之间的关系显得更加清楚,层次分明。

2.统一规定最惠国待遇条款的适用对象

目前各协定在这一方面存在着很大的差异,大致可以将此分为三类。一是规定了投资及相关的活动,一是规定了投资及其收益,三是规定了包括收益在内的投资者待遇。特别是最后一类,对本条款的适用对象规定得相当含糊,除了包含有投资收益之外,其范围并不明确。有必要对此进行统一,建议参考《范本》或《中日韩投资协定》中的做法,在对适用阶段进行明确规定的同时,采用"投资者及其投资"的表述。

---

① Pia Acconi, *The Oxford Handbook of International Investment Law*, Oxford University Press, 2008, p. 368.

3.明确最惠国条款能否适用于程序事项

回顾近年来的国际法实践,有关这一问题的仲裁庭意见并不统一。对本条款的适用事项范围进行规定,一是可以避免外国投资者与东道国因无据可循而引发不必要的争议,二是有利于各国根据实际需要来对适用于程序事项的范围进行限定。对此可以参照《中俄 BIA 议定书》的做法,如明确用尽当地救济应当在最惠国待遇的基础上实施。

(五)小结

虽然最惠国待遇不像国民待遇那样能够直接对一国经济形成冲击,但由于其所具备的多边自动传导效应容易引发"搭便车"的风险,各协定在引入最惠国待遇条款的同时往往对其适用范围加以适当限制。目前 BIA 与各种区域性安排共存的局面使得各国面临非歧视性待遇义务与给予特定对象更多优惠间的矛盾,为此 BIA 通常采用例外规定的方式来对某些特惠进行认可。这些也是金砖 BIA 最惠国待遇条款所共同具备的特征,因此除了在适用对象上存在区别外,各项规定之间的差异主要体现在形式方面。对此需要各方加强协调,对相关规定进行优化。

四、金砖国家 BIA 中的公平公正条款

公平公正条款的意义在于为东道国给予外国投资者的待遇提供一种独立客观的判定标准,即使东道国未对外国投资者进行区别对待,也可能因其措施不符合善意原则或未能提供稳定的法律和商业环境而构成对条约义务的违反,这有力地改善了外资的投资环境,促进了各国待遇标准的提高。

(一)公平公正待遇的含义和类型

1.公平公正待遇的含义

作为一种绝对待遇标准,公平公正待遇的内容并不因参照对象具体情况的不同而时刻发生变化,而是根据相对稳定的标准而定。[1] 各投资协定中的公平公正待遇条款本身一般不包含对待遇含义的详尽阐释。[2] 例如《中俄

---

[1]　Jeswald W. Salacuse, *The Law of Investment Treaties*, Oxford University Press, January 2010, p.206.

[2]　西元宏治:「不当な又は差別的な措置等」の禁止に関する規定の意義,载《投资协定仲裁委员会报告书》,2010 年 3 月,第 22 页。

BIA》要求东道国给予外国投资者"公平和平等的待遇",又如《中印 BIA》要求给予的是"公平和公正的待遇"。[①] 虽然不同的条款在措辞上存在着细微的差别,但二者所指的都是这里所谈论的公平公正待遇。这种笼统的表述一方面有利于外国投资者在与东道国的争议中对该条款进行援引,另一方面使缔约的双方容易就此达成一致。[②] 或许这正是公平公正待遇的价值所在,对于经济实力和发展阶段互不相同的各个国家来说,要将待遇标准的具体内容一条一条地列举出来实属不易,而一定范围内的妥协有助于投资自由化程度的逐步提高。条款表述上的不明确并不意味着缺乏实用性,相反,通过有关争端解决大量案例,尽管在很多方面仍还存在争议。

就各种待遇间的区别而言,遵守国民待遇和最惠国待遇的义务主要体现在东道国的国内立法上,而公平公正待遇注重对政府滥用权力的防止和治理条件的优化。[③] 在有关前两项义务的争议上,大多数违反主张是由投资立法较为完善的发达国家的投资者针对作为东道国的发展中国家提出的;在事关公平公正待遇的给予方面,相关的仲裁对在传统上通常作为资本输出国的发达国家不断形成了冲击,导致 NAFTA 不得不在 2001 年对协定中的公平公正待遇条款进行限制性解释,以提高其适用门槛,防止缔约方承担额外的义务。这与发达国家在与他国签订投资协定的谈判中极力要求扩大国民待遇和最惠国待遇条款适用范围的情形大相径庭。

公平公正待遇与另外两种待遇相辅相成,互为补充。首先,从所产生的实际效果上来看,无论是非歧视原则还是公平公正待遇的要求都有利于各国对外资开放程度的提高。其次,预期目的的实现和作用的发挥有赖于各条款相互间的促进作用。如果仅仅是保证待遇实施上的一致,那么恶劣的投资环境不利于平等竞争的实现;反之,即便是东道国为外国投资者提供了较高的待遇标准,但只要这种待遇低于本国和第三国投资者所享有的待遇,公平和公正也就无从谈起。最后,在相互补充的意义上,国民待遇和最惠国待遇属于相对标准的范畴,虽然它们的具体内容可以根据参照对象而得到明确,但始终处于浮动之中;而公平公正待遇虽然含义模糊,其内容却较为稳定。

2.公平公正待遇的类型

[①] 2006 年《中俄 BIA》第 3 条第 1 款、2006 年《中印 BIA》第 3 条第 2 款。

[②] 陈安:《国际投资法的新发展与中国双边投资条约的新实践》,复旦大学出版社 2007 年版,第 54 页。

[③] United Nations Conference on Trade and Development,Bilateral Investment Treaties 1995—2006 - Trends in Investment Rulemaking,United Nations,2007,p. 46.

根据三种待遇标准在表述上联系程度的不同可以将公平公正待遇分为以下两种类型:(1)合并规定。例如在《中俄 BIA》和《中南 BIA》中,都将公平公正待遇与其他两种待遇及其例外一并作为"投资待遇"而在同一条项下进行规定。(2)分列规定。例如在《中印 BIA》和《俄印 BIA》中,公平公正待遇被单独规定在第 3 条的"促进和保护投资"中,而另外两种待遇则均于第 4 条"国民待遇和最惠国待遇"或"投资待遇"中被规定。总体上,这种条文表述上的差异并不直接导致公平公正待遇在适用上的区别,但可以从侧面反映出各协定在待遇上价值取向的不同。在第一种类型中,各国看重的是三种待遇间的相互联系;在后一种类型中,缔约双方更加注重公平公正待遇对投资的促进和保护作用以及其对整个协定的导向意义。

从条款中是否明确了公平公正待遇与国际法的关系出发,还可以将之分为不同的类型:(1)与国际习惯法相联系,例如美国 2004 年版《范本》中的规定。① 根据这一类条款的表述,公平公正待遇应当独立于东道国的国内法律法规。(2)与更为广泛的国际法相联系,比如 2007 年《中国—法国 BIA》第 3条。这类条款对公平公正待遇提出了更高的要求,确定其标准的依据是"普遍接受的国际法原则",而不仅仅局限于国际习惯法。(3)没有明确提到国际法。由于各国对于相关的国际法标准并未形成统一的认识,特别是发展中国家倾向于把所谓的最低标准当成是一种仅仅适用于发达国家间的标准而对其普遍性持怀疑态度,因而许多国家并不希望在公平公正条款中明确地写入二者的关系。中国与其他金砖国家所缔结的 BIA 也均采用了这一类型。虽然这种分类未消除公平公正待遇条款的抽象性,例如不能从相关条款中没有关于国际法的措辞这一事实就推导出公平公正待遇与国际习惯法或是国际法原则毫不相干,但是各种表述仍然会对条款的解释造成相当程度的影响。

还可以根据该待遇是否受到来自国内法的影响来对之进行分类:(1)在条文中明确规定公平公正待遇受制于东道国法律法规。如根据《中俄 BIA》第 3条第 1 款的规定,外国投资者享有公平公正待遇以不损害东道国法律法规为前提。这种类型的 BIA 相对较少,因为公平公正待遇的目的本身就在于为外资寻求一种客观而稳定的保护,如果将其适用严格限定在国内法规定的范围内,那么其本应具有的作用就难以发挥,也无从区分它与国民待遇、最惠国待遇之间的区别。(2)在条文中明确规定公平公正待遇不受东道国法律法规的

---

① 美国 2004 年版《范本》第 5 条规定:每一缔约方应当按照国际习惯法的要求,赋予对方合格投资公平公正待遇和全面的保护,并保证该项投资的安全。

影响。例如《中南 BIA》第 3 条第 1 款规定,东道国"在任何情况下均不得"采取不合理或歧视性的措施来对外国投资者的相关权利造成损害。(3)在条文中未明确对公平公正待遇与国内立法的关系进行规定。如《中印 BIA》第 3 条第 2 款规定:"……投资者的投资和收益……应始终享受公平和公正的待遇。"这是目前多数 BIA 所采用的形式。如果让东道国对条约义务的承担受制于其国内法的规定,将极大地削弱 BIA 的约束作用,这不仅对于公平公正待遇如此,对于国民待遇和最惠国待遇来说也同样如此。

(二)金砖国家 BIA 中公平公正待遇的适用范围

对于任何一种待遇标准而言,适用范围都是不可或缺的部分,公平公正待遇示不例外,其适用范围涉及适用对象、适用阶段等问题。通过相关条文的内容,公平公正待遇的适用范围可以在一定程度上得到规定。

1.适用对象

公平公正待遇条款对其适用范围的规定在很大程度上可以从适用对象的差异上体现出来。例如,《中俄 BIA》和《中南 BIA》都将其适用对象限定为投资者的投资以及与投资相关的活动,而在《中印 BIA》中是投资者的投资及其收益,这一范围大致和相关协定在各自最惠国待遇条款中的规定相同。

2.适用阶段

公平公正待遇在适用阶段上可分为准入和运营两部分。不同之处在于,各 BIA 往往对它在这一方面的表述上与国民待遇、最惠国待遇有所出入。例如美国 2004 年《范本》与 2012 年《中国—加拿大 BIA》都通过明确列举的方式规定了国民待遇和最惠国待遇适用的阶段,但是在公平公正待遇条款中缺乏类似的措辞;但在 2005 年《中国—比利时与卢森堡 BIA》和 2009 年《中国—瑞士 BIA》中仅对后者进行了明确规定。学界对公平公正待遇适用阶段的关注也少于另外两种待遇,原因大致有:一是由于对于一项绝对待遇而言更重要的是在适用标准上达成一致意见,而非对适用阶段的划分。从近年来的仲裁实践看,主要的分歧主要是围绕前者展开的。二是由于各国在公平公正待遇能否适用于外资准入阶段这一问题上向来较少争议。因为对于东道国而言,在准入阶段给予外国投资者非歧视待遇,特别是国民待遇,将对本国国民经济造成相当大的影响,而将公平公正待遇条款引入投资协定的目的更多的是为外资提供一种保护,通常不会使东道国的民族产业在外国资本的冲击下处于相对不利的位置。

就中国与其他金砖国家间的 BIA 而言,《中南 BIA》是唯一一个对公平公正待遇的适用阶段予以明确规定,即对外国投资者对其投资的"管理、维护、使用、享有和处分",①这意味着东道国给予外资公平公正待遇的范围仅限于运营阶段。而在《中俄 BIA》和《中印 BIA》中只有概括性的表述,但从公平公正条款与协定项下其他条款之间的关系仍可以看出它们所能适用的阶段。例如在《中俄 BIA》中,虽然公平公正条款本身只规定了待遇给予的对象是外国投资者的投资及其与投资相关的活动,但从协定对这二者的定义来看,能够得出该待遇只能适用于外资运营阶段的结论。理由有二:其一,协定将投资规定为依照东道国法律法规而在其领域内投入的财产,也就是说只有首先为东道国的国内立法确认为合格的投资以后才能成为该协定的保护对象;其二,根据协定的规定与投资相关的活动未涵盖至准入阶段的范围。综上所述,《中俄 BIA》公平公正待遇的适用阶段应当是外资运营阶段。《中印 BIA》的情况大致与此类似,因为在国民待遇和最惠国待遇均不适用于外资准入阶段的情况下,单独适用公平公正待遇显然难以发挥其预期的效果。

(三)金砖国家 BIA 中公平公正待遇的内容要素

即使忽略各协定中具体措辞的不同,公平公正的含义从字面上看极具主观性。各国通常未在条文中给出进一步解释,或者虽给出了相关解释但仍不足以确定其含义,因而单从条款本身很难看出其对东道国的约束力。② 国民待遇和最惠国待遇的规定在条文中不具体,但作为相对标准,通过协定项下提供的参照基准,其内容可以根据参照对象的实际情况得到确定,但公平公正待遇条款中没有包含类似的内容,这使得就其适用标准形成共识成为影响其解释至关重要的因素。目前主要有三种程度各异的标准,原因有二:一是条文自身规定不同,二是基于各国对外资开放的不同态度而倾向于选择对本国更为有利的解释。

第一种为最低待遇标准。发达国家多希望将此作为对公平公正待遇的要求。例如在美国 2004 年《范本》中,公平公正待遇条款直接以"最低待遇标准"作为其标题。其内涵在于,根据各国的一致行为和共识,国际法上存在着一条适用于文明社会的最低标准,如果东道国给予外国投资者的待遇未满足该项标准,无论其国内法规定如何或者是否因国籍而对之进行歧视,即应当认为该

---

① 1997 年《中南 BIA》第 3 条第 1 款。

② Jeswald W. Salacuse, *The Law of Investment Treaties*, Oxford University Press, January 2010, p.222.

国未能履行其条约义务。① 应当说，最低待遇标准有利于提高各国对外资的保护水平，符合经济全球化的潮流。将公平公正待遇独立于东道国国内法，能够充分发挥其与另外两种待遇的配合作用，这是其值得肯定的一面。但是绝不能因此而认定这就是公平公正待遇唯一和最佳的标准，其仍然存在着许多方面的问题。首先，国际上还远未对最低待遇标准达成一致，发展中国家并不承认其普适性，而认为这仅仅是适用于发达国家间的标准。其外，就最低待遇标准本身而言，其内容仍然是抽象的，虽然它在一定程度上对公平公正待遇的内涵进行了限定，但这显然还不足以消除其可能存在的分歧。

第二种依国际法渊源确定其标准。按此标准，公平公正待遇不是一项最低待遇标准，其给予应当根据更为广泛的国际法渊源而作出。这大大提高了投资自由化的程度，但过于宽泛的解释无助于其内容的确定，为外国投资者动辄以此为由提出仲裁请求创造了机会。这极大地加重了东道国的义务。为防止作出此种理解，美国 2004 年《范本》在公平公正条款中明文规定除最低待遇外，该条款并不为外资创设其他实体权利。②

第三种概括性要求。此标准把公平公正待遇看成是一种概括性的要求，以为东道国在给予外资待遇方面提供一般性指引，而国民待遇和最惠国待遇则是对它的细化和特殊规定。多数发展中国家在其 BIA 中持此种态度。

从结构上看，美国《范本》中规定的公平公正待遇与另外两种待遇在条款的安排上是平行的；而在这一标准中，各协定通常将公平公正待遇条款放在另外两种待遇条款之前，以强调其所具备的基础性作用。从条文表述上看，前者明确规定了对协定项下其他条款的违法并不必然构成对公平公正待遇义务的违反，这意味着该待遇是独立于国民待遇和最惠国待遇的；而后者强调对歧视措施的禁止，将之与其他待遇联系起来。例如《中南 BIA》将违反公平公正待遇的措施规定为"歧视性"或是"不合理"的措施，且明确把国民待遇的适用对象规定为本条第一款即公平公正待遇条款中所称的待遇和保护。③ 由此可见，在这一类标准中，公平公正待遇与其他待遇不是处于一种相互平行的关系，而是总括和细化的关系。在《中印 BIA》中同样如此，只是不再将公平公正待遇与另外两项待遇一并进行规定，而是被纳入协定第三条中。该条除了在第二款中对公平公正待遇有所涉及外，第一款还要求东道国鼓励外国投资者

---

① 邓婷婷：《外资公平与公正待遇与国际最低标准》，载《湖南社会科学》2009 年第 6 期。

② 美国 2004 年《范本》第 5 条第 2 款。

③ 1997 年《中南 BIA》第 3 条第 1 款、第 2 款。

在本国进行投资,并为此提供良好的条件。故该条款的内容主要是建议性的,缺乏具体明确的可操作性。应当指出,无论协定是否将公平公正待遇的给予与国际法相联系,都不当然将国际习惯或国际法原则排除在外。根据迄今为止的仲裁实践,公平公正待遇主要包含如下几个要素。

1.善意

投资领域中的善意原则要求东道国在对待外资时应当始终秉承善意,不得以专断的方式损害投资。对于这一原则本身而言,实践上并无太大争议,因为东道国的行为如果不是基于善意而作出的话,那么很难能认为它是公平与公正的,但是何为善意、何种程度构成对善意原则的破坏是值得商榷的。这不仅仅体现为对"善意"一词的解释,而关乎资本输出国与资本输入国之间在国家利益上的博弈。

从字面上看,"善意"一词本是对于主观动机而言的。这一点早在 20 世纪初的 Neer 案中已经得到确认。① 在该案中,美墨求偿委员会认为,墨西哥政府虽然在职责的履行上不能被认为是充分的,但善意原则并不苛求政府尽善尽美地完成每一件事,唯有在主观上具有恶意或者故意对另一国国民的权利进行漠视才能达到破坏善意原则的程度,故墨西哥政府不因此构成对其条约义务的违反。虽然该案所针对的事项属于人身安全领域,但在有关外资保护的争议中,发展中国家往往持有此种见解,即唯有东道国政府在主观上具有通过相应措施来对外资造成损害的故意,且这一意图显而易见时,外国投资者才能够基于善意原则主张东道国未能履行其条约义务。

但此观点自进入 21 世纪以来频频遭受挑战,新的发展趋势对国际投资的自由化程度提出了更高的要求。在最近的实践中,仲裁庭存在着一种把善意的判定建立在客观效果之上的倾向,即一旦因相关的国家措施导致外资挫败,便可据此认为是对公平公正待遇义务的违反。② 这意味着东道国政府即便在没有阻碍外国投资者在其领域内进行投资的意图,甚至没有因国籍而对后者进行歧视性安排的情况下,也可能因种种原因而导致其行为不符善意原则的要求。这一做法的确有利于解决政府行为动机难以判定的问题,敦促东道国改善投资环境,但同时面临一些新的问题,如:具体的善意标准为何;若不再以主观上是否具有恶意作为判定政府行为善意与否的标准,又如何将该原则与公平公正待遇的其他内容要素区分开来,因为后者主要是以东道国是否具备

① 杨慧芳:《外资公平与公正待遇标准的要素评析》,载《法学评论》2009 年第 3 期。

② [日]小寺彰.:「投資協定における公正かつ衡平な待遇—投資協定上の一般的な条項の機能」,経済産業研究所,2008 年 3 月,第 14 頁。

一定的投资条件为判断依据的。

2.透明度与合理预期

公平公正待遇中的透明度要求是指,东道国有义务对外公布对投资有影响的法律法规,以保障外国投资者的知悉权,防止后者因信息不公开而遭受损失。如美国 2004 年《范本》第 10 条、第 11 条要求缔约方以适当的方式公开与协定涉及问题相关的法律、法规、工作程序、有普遍拘束力的行政规章和司法判决,《中日韩投资协定》第 10 条第 2 款规定缔约方应为显著影响协定实施的法律法规的公布、公开和其生效间留有合理的间隔。虽然金砖国家间现存的 BIA 未就透明度作出具体要求,但根据《金砖国家贸易投资合作框架》第 2 条第 1 款、第 4 款的规定,各成员应当建立信息共享机制,努力提高投资环境的透明度。众所周知,国际投资是一项周期较长并且成本巨大的经济活动,其能否成功在相当程度上取决于东道国的国内法。因此,公开透明的法律制度对投资决策是至关重要的,这也是外国投资者在分析评价其投资计划并最终付诸实施的前提条件之一。一旦在投资的设立和运营环节出现了投资者事前不知晓的情况,容易对之造成出其不意的打击,导致投资目的的落空。正因如此,透明度要求又往往同投资者的合理期待相联系,即外国投资者依照东道国的法律要求而作出投资行为,其预期的目的应当得到尊重。

除了在待遇条款中对此作出规定,有的协定还专门就某部分的合理期待作出规定。例如在《中印 BIA》中,公平和公正不只在有关促进和保护投资的条款中规定,在征收条款中出现了类似的措辞,如当外国投资者的投资被东道国征收、国有化或是采取类似措施时,外国投资者有权获得公平和公正的赔偿,东道国还应当按公平和公正的利率向前者支付一定利息。[①] 这一规定实际上就是为了保护投资者的合理期待,因为根据协定,当满足一定条件时,东道国可以对外国投资者采取上述措施,而这样做势必会导致投资目的得不到实现,因此,东道国需要在采取措施的同时尊重投资者的合理期待,对其遭受损失的部分提供公平和公正的补偿。

透明度与合理预期间的关系是相辅相成、互为补充的。首先,公开透明的法律制度是实现合理预期的基础,缺少了法律的透明和政策的稳定就谈不上投资者合理预期的实现。其次,对外国投资者合理预期的保护正是透明度要求的本质意义所在,东道国之所以有义务使其国内法处于一种易于知晓的状态,是因为外国投资者对东道国法律和政策的信赖值得受到保护。作为有

---

① 2006 年《中印 BIA》第 5 条第 1 款。

目的的经济活动,外国投资者的投资必然是以追求相应的经济利益为目的的,如果缺乏足够的可预期性来保证其目的的实现,BIA 促进和保护投资的作用就难以发挥。

当然,这种透明度和可预期性不是完全无条件的。相比善意原则而言,就目前的实践来看,各国对于公平公正待遇的内容要素是否包含了透明度要求还存在着一定的争议。外国投资者的预期必须达到合理的标准,即从相关的法律和政策来看,一般能够认为其目的是值得被期待的,而非以投资者单方的主观意愿为转移。此外,还存在着一些诸如公益或是紧急情况等方面的例外规定。

3.正当程序

正当程序是组成公平公正待遇的重要内容之一,也体现出了它的主要特征和意义。尽管国民待遇和最惠国待遇都在一定程度上涵盖了程序事项,但二者首要的功能在于对实体问题的规范。原因有二:一是国内法最容易导致本国投资者与外国投资者,以及不同国籍的外国投资者受到差别对待,对外资的影响最为直接和重大;二是实体上的歧视性做法是显而易见的,通过国民待遇和最惠国待遇条款可以有效地对之进行规制。然而对于程序事先来说,二者作用的发挥是有限的,这就有赖于公平公正待遇对外资的保障。正当程序原则要求东道国不得拒绝司法,保障行政行为合理,防止程序不当和判决不公,而无论东道国是否在这些方面对外国投资者进行了歧视。正是基于此,实践上一般对正当程序的要求作出了较为严格的解释,构成对公平公正待遇义务的违反需要达到被认为是恣意和不公正的程度。

公平公正待遇还包含了稳定的法律和商业环境等要素。通常而言,这些内容没有直接以条文的形式表述在投资协定中,而是通过仲裁结论以及学者观点的方式而加以总结和认可的。虽然发展中国家多倾向于把公平公正待遇的判定建立在其国内法的规定之上,并且在某些方面上还或多或少存在着争议,上述内容要素对于金砖国家根据相互签订的投资协定给予对方投资者公平公正待遇仍然具有指导意义。

(四)金砖国家间 BIA 中公平公正条款存在的问题与协调

通过上述分析可以发现,目前各协定有关本条款的规定存在着相当大的差异,特别是公平公正待遇在协定中的地位及其与另外两种待遇之间的关系不明确、各协定所采用的标准不统一,这对各方正确理解条文内容造成了不利的影响,故应就以下几点对公平公正待遇条款进行协调:

1.将三项待遇统一在"待遇条款"项下

将本条款单列于另外两种待遇之外而纳入"促进和保护投资"的做法虽然强调了它对整个协定的指导作用,却无助于体现它作为待遇条款的地位,难以体现其固有的作用。将三种待遇条款在同一项下进行规定不但能够明确三者间的相互关系,而且利于它们互为补充、发挥整体作用。

2.明确公平公正待遇条款与国际法的关系

无论是采用国际习惯法中的最低待遇标准,还是超过该项标准,抑或国内法标准,都应在条款中明确规定。另外,还可以参考《范本》中的做法,对公平公正待遇条款的内容进行必要的说明,以减少分歧,防止不适当地扩大其解释范围和添设新的义务。

3.完善配套立法及相关措施

除了加强公平公正待遇条款自身的协调性外,各国还应当通过立法和行政等多种途径努力提高投资环境的透明度,保证政府行为公开公正。目前各国不同程度地存在着诸如欠缺统一立法、稳定性不足、限制较多等问题。例如,除了俄罗斯的《战略领域外国投资法》以及中国的《外商投资产业指导目录》外,多数金砖国家缺乏富有条理性的立法体系或者便于外国投资者集中获悉相关信息的渠道,有关外资的大量规定分散在庞杂的法律法规中,阻碍了外国投资者充分有效地了解东道国的制度,这些都是值得改进的地方。

公平公正待遇不是一条孤立的待遇标准,它既是组成外资待遇的一个部分,也是一项高度抽象性的原则,必须借助一国具体的法律和政策来体现、落实。因而需要兼顾条款与条款之间,以及条款与其他措施之间的协调,不可偏废其一。除了上述外,各协定中的公平公正待遇应当同国民待遇和最惠国待遇一样,尽量在适用对象、适用阶段、条文表述等方面采用一致的规定。

(五)小结

相比另外两种待遇,公平公正待遇处于一种较为特殊的地位。这一方面是因为它们在性质上有所不同,前二者均属相对待遇标准,后者属于绝对待遇标准;另一方面大多数 BIA 未对公平公正待遇的内涵进行准确界定。目前无论在理论上还是在仲裁实践中,各方都难以就公平公正待遇的具体标准和地位达成统一的意见。从现行做法看,有把公平公正待遇视为最低待遇标准者,亦有观点拒绝将它和国际习惯法联系起来;有把它作为总体投资待遇进行规定的,也有协定将它纳入其他条款之中。这为准确理解和适用公平公正待遇条款带来了困难。因此有必要在条文中对上述各个方面进行明确,同时适当地提高该项待遇对东道国的约束力,这是金砖 BIA 中值得改进的地方。

五、金砖国家间协调 BIA 待遇条款的条文建议

作为全球化的重要组成部分,区域经济一体化已日趋成为各国加大投资力度、参与国际竞争的主要方式。巩固伙伴关系、扩大互惠基础、健全投资环境以及提升投资待遇成了摆在各成员面前迫切的课题。加快金砖国家经济合作和跨区域一体化进程,无论是对于作为一个整体而言还是作为各成员自身而言,其意义都是不言而喻的。

(一)协调的依据

近年来,金砖国家在相互合作上取得了一系列丰硕成果,无疑为进一步加强各国在投资待遇方面的协调开辟了道路。但值得注意的是,目前金砖国家间的合作更多的是在政策层面上进行的,缺乏足够的法律约束。为建立健全金砖国家合作机制、加强相互投资力度,有必要在法律层面上对各国所取得的成果进行确认和巩固。

法律上的协调主要来自几个方面。第一,从宏观上看,需要一个各成员共同参与的统一性安排,例如金融领域的《金砖国家多边信用证保兑服务协议》,但目前各成员在国际投资领域缺少相应的实质性进展。建立自由贸易区虽然符合金砖国家的发展趋势,但基于经济结构雷同、制度差异较大等原因,在短期内难以实现。[①] 第二,从国别上来看,各国在有关投资待遇的法律法规方面进行协调对促进和保护相互投资具有重大作用,这既是一国外资待遇的具体落实,也是其开放程度的直接证明。但这仍然具有较大的局限性,仅仅寄希望于各国通过国内法来提高各自给予外资的待遇,不但与发挥金砖国家整体优势的要求背道而驰,也缺乏必要的约束力。同时,由于东道国与投资国之间不可避免地存在着一定的矛盾和利益冲突,单纯依靠国内的努力来实现各国待遇制度的协调并不现实。[②] 因此,需要找到一个既容易为各成员所接受又具有相应约束力的途径,其中,加强金砖国家在 BIA 特别是待遇条款上的协调无疑是最为明智的选择。

BIA 发挥着在区域性安排和国内法间承上启下的作用。对于前者而言,

---

① 刘文革、王文晓:《建立金砖自贸区可行性及经济效应分析》,载《国际经贸探索》2014 年第 6 期。

② 刘颖、邓瑞平:《国际经济法》,中信出版社 2003 年版,第 377 页。

它可以在过渡阶段为金砖国家建立自贸区做好充分的准备,对于后者而言,它是各国消除不符措施提高投资待遇的依据。此外,各国对 BIA 中的待遇条款进行协调具有现实需求和可操作性。首先,巴西和其他金砖国家,以及印度和南非未签订 BIA,因此各方可以在将来签订的 BIA 中制定水平更高、更能符合经济发展趋势的待遇条款。其次,对于已经相互签订有 BIA 的国家,可以采用重新签订或附件议定书等方式来对其中的待遇条款进行协调。联合国贸发会的数据显示,到 2013 年年底世界上将有超过三分之一的 BIA 处于可终止或重新谈判的状态。这为各国解决投资协定制度特别是外资待遇不一致的问题提供了机会。[①] 在我国至今所签订的 BIA 中,有近十分之一的数量是经过重新签订的,例如《中俄 BIA》是在 1990 年版终止后于 2006 年重新签订并于 2009 年生效的。[②] 也有一些较早签订的 BIA 还未来得及更新,比如 1994年签订的《俄印 BIA》。

(二)协调的宗旨

在对待遇条款进行协调时,各国应当立足于本国国情,坚持实事求是的原则。金砖五国均是发展中国家,受经济水平和发展阶段的限制,各国在给予外资的待遇水平上应当根据实际需要而有所限制,不应单纯地以追求自由化程度的快速提高为目的,这是进行协调的前提。还应当坚持互惠互利的原则,提高协调性的出发点是促进相互投资、便利投资者,以有利于各国经济的发展和整体实力的提高,为日后的跨区域经济一体化打下坚实的基础。

(三)主要条文建议

为符合新的现实和发展需要,对金砖国家 BIA 中的待遇条款进行协调势在必行。这需要各国在结构上对待遇条款进行规范,明确各项待遇之间的关系及其在协定中所处的地位;提高待遇水平,尽可能减少国内法律法规对各项待遇的干涉;扩大条款适用范围,并明确其适用阶段;减少各 BIA 间的差异,尽量在条文表述上保持措辞的统一;对条款中较为抽象的部分进行适当说明,

---

① United Nations Conference on Trade and Development,World Investment Reports Overview:Global Value Chains:Investment and Trade for Development,27 January 2013,pp.15-16.

② United Nations Conference on Trade and Development,China -BITs,http://investmentpolicyhub.unctad.org/ IIA/CountryBIAs/42 # iiaInnerMenu,last visited on 8 January 2015.

以减少理解上的歧义。以下就金砖国家间协调 BIA 待遇条款的主要条文提出如下建议。

《金砖国家双边投资协定待遇(共同)条款》(建议稿)

1.缔约一方应在其境内给予另一方的投资者及其投资公平和公正的待遇,但该项待遇不应被解释为在公认的国际法规则所包含的合理和适当标准外给予。对本协定中其他条款或其他国际协定义务的违反并不必然构成对本款义务的违反。

2.缔约一方在其境内就管理、经营、维持、使用、享有和处置投资事项给予另一方的投资者及其投资的待遇,不应低于类似情形下该缔约一方给予本国的投资者及其投资的待遇。

3.缔约一方在其境内就管理、经营、维持、使用、享有和处置投资事项给予另一方的投资者及其投资的待遇,不应低于类似情形下该缔约一方给予任何第三国的投资者及其投资的待遇。除本协定中另有规定外,本款不应被解释为适用于实体方面以外的事项。

4.本条第二款的规定不适用于各缔约方根据其国内法律法规制定且在本协定生效前既已存在的不符措施。缔约方可以对这些措施进行修正或修改,但不得因此增加相关措施与本协定的不符程度。缔约方有义务逐步消除既存不符措施。

5.本条第三款的规定不应被解释为缔约一方有义务给予另一方的投资者及其投资因以下因素产生的待遇:

(1)任何现存或将来的关税同盟、自由贸易区、共同市场或其他类似国际协定;

(2)任何旨在处理税收事宜的国际协定或安排;

(3)任何旨在为边境贸易提供便利的安排。

六、结　语

随着全球经济自由化趋势的持续深化,传统上倾向于保守的国际投资领域开始逐步开放和扩大。在此形势下,尽管南北经济实力仍然悬殊,但一方单纯作为资本输入国或是输出国的格局已不复存在,无论发达国家还是发展中国家都以较以往更为积极主动的姿态参与到经济全球化的进程中,以期在国际投资角逐中占据更为有利的位置。其中,金砖国家作为新兴的市场经济体,在进入 21 世纪以来日益成为世界经济中一支不可小觑的力量,但与其不断增

长的经济实力不相称的是,目前各国 BIA 仍然停留在较低的待遇水平,且相互间缺乏足够的协调性。本文提出了提高待遇、规范结构、统一措辞等建议,以加强金砖国家对 BIA 待遇条款的协调,有效改善目前相关制度分散庞杂、门槛较高的现状,促进金砖国家内部的资本流动,整合各国实力,调动更多资源,实现互利共赢。这既是经济全球化向金砖国家发起的重大挑战,也是各成员在国际舞台上扮演更重要角色的宝贵机遇。

A Research on Treatment Clauses in the Bilateral Investment Agreements of the BRICS

Xie Zhenyuan

Abstract:As emerging market economies,the BRICS has abundant human and natural resources that provide a broad market to investors. In order to optimize the cooperative mechanism and enhance each member's strength,it is beneficial to intensify coordination on BIA and improve mutual investment treatment between the BRICS. This article attempts to find the problems existing in treatment clauses in the BRICS' BIA by comparison,and tries to point out the necessity,the feasibility and the main measures for the coordination on the treatment clauses therein.

Keywords:BRICS;BIA;treatment clauses;coordination

✳ 范振禄 *

金砖国家BIA 中投资者与国家争端解决条款研究

内容摘要:金砖国家有着相似的经济发展背景,各国间相互投资将随着经济发展战略向外向型投资调整而逐渐增多,投资者与国家间的争端解决问题随之日益凸显。本文针对上述问题分别对金砖国家既有双边投资条约中投资者与国家争端的界定、争端解决的协商谈判途径、争端解决的国内法和国内法途径等条款进行分析,在参照国际法理论和发达国家规定的基础上,指出相关条款中存在的问题及解决方法,并就金砖国家间协调争端解决条款提出建议。

关键词:金砖国家 双边投资协定 投资者与国家 争端解决条款 协调

---

* 范振禄(1988—),男,西南政法大学法律硕士专业涉外经贸法律实务方向 2012 级硕士研究生(指导教师邓瑞平教授)。本文由本卷编辑在作者 2015 年 5 月硕士学位论文的基础上修改而成。

引　言

　　金砖国家有着相似的经济发展模式,近年来她们在政治、经济、文化等多方面达成了广泛合作意向。2013 年 3 月 26 日,金砖国家第三次经贸部长会议发表联合公报及《金砖国家贸易投资合作框架》,对金砖国家在贸易和投资方面的合作作出了框架性安排,是金砖各国在双边投资合作上跨出的实质性一步。

　　近年来,金砖国家对世界经济的快速复苏和新一轮增长贡献巨大,正成为全球经济增长的领头羊。据预测,到 2025 年,金砖国家 GDP 将达到六国集团的一半,2040 年金砖国家 GDP 将全面超越六国集团。[①] 俄罗斯是传统能源和武器输出大国,印度在软件开发上有得天独厚的优势,南非是非洲最大的经济体,巴西铁矿储量全球第五,[②] 金砖国家的经济现状及各自的特点决定了她们在将来会有更多的互补性投资,随之可能会签订一系列的双边投资条约(以下简称 BIT)[③]。鉴于自身不同的国情,金砖各国在签署 BIT 时会制定符合自身利益的争端解决条款。对这些既定条款进行对比研究,无疑会对金砖各国相关条款的协调起到很大参照作用。

　　本文从金砖国家对同一问题的不同解决方法入手,对不同金砖国家双边投资条约中争端解决条款进行介绍和对比,并结合借鉴各国的实际、国际上 BIT 条约中的有关条文及其实际执行,提出金砖国家间在本条款上的协调建议。

一、金砖国家 BIT 中投资者与国家争端的界定

　　BIT 中争端类型的范围界定一直是学术界争论的热点问题,各种学说对争端范围的看法存在诸多差异。本文主要是对金砖国家 BIT 中投资者与国家间的争端解决条款进行对比研究,对此概念的明确界定在一定程度上决定了本文的具体研究范围。下文将结合金砖国家的相关条款规定及学术界的理

---

　　①　O'Neill, Dreaming With BRICS: The Path to 2050, *Global Economics Paper*, October 2003, p. 4.

　　②　Wikipedia, "BRICS", http://en. wikipedia. org/wiki/BRICS # cite_note-4, last visited on January 27, 2015.

　　③　以下对双边投资条约中的双边投资协定简称 BIA。

论观点对本文的争端界定进行研究。

(一)金砖国家 BIA 中的争端类型

根据主体不同,国际投资争端可分为三类,即投资者母国与东道国之间的投资争端、外国投资者与东道国合作者之间的投资争端以及外国投资者与东道国之间的投资争端。狭义上,国际投资争端仅指外国投资者与东道国政府之间的投资争端。[①] 因为上述争端往往涉及国家与私人两类力量悬殊的主体,所以他们之间更容易引发利益冲突。在争端的现实解决中,两类主体之间的利益很难得到合理的平衡。

金砖国家 BIA 在争端划分上主要涉及两种类型,即投资者母国与东道国之间的投资争端和外国投资者与东道国政府间的投资争端。后者的争端类型是金砖国家在实际投资争端中较为常见的争端类型,金砖各国 BIA 中对于此种争端的解决有相关的规定。例如,2004 年《中国—芬兰 BIA》第 9 条第 1 款至第 6 款详细规定了争议可提交到投资所在地有管辖权的法院、解决投资争端国际中心、根据联合国国际贸易法委员会仲裁规则设立的专设仲裁庭等详细解决途径。[②] 投资者母国和资本输入国的争端,通常情况下选择外交途径进行解决,产生的疑难问题相对较少。现实中,世界各国在全球投资领域面临的问题主要是外国投资者和国家的争端。

(二)投资者与国家间争端的范围界定

金砖国家 BIA 中涉及的争端解决条款类型主要有两种,即投资国政府与东道国政府间争端解决条款和投资者与国家间争端解决条款。学界对投资争端范围界定的争议主要表现在两个方面:第一,争议主体的范围,即基于 BIT 而产生的资本输出国与资本输入国之间在保护外国私人投资问题上的争议是否包含在国际投资争议范围之中;第二,投资争议的种类,即由国际间接投资所引起的争议是否可以归入国际投资争议之内。[③] 关于前者,有学者认为国际投资争议仅"指外国私人直接投资关系中的争议,具体说就是外国私人投资

---

① 梁咏:《中国投资者海外投资法律保障与风险防范》,法律出版社 2010 年版,第 295 页。

② 另外,1995 年《加拿大—南非 BIA》中的第 13 条、1999 年《比利时 & 卢森堡经济联盟—巴西 BIA》中的第 9 条、1994 年《俄罗斯—印度 BIA》中的第 9 条有类似的规定。

③ 杨卫东:《双边投资条约研究:中国的视角》,知识产权出版社 2013 年版,第 162 页。

者(个人或者公司)同东道国政府(或其机构)或企业个人因外国私人直接投资问题而发生的争议",资本输出国与资本输入国的关系不是私人直接投资关系,其间因投资条约的解释和适用而产生的争议,不属于严格意义上的投资争议,不过是因国际投资争议而引起的国家与国家之间的国际公法争议。[①] 另有学者倾向于对国际直接投资争议做广义、狭义两种理解,如姚梅镇先生认为"国际投资争议,如果笼统地说,包括因各种国际投资在各种主体之间发生的争议",[②]并未断然将因条约解释和适用而引起的国家间争端排除在国际投资争议之外。关于后者,多数学者对将间接投资纳入持否定态度。目前,国际投资争端解决中心受理的案件范围多是因直接投资而非因间接投资引起的争议。本文所探讨的投资者与国家间的争端主要是指因直接投资所引起的争端。

(三)界定中存在的问题

金砖国家 BIA 中关于争端界定的规定一般比较简单,通常以"任何因投资而引发的争端"作为起始,[③]没有就争端范围作出细分。按照 BIA 签订的惯例,金砖各国一般会在投资协定的起始款项中对投资的概念、投资者的厘定、收益和领土包含的范围等事项预先作出规定,金砖国家的争端解决条款没有直接就争端范围的界定给出确切定义,尤其是关于直接投资与间接投资的区分问题,这会在金砖国家今后冲突的处理过程中形成新的争议事项,不利于争端的顺利解决。

(四)小结

直接投资和间接投资是否属于争端范围的问题,金砖国家 BIA 中没有相关条款对此作出清晰区分,其关于争端界定的规定通常比较简单,一般以"任何因投资而引发的争端"作为起始,这种类型的条款不能适应日益复杂的投资者与国家间争端的解决。在协调金砖国家 BIA 中投资者与国家间争端范围界定条款时,应当密切关注此项缺陷,综合具体事项进行协调。

---

① 姚梅镇:《比较外资法》,武汉大学出版社 1993 年版,第 938～939 页。
② 姚梅镇:《国际经济法概论》,武汉大学出版社 1989 年版,第 685 页。
③ 例如 2006 年中国—印度 BIA 第 9 章第 1 条规定,任何一方投资者与另一缔约方在本协定相关条款下因投资产生的争端应尽可能地通过友好协商的方式进行解决……任何不能通过友好协商解决的一方投资者与另一缔约方的争端需要通过以下途径解决……由于金砖国家 BIA 在争端界定中的规定大同小异,故在此不再一一列举。

二、金砖国家 BIA 中投资者与国家间争端解决的协商谈判途径

国际上多数 BIA 规定，无论是国与国之间因政治对抗引起的争议，抑或是力量对比悬殊的自然人与国家间的争议，都应首先尽可能通过友好协商的方式进行解决，金砖国家并不例外。把友好协商谈判作为争端后续解决的前提能尽可能减少各国的诉累，使争端解决的效率有所提高。这样的规定对投资者和东道国都有益处。金砖各国对协商谈判的时限规定会对争端的顺利解决产生一定的影响。

(一)协商谈判的前置性规定

金砖各国一般都把协商谈判作为进入其他争端解决途径的前置性条件，而各国对此在细节上又规定不一。巴西 BIA 中对友好协商条款的规定有两种方式：一种是宽泛式规定，另一种是提出了友好协商可参考途径的具体式规定。如 1995 年芬兰—巴西 BIA 第 9 条规定，一方缔约投资者与另一缔约方在东道国境内的任何因投资所引起的争端应当友好协商解决。这种方式没有提出具体可参考的友好协商方式，仅仅提出了友好协商的期求，属于宽泛性规定。1999 年比利时与卢森堡经济联盟—巴西 BIA 中第 9 条第 1 款规定：缔约一方的投资者和另一缔约方之间的任何投资争议应由首先采取措施的一方以书面形式通知；通知应附有足够详细的备忘录；双方应尽可能地努力通过谈判解决争端，如有必要应寻求第三方专家的意见，或通过外交途径解决。这种方式给双方提供了可参考的协商解决路径，更加有利于双方争端的解决。这种规定相比于宽泛式规定，提供了"书面形式通知"、"应附备忘录"、"寻求第三方专家意见"等具体协商方式，[①]使协商解决争端有了详细的文本参照，避免了对协商方式进行选择的前置性商议，提高了效率，属于具体式规定。

俄罗斯 BIA 中友好协商条款除了宽泛式规定外，在协商解决条款中规定了友好解决可参考的国际法路径，相关条文规定友好协商时，对具体方式给出了提示性的国际法协商解决途径，引入了联合国国际贸易法委员会的既有调

---

① Dan Wei, Bilateral Investment Treaties: An Empirical Analysis of the Practices of Brazil and China, *Eur J Law Econ*, vol. 33, 2012, p. 663.

解程序。① 虽然此种条款规定类似于巴西的具体式规定,但不同于巴西只参照自身制定的友好协商程序,俄罗斯对国际既有协商规则的引用无疑增加了友好协商的国际化趋势,由于既有相关规定的公开性和透明性,协商结果更加容易被缔约双方所接受。金砖国家中,俄罗斯的此种友好协商条款具有一定的前瞻性,值得借鉴。

印度、中国和南非多是宽泛式规定,在此不做具体分析。②

(二)协商谈判的最长时限规定

金砖国家关于友好协商的时间给出了一定的限制,大多数规定为 6 个月。但各国对上述时间的计算起点描述不一,大致有"自通知之日起"、"自要求解决争端之日起"、"自提出请求之日起"、"自争端产生之日起"或没有设定起算日期等几种规定方式。③金砖国家 BIA 中对友好协商谈判的最长时限问题着笔甚少,相关条款多属简单。金砖各国在友好协商谈判的最长时限规定,具有极强的相似性。

---

① 例如 1994 年俄罗斯—印度 BIA 第 9 条第 1 款规定,缔约一方的投资者与另一缔约方之间因在后者领土内的投资所引发的争端,包括本协议下因承担义务所承担的争议需尽可能通过友好方式解决,上述方式包括诉诸缔约方间关于争端的解决协议,以及按照联合国国际贸易法委员会规定的调解程序进行调解。

② 印度的相关条款大多数是宽泛式规定。如 1995 年英国—印度 BIA 第 9 条第 1 款规定,任何缔约一方的投资者与另一缔约方因本协议下的因投资引发的争端需在争端双方共同努力下通过协商方式解决;中国的宽泛式规定在 2006 年中国—印度 BIA、1994 年中国—智利 BIA 中都有较好的体现。但中波、中乌(克兰)、中加(纳)等协定中还规定了双方有关国有化补偿额的争议可径直向东道国主管当局申诉或行政救济或国内、国际司法程序。南非除了常规的宽泛式规定外,有一种类似中国的前提约束性规定。如 1995 年加拿大—南非 BIA 第十三条第一款规定,任何一缔约方和另一缔约方投资者因前者缔约方采取或者不采取措施违反本协议而引发的索赔诉求,如果该投资者由此出现损失或损害,双方应尽可能通过友好协商方式解决。

③ 例如,1999 年比利时与伦森堡经济联盟—巴西 BIA 中规定的最长协商时间是从通知之日起算至 6 个月,1995 年芬兰—巴西 BIA 则是从一方要求解决争端之日起 6 个月,1998 年巴西—荷兰 BIA 中规定是从商议之日起 3 个月;1989 年俄罗斯—加拿大 BIA、1994 年俄罗斯—印度 BIA 是从一方提出请求起 6 个月;2000 年印度—老挝 BIA 没有规定具体的起算日期,1995 年印度—英国 BIA 规定是从通知之日起 6 个月;1992 年中国—阿根廷 BIA 规定从争端产生之日起 6 个月,1993 年中国—阿尔巴尼亚 BIA 则没有规定起算时间,1985 年中国—泰国 BIA 规定协商日期从索赔通知之日起算至第六个月;1995 年南非—加拿大 BIA 中起算日期是提出争端之日,1998 年南非—毛里求斯 BIA 则又规定自一方通知另一方协商之日起 6 个月。

(三)协商谈判解决争端条款中存在的问题

金砖各国相关条款上存在两个问题:对协商谈判解决争端的规则依据设定宽泛和对协商谈判解决争端的时限规定的差异性。

1. 协商谈判解决争端的规则依据设定宽泛

通过分析金砖国家 BIA 中关于友好协商条款的规定可以发现,大多数的协定要求在进入其他方式进行争端解决前需要预先进行事前友好协商,通过友好协商可以避免将简单或者多数的争端直接通过行政、司法或者仲裁的途径进行解决,增加解决效率。[①] 但是金砖国家 BIA 中关于友好协商谈判的可参考规则规定不一:巴西、俄罗斯等国 BIA 中的协商谈判解决争端条款涉及具体式的规定,但印度、中国和南非等国家主要为宽泛式规定。协商谈判解决争端主要是在互信和友好的氛围中进行,因此宽泛式的相关规定在一定程度上对协商谈判的顺利开展影响不大。但考虑到金砖国家在具体协商中仍然需要寻求一种确切的规则进行争端解决,具体式的规定迎合了现实的需求,提高了效率。故金砖国家 BIA 中对协商方式的宽泛式规定存在某种程度上的缺陷,无形中违背了为提高争端解决效率而对协商谈判进行前置的初衷。

2. 协商谈判解决争端的时限规定的差异

金砖各国对协商谈判解决争端的起始时间规定不一,大致有"自通知之日起"、"自要求解决争端之日起"、"自提出请求之日起"、"自争端产生之日起"或没有设定起算日期等几种规定方式。虽然最长时限规定不一,但大多将其限定为 6 个月。如果金砖国家在协商解决争端的最长时限的起始时间较难达成一致,可能引发新一轮的争议,降低争端解决效率。故金砖各国有必要协调协商谈判解决争端的起始时间和最长时限。

(四)小结

金砖国家 BIA 中的友好协商谈判解决争端条款,一定程度上避免了将投资者与国家间的争端直接提交处理期限较为冗长的行政、司法及仲裁途径解决,[②]提高了解决问题的效率。但多数金砖国家对争端解决的规则依据设定

---

① Matthew Coleman, South Africa's Bilateral Investment Treaties, Black Economic Empowerment and Mining: A Fragmented Meeting? *Business International*, Vol. 9, 2008, p. 58.

② Deborah L. Swenson, *Why Do Developing Countries Sign BITs*? University of California, Vol. 12, 2005, p. 135.

宽泛,对协商解决的时限规定差异较大。这些宽泛不一的规定在实际问题的解决过程中为投资者与国家尽快进入争端协商程序造成了一定的选择性障碍,缔约双方不得不就协商的具体规则及相关期限问题重新进行谈判,延长了争端解决的时间。金砖国家间有必要在此问题上协调一致。

三、金砖国家 BIA 中投资者与国家间争端解决的国内法途径

金砖国家的立法指导思想不同,对争端解决的国内法救济途径的规定就不同。由于各国对用尽当地救济原则的态度直接决定了各国对争端解决国内法途径条款的设置,因此有必要先对用尽当地救济原则与争端解决的国内法途径进行关联分析。

(一) 用尽当地救济原则与争端解决的国内法途径

用尽当地救济原则通常被称为投资争议的国内解决方法,是一项非常重要的国际习惯法原则,通常指一国政府在本国国内发生的事件被提起国际责任前给予其国内法协助的做法。[①] 尽管该原则被某些国家认为有不合理之处,但它在传统争端解决国际习惯中依然占有重要的地位。[②] 在解决投资者与东道国因投资所引发的争端时,用尽当地救济原则被广泛采用。这时该原则具体是指当一国投资者与投资所在国政府发生不可调和的争端时,应当按照双方既有双边投资协定规定,把相关争端首先提交投资所在国行政或司法机关,按照相关机关本土相关法律予以解决,在所有投资所在国本土救济手段被穷尽之前,不得寻求国际司法程序解决,外交保护权在此过程中亦不得被投资来源国政府所采用。因此,用尽当地救济原则与所探讨的争端解决国内法途径有着天然的联系,金砖国家对该原则的看法会直接导致其国内法解决途径的差异。

在对用尽当地救济原则的看法上,发达国家与发展中国家不尽相同。由于金砖国家多为发展中国家,为保护自己作为资本输入国的现实利益,多数缔约的金砖国家在 BIA 签署时极力主张该原则,先行寻求国内行政、司法等途径解决。而发达国家由于自身的资本输出优势,其多数国家在 BIA 中总是竭

---

① Cançado Trindade, *The Application of the Rule of Exhaustion of Local Remedies in International Law*, Cambridge University Press, 1983, p. 1.

② Philip C. Jessup, *A Modern Law of Nations*, Cambridge University Press, 1956, p. 104.

力排斥该原则。

(二)争端解决国内法途径的具体规定

巴西在金砖国家中签署的双边投资协议数量最少,仅有 14 个,且都未生效。^① 这些双边投资协议全部签署于 20 世纪末,由于受发达国家开放型救济途径思潮的影响,巴西在与相关国家缔结的投资协定中,没有对用尽当地救济原则进行过于严谨的适用,其大多数协定都给予了投资者自由选择国内救济和国际仲裁的权利。^② 例如其在 1995 年巴西—芬兰 BIA 规定,如果本争议不能友好地从其中任何一方争端请求和解之日起的 6 个月内解决,投资者有权将案件提交投资所在的东道国专设仲裁庭或者提交国际仲裁。其他协定都是类似较为灵活的规定,没有较为严格的强制性适用用尽当地救济原则。

俄罗斯和中国曾于 1990 年 7 月 21 日签署了 BIA,但已于 2009 年 5 月 1 日被新的 BIA 所取代。新的 BIA 规定了在 6 个月期限内争议仍不能解决,争议可以提交的方式有三种,即争议发生东道国的国内法院、国际投资争端解决中心及依据联合国国际贸易法委员会规则设定的专设委员会。此种规定是俄罗斯较为新式的规定,不同于 20 世纪签署 BIA 中的简单规定,其内容更为具体。

印度 BIA 中的用尽当地救济原则整体上因签署对象国的不同而不同。在印度和发展中国家签署的 BIA 中,多数将用尽当地救济作为处理争端的前提,例如 2000 年印度—老挝 BIA 中的相关规定就体现了这一点。^③ 但是,印度在和英国等发达国家签订的 BIA 中没有直接反应用尽当地救济原则条款,似乎放弃了这一国际习惯。1995 年印度—英国 BIA 第 9 条第二款和第三款规定了在和平协商不成的前提下,双方应将争端提交依照国际贸易法委员会规则进行国际调解或者进行国际仲裁,条款中没有直接先行进行国内司法处

---

① UN Conference on Trade and Development,International Investment Agreements Navigator-Brazil(BITs),http://investmentpolicyhub.unctad.org/IIA/CountryBits/27,last visited on January 27,2015.

② Centro de Estudos das Sociedades de Advogados, Legal Guide for Foreign Investors in Brazil,2012,p.27,http://www.brasilglobalnet.gov.br/arquivos/publicacoes/manuais/pubguialegali.pdf,last visited on February 28,2015.

③ 例如 2000 年印度—老挝 BIA 中这样规定,任何争议在 6 个月内不能通过友好协商方式解决,在缔约双方同意的前提下需服从:(a)在解决争端时,需参照缔约方已经承认的投资所在东道国的主管司法、仲裁或行政实体的相关法律规定;或者(b)提交依照国际贸易法委员会规则进行国际调解。

理的规定。南非和印度的签署模式相似,大致也是上述两种规定方法。^①

中国的 BIA 中对用尽当地救济原则的规定相对比较灵活,主要分为三类:

1.把诉诸国内"当地救济"作为唯一的争端解决手段

这里的争端又分为两种,一种是投资者和东道国之间因投资所产生的任何争端,另一种是关于征收合法性判断的争端。关于后者,中国 BIA 规定,若未能达成统一商议结果,投资者应当依据用尽当地救济原则向我国行政机关进行申诉或者行政复议,也可以向我国有关法院提起诉讼。中国长期以来坚持国家主权至上的原则,政府征收由于涉及国家主权的自由行使,故中国政府坚持认为其合法性是不容置疑和讨论的。中国与丹麦等国的双边投资协定规定了严格的国内法解决争端程序,中国与比利时、挪威等国签署的投资协定把诉诸投资东道国国内救济作为唯一的争端解决手段。^②

2.或当地救济或国际仲裁

我国有些 BIA 规定,投资者与国家间如果因征收补偿额而引发的争端在经过 6 个月的协商谈判程序后仍不能达成满意的协商结果,只要争端一方提出要求便可将上述争端提交专设仲裁庭进行仲裁;如果缔约一方投资者将相关争端提交到另一缔约国国内法院进行司法救济,则该争端便不再适用仲裁程序。此种规定使国内救济和国际救济成为选择项,两种方式不可同时采纳。中国有些 BIA 规定,无论是选择投资东道国国内救济还是提交国际救济,用尽国内行政复议是必经的程序。如 2002 年中国—特立尼达和多巴哥 BIA 第 10 条第 2 款第 2 项就有在提交其他方式解决争端前应用尽投资东道国国内行政复议程序的规定。还有一种规定是在国内和国际救济中选择其一,但投资者在提交国内救济后如未能达成处理结果或者案件被撤销,可诉诸国际仲裁,2004 年中国—芬兰 BIA 第 9 条规定了类似的条款。

3.对任何争端不要求用尽当地救济原则

这一类型和印度与发达国家间的 BIA 相关条款类似。

(三)争端解决国内法途径中存在的问题

金砖国家 BIA 中对用尽当地救济原则的不同看法导致其对争端解决国内法途径的选择各异:巴西在已经签署的多数 BIA 中,给予投资者选择国内

---

① 例如 1995 年加拿大—南非 BIA 第 13 条第 2 款、2000 年南非—伊朗 BIA 第 12 条第 2 款的规定就体现了其对发达国家与发展中国家的态度与印度相一致。

② 赵少群:《我国双边投资协定争端解决条款探析》,载《贵州社会科学》2010 年第 8 期。

救济和国际仲裁的权利;俄罗斯的新式 BIA 中在选择国内法院途径解决争端前,规定了 6 个月的必经"冷却期";印度对某些发达国家签署的 BIA 放弃了用尽当地救济原则,但对发展中国家大都保留了这一原则;中国在对用尽当地救济原则的采用上形式多样。如何确立一个金砖各国一致认同的国内法途径选择方案将成为协调相关条款亟须探讨的关键问题。

(四)小结

金砖各国对用尽当地救济原则的观点不同,导致了其对国内法救济途径的规定不一。但无论如何规定,把用尽当地救济原则应用到国内法途径中,先行利用国内行政、司法途径解决争端都是各国涉及的必选或者可选争端解决途径。[1] 另外,金砖各国关于用尽当地救济原则的态度在不同的 BIA 中也表现不一。例如印度针对不同国家采取不同的适用,而中国在不同的时期采取不同的规定。尽管金砖各国的规定不一,但各国条款中有较为完善的规定,例如俄罗斯的新式 BIA 中在选择国内法院途径解决争端前规定了 6 个月的必经"冷却期",这在一定程度上减少了对当地司法资源的过多占用,有利于提高争端解决的效率。

四、金砖国家 BIA 中投资者与国家间争端解决的国际法途径

金砖国家 BIA 中投资者与国家争端解决的国际法途径主要有两种,即专设(临时)仲裁庭仲裁与 ICSID 仲裁。由于上述两种争端解决方式都涉及国际间的协调,故本文将其归入到与争端解决国内法途径相对的国际法途径中。

(一)专设(临时)仲裁庭仲裁

专设(临时)仲裁庭指缔约双方根据既有专门协定的规定,在发生争端时按照协定中的相关条款而专门或临时设立的仲裁庭。[2] 在专设(临时)仲裁中,缔约一方投资者与另一缔约国政府间的争端一般依据以下法律文件进行仲裁:投资者和东道国政府间的具体仲裁协议或者投资合同、投资者母国与东道国签订的 BIA 仲裁条款、东道国的国内投资法。当争议当事方中一者或两者将因上

---

[1]　Felix C. Amerasinghe, *Local Remedies in International Law*, 2nd edition, Cambridge University Press, 2004, p.427.

[2]　Latham and Watkins, Guide to International Arbitration, *International Arbitration Practice*, Vol. 4, 2014, p. 1.

述法律文件而引起的投资争端提交给某一专设（临时）仲裁庭进行仲裁时，该非常设仲裁机构所依据的仲裁规则通常是从其他既有国际仲裁机构的规则中引用而来。[①] 金砖国家 BIA 中的多数相关规定都参照这一原则进行设置。

金砖国家关于专设（临时）仲裁庭仲裁的规定各有不同，具有代表性的如下：

巴西在 1995 年巴西—芬兰 BIA 第 9 条第 2 款第 2 项规定，除了缔约双方关于争端解决的其他规定，临时仲裁庭规则应按联合国国际贸易法委员会的规定设置。

1991 年俄罗斯—加拿大 BIA 中规定，如果争议未能在争议发生之日起 6 个月内友好解决，可由投资者提交仲裁解决。在这种情况下，争议解决应符合联合国大会于 1976 年 12 月 15 日第 31/98 号决议通过的联合国国际贸易法委员会的仲裁规则。1994 年俄罗斯—印度 BIA 中也规定了直接将争端提交国际专设仲裁庭，并详细规定了仲裁庭的设立等具体事项，比 1991 年俄罗斯—加拿大 BIA 的规定更为细致一些。

1998 年南非—毛里求斯 BIA 中有相同的条款。

中国除了类似的条款外，其 BIA 中关于临时仲裁庭的规定还有另外两种：第一种，极少数协定（如中国—希腊 BIA）规定，BIA 中已有的关于争端解决国际仲裁庭的组成程序，在细节上经必要修改，可以应用到专设仲裁庭的设立；[②]第二种，和其他金砖国家最为普遍的条款一样，BIA 规定专设或者国际仲裁庭应逐案设立。[③] 对争议双方各自仲裁员和首席仲裁员的任命期限，协定的规定不尽相同，多数要求前者应在一方书面通知争议提交仲裁之日起 2 个月内作出任命，后者则应在该日期的 4 个月内选出来。[④] 此种仲裁庭组成的规定较为普遍，其他金砖国家也有类似规定。

---

① 李奕甫：《BITs 争端解决机制研究》，2012 年华中科技大学硕士学位论文。

② 不同的是，此时仲裁员余缺的任命权不是国际法院系统而是 ICSID 秘书长。而且，仲裁程序并非由争议双方自由协商决定，而是要求参考国际贸易法委员会规则。

③ 此时仲裁庭通常由三名仲裁员组成，争议双方各自任命一名己方仲裁员，该两名仲裁员共同推举一名与缔约双方均有外交关系的第三国国民充当首席仲裁员或仲裁庭主席。

④ 但中法协定只是规定仲裁庭所有成员应在第一名仲裁员任命之日起 3 个月内作出任命，至于第一名仲裁员任命于何时，则没有明确；中荷协定规定的最长期限分别是 2 个月和 5 个月，中澳协定均为 30 天，中日、中巴（布亚新几内亚）、中韩协定规定的期限分别为 60 天和 150 天；中希协定规定的期限分别为 3 个月和 5 个月。

(二)ICSID 仲裁

解决投资争端国际中心(The International Center for Settlement of Investment Disputes,简称 ICSID)是依据《解决国家与他国国民间投资争端公约》(以下简称"1965 年《华盛顿公约》")而最早建立的对国际投资争议做专门协调的国际仲裁机构。该机构旨在促使投资者和东道国在国际投资领域互相理解和信任,最终目的是促进全球领域内投资的增长。[①] ICSID 是国际上针对投资者与东道国之间争端解决而设立的唯一专业机构,其作出的裁决和决定对国际投资法和国际仲裁程序具有相当的重要性。[②] 接受 ICSID 仲裁正成为各国在处理双边投资纠纷时首先考虑的处理手段。[③]

金砖国家所签订的 BIA 对 ICSID 仲裁的接受主要有以下几种方式:第一,不接受 ICSID 仲裁。例如俄罗斯—加拿大 BIA 和俄罗斯—印度 BIA 中直接规定,在友好协商未果的情况下,双方应当将争端提交给一个专设仲裁庭,该仲裁庭将依照国际贸易法委员会仲裁规则仲裁。整个 BIA 条款没有涉及接受 ICSID 仲裁的条款。第二,接受 ICSID 仲裁,但是有前置性条件。例如在 2000 年印度—老挝 BIA 中规定,如果投资者和缔约另一方东道国都是 1965 年解决投资争端国际中心的缔约国,且双方以书面形式同意提交该中心仲裁解决,这种情况下该争端才能提交给 ICSID 解决,否则将提交给临时仲裁庭。第三,将 ICSID 仲裁作为解决争端的方式之一。例如在 2009 年南非—津巴布韦 BIA 中规定了使用东道国国内救济途径解决、ICSID 仲裁庭解决和临时仲裁庭解决三种解决方式。有些国家的条款中还规定了该国加入解决投资争端国际中心前的适用争端解决程序,但都给出了可选择的解决争端路径供争议双方选择,这种规定也属于此种类型。第四,仅将部分事项提交 ICSID 仲裁。中国在递交批准书时根据 1965 年《华盛顿公约》第 25 条第 4 款的规定申明:中国政府仅将因征收和国有化而引起的补偿争议提交 ICSID 管

---

① 百度百科,国际投资争端解决中心机构简介,http://baike.baidu.com/link? url=AYFEn7DCClHFYtTZ-EP6 _ nshsoROrLNhZ-4qKkJ0fopwnLF9kaBfimZ6mFVybAVZ _ ClRClR3UR6fmH0mzfa5ua,访问日期:2015 年 1 月 27 日。

② *Possible Improvements of the Framework for ICSID Arbitration*,ICSID Secretariat Discussion Paper,October 22,2004,para. 1.

③ Dohyun Kim,The Annulment Committee's Role in Multiplying Inconsistency in ICSID Arbitration:The Need to Move away from an Annulment-Based System,*NYU Law Review*,Vol. 86,2011,p. 243.

辖。第五,将 ICSID 管辖作为唯一选择。如 1996 年中国—沙特阿拉伯 BIA 第 8 条第 2 款规定,因国有化和征收补偿额而产生的争议将根据 1965 年 3 月 18 日开放签字的《关于解决国家和他国民间投资争端公约》提交仲裁。仲裁应具有拘束力,并不得上诉或以公约规定之外的手段进行补救。

(三)争端解决国际法途径中存在的问题

金砖国家在统一国际法途径解决争端条款时主要面临两方面的问题:一方面,金砖国家对特别(临时)仲裁庭的选择方式规定不一;另一方面,金砖国家对 ICSID 仲裁的选择态度不一。关于前者,金砖国家 BIA 中存在着三种选择方式,即在穷尽当地救济原则或协商后未能达成解决意向的前提下争议双方才能将争端提交到专设仲裁庭、直接将争端提交专设仲裁庭且没有前置程序以及仅提供专设仲裁庭。大多数金砖国家 BIA 中对专设仲裁庭的仲裁规则选择方式有两种,即参考国际贸易法委员会等仲裁机构规则和缔约方自己制定仲裁庭规则。关于后者,金砖国家间存在着五种方式,即不接受 ICSID 仲裁、接受 ICSID 仲裁但附加前提条件、将 ICSID 仲裁作为解决争端的方式之一、仅将部分事项提交 ICSID 仲裁和将 ICSID 仲裁作为唯一选择。

金砖国家上述不同的规定使各国在通过国际法途径解决争端时所考虑的对策不一,各国间心存芥蒂,这就很难在他们之间形成一个统一的标准进行快速协调,继而可能影响他们之间投资规模的增长。因此寻找一个金砖国家普遍接受的国际法解决争端途径显得十分必要。

(四)小结

金砖国家 BIA 中投资者与国家间争端解决的国际法途径主要有专设(临时)仲裁庭仲裁和 ICSID 仲裁两种方式。后者是当今各国在处理国际投资争端时所普遍首选的仲裁方式。金砖国家对后者仲裁方式的选择的分歧较大,为相关条款的统一协调带来一定的困难。在对相关条款进行协调时,对 ICSID 仲裁的分析应成为重点。但对专设(临时)仲裁庭的选择不能因国际上 ICSID 仲裁方式的流行而断然停止,对该仲裁庭的选择与否应在权衡金砖各国国家利益的基础上进行。

五、金砖国家 BIA 中投资者与国家间争端解决条款内容的协调

（一）协调原则

金砖国家间 BIA 中投资者与国家间争端解决条款的协调必须遵循一定的原则，只有在协调原则的统一指导下，才能更好地从整体上为实现国家间利益的平衡寻找最佳方案。研究相关条款不仅是为金砖国家间建立良好、长期的投资环境进行探索，更是为金砖国家间的良性合作谋求最大利益杠杆。鉴于上述原因，在对金砖国家间 BIA 中投资者与国家间争端解决条款进行协调时，应遵循以下三个原则：

第一，维护金砖国家切身利益，促使金砖国家共同发展。根据联合国贸易与发展会议报告，很少有发展中国家在 20 世纪 80 年代对外直接投资，但从 1978 年到 1998 年间，发展中国家对外直接投资占国际总投资的 97%。[①] 作为发展中国家的中国在全球投资中的所占比重也逐年加大，中国在新一轮的全球化经济发展中已和世界经济紧密地联系在一起。其他金砖国家和中国一样，有着良好的经济发展前景。只有加强金砖国家彼此间的合作，使各国共享经济发展成果，金砖国家间的利益才会得到真正调和。因此，在进行条款协调时，平衡好金砖国家间利益的原则必不可少。

第二，顺应趋势，着眼金砖国家间经济的长远发展。根据相关数据，20 世纪 80 年代到 90 年代的所有 BIA 签署国中，南南国家签署的协议数量不到南北国家之间协议的 1/7。[②] 至少在 20 世纪晚期，发展中国家之间的经济联系并不紧密，其中包括金砖国家。但值得考虑的是，金砖国家属于发展中国家，都有着发展中国家所固有的经济结构和发展模式，这些相似性恰恰证明了金砖国家未来开展合作的潜力巨大。非洲有关机构预测，金砖国家对非洲的直接投资规模将在未来 5 年增长 3 倍，金砖各国的投资在非洲外来投资总额中的比重将大幅提升。[③] 上述情况表明，虽然金砖国家间的投资规模暂时不大，

---

① Karl P. Sauvant，New Sources of FDI：The BRICS Outward FDI from Brazil，Russia，India and China，*Thu journal of World Investment & Trade*，Vol. 6，2005，p. 1.

② UNCTAD，Bilateral Investment Treaties 1959—1999，UNCTAD/ITE/I1A/2，2000，p. 5.

③ 中国新闻网，《联合国报告：金砖国家间投资有限》，2013 年 3 月 26 日，http://finance.chinanews.com/cj/2013/03—26/4677331.shtml，访问日期：2015 年 1 月 27 日。

但从长远看,金砖国家间会有更为深入的发展,前景可观。故把平衡利弊、顺应趋势,为金砖国家间长远发展谋求良策作为原则,具有一定的前瞻性。

第三,在金砖国家共同发展中兼顾中国特殊的发展现状。自中国改革开放以来,美国对中国的投资额曾长时间名列所有外资来源国之首。但根据美国商会 2014 年 4 月的一份报告,2013 年,中国对美投资额已首次超过了美对华投资额。[①] 中国近年来对世界各国的投资增长势头猛劲,其中以高铁投资为代表的投资项目更是获得了巨大的成功。中国的对外投资,在给一些国家注入复苏资金的同时为中国自身经济的转型提供了巨大机遇。西方发达国家从先前的来华投资,纷纷转变为对华招商引资。中国已经从传统的资本输入大国转变为资本输出大国。在协调金砖国家争端解决条款时,只有兼顾中国特殊发展现状才能全面合理地维护金砖国家的整体利益。

(二)协调的可参考依据

在协调金砖国家间 BIA 投资者与国家间争端解决条款时,可参考的依据主要有三个方面:第一,金砖国家 BIA 投资者与国家间争端解决条款中的较完善规定;第二,发达国家 BIA 中投资者与国家间争端解决条款中的先进规定;第三,中国 BIA 中的投资者与国家间争端解决机制的发展脉络。

1. 金砖国家 BIA 投资者与国家间争端解决条款中的较完善规定

由于金砖国家 BIA 中投资者与国家间争端解决条款都是在综合自身实际国情的基础上制定的,在对金砖国家 BIA 中相关条款进行协调时,金砖国家自身较完善的规定无疑最符合其自身的实际情况,对其合理之处的适当参考无疑将为金砖国家相关条款的统一提供重要依据。

2.发达国家 BIA 中投资者与国家间争端解决条款中的先进规定

发达国家凭借自身强大的经济实力,在国际投资中主要以资本输出国的身份出现,其签订的双边投资条约争端解决条款也在长期的投资实践中渐趋完善。但随着近年来欧美经济发展的滞后,金砖国家的经济实力正在逐年赶超发达国家,其中中国的表现尤其突出。根据商务部统计,2013 年中国已经成为世界第三大对外投资国,规模仅次于美国和日本,对外投资额超过 1000 亿美元,中国的对外投资与吸引外资现状将在未来 3 年内发生逆转,[②]中国等

---

① 刘洪:《2014:中国对外投资转折年》,http://jjckb.xinhuanet.com/bjjs/2014—08/15/content_517084.htm,2014 年 8 月 15 日,访问日期:2015 年 1 月 27 日。

② 方辉:《中国资本输出加快"对外投资法"待解》,http://news.cb.com.cn/html/economy_9_20389_1.html,2014 年 10 月 13 日,访问日期:2015 年 1 月 8 日。

金砖国家在将来会和发达国家一样扮演资本主要输出国的角色。因此参考发达国家关于投资者与国家间争端解决条款的成熟规定,有利于金砖国家相关条款的完善。

发达国家一般有自己的 BIA 范本。他们都特别重视 BIA 范本对投资权益的保护。美国作为 BIA 范本制作的典范,对全球 BIA 签订有着不可估量的参照作用。美国在 BIA 范本的制作过程中试图确立投资仲裁机制解决投资者与东道国之间的投资争议,使其不再上升为国家间的政治争端,美国因而省去了外交保护所带来的许多争讼,减少了美国政府对投资所在国政府进行的施压。在协调金砖国家间投资者与国家争端解决条款时,美国的 BIA 范本无疑提供了很好的依据。

美国政府于 1983 年公布了第一个 BIA 范本。1983 年范本分别在 1994年、2004 年和 2012 年经过三次修订,最终成为现在的版本即美国 2012 年《范本》。总体而言,美国试图通过修订 BIA 范本,使其 BIA 谈判实践符合国际投资实践的新变化,更重要的是通过 BIA 范本引导国际投资法的发展方向。[①]其 2012 年《范本》在对前一版本进行修改后在社会上的总体评价褒贬不一,但是其中的透明度、环境与劳工、金融服务等条款不可否认是其几大亮点。在投资者与东道国争端解决救济程序的规定上,2012 年《范本》第 24 条条第 1 款规定,当任一缔约方认为相关投资争端通过友好协商的方式无法得到满意解决时,该缔约方便可以跳过用尽当地救济程序而直接依本协定提起投资仲裁。仲裁的通知、仲裁机构的设立及仲裁程序等条款和上一版本相比无实质意义上的修改。因此,在参照美国投资者与东道国争端解决相关条款进行协调时,2012 年《范本》和先前版本规定差别不大,在下文的具体事项进行协调时,可直接参照先前版本。

3.中国 BIA 中投资者与国家间争端解决机制的发展脉络

中国在金砖国家中的经济增长速度最快,在一定程度上代表了其他金砖国家的发展走向。中国 BIA 中争端解决机制的历史沿革在一定程度上给金砖国家相关条款的协调提供了参照依据。

中国最初对外资的使用非出于主动,是在鸦片战争失败后西方列强进入中国时被迫开始引用的。在此之后,虽然中国早已成为发达国家对外投资的主要目的地之一,但大规模的吸引外资始于改革开放,而与外资输出国签订

---

① 黄洁:《美国双边投资新规则及其对中国的启示——以 2012 年 BIA 范本为视角》,载《环球法律评论》2013 年第 4 期。

BIA 则还要稍晚一些。中国与瑞典于 1982 年签署了第一个双边投资协定,截至今日,中国已签署了 130 个 BIA,签订日期多数在 20 世纪 80 年代到 90 年代。由于此后的一段时间,中国一直努力申请"入世",BIA 的谈判也陷入停滞。中国于 2003 年开始进入重新修订旧有 BIA 的高峰期。下文中试图通过将中国近期与先前 BIA 作对比,探索出中国在投资者与国家间争端解决条款中相关机制的发展脉络。

关于双边投资条约中的投资者与国家间争端解决,中国历来是先行提倡通过友好协商谈判的方式进行解决。若未能通过协商谈判达成一致结论,只要当事一方提议,便可将相关争议提交给仲裁庭解决。[①] 中国还对提交国际仲裁的限制性条件在逐步放宽。"入世"前,中国对提交国际仲裁的事项限定较严,一般仅规定只有因征收补偿数额发生的争议才可提交 ICSID 仲裁。在 1993 年成为 ICSID 成员之后,中国有意表明,关于国有化征收的补偿额问题,争议双方可以提交 ICSID 仲裁,但此时中国采取的是逐案同意的方式。直到 1998 年中国—巴巴多斯 BIA 的签订,中国才开启了全面接受 ICSID 仲裁管辖的时代。此时中国签署的 BIA 一般规定,投资者与东道国领土范围内的任何纠纷应该先由当事方友好协商解决,若其未能在一定时期内达成一致,外国投资者可提交 ICSID 仲裁。具体表现在以下几个方面:[②]第一,将以前仅对征收补偿款争议扩大到投资者与东道国直接就投资产生的任何争议。新式 BIA 中,投资者和国家间可提交国际仲裁的争端较之于先前,范围更加宽广。该规定将可提交争端的范围扩大,相应地避免了将简单的合同问题政治化,解决争端方式更为便捷。第二,将以前的先行用尽当地救济扩大为可由投资者选择争议解决方式。由于中国之前奉行严格的主权主义,一些先前的 BIA 规定了如果投资者先行通过国内法途径解决争端,该争端就不得提交 ICSID 解决。晚近的 BIA 中中国的规定较为自由,为投资者争端的解决提供了便利。第三,在最新的 BIA 中也规定,若中国作为投资所在国,可以要求投资者在将争议提交国际仲裁前先行用尽中国的当地行政复议程序,并对此种解决方式的期限做了限制,即必须在 3 个月内行使该程序。

总之,中国 BIA 中投资者与国家争端解决条款的晚近规定和我国由先前的资本输入国到现在的资本输出国这一国情的转变相一致。虽然这种自由化规定的趋势给投资者以较多的选择空间,吸引了国际投资流向中国,一定程度

---

① 李奕甫:《BIAs 争端解决机制研究》,2012 年华中科技大学硕士学位论文。

② 同上注。

上增强了中国的经济发展动力,但是先前南美国家的经验教训①无疑给中国在今后相关条款的签订提供了一定的警示。大部分金砖国家的经济发展路径基本和中国一致,由于中国在金砖国家中经济总量最大、发展速度最快,在经济发展进程中中国对投资者与国家争端解决方式的选择在一定程度代表了其他金砖国家的可能选择模式。因此中国 BIA 中投资者与国家间争端解决机制的发展脉络将为金砖国家间相关条款的统一协调提供一定的可参考依据。

(三)主要内容的协调

1.投资者与国家争端界定的协调

金砖国家 BIA 中关于争端界定的规定一般比较简单,通常以"任何因投资而引发的争端"作为起始,没有就争端范围作出细分。虽然按照 BIA 签订的惯例,金砖各国一般会在投资协定的起始款项中对投资的概念,投资者的厘定、收益和领土等包含的范围预先作出规定,但是实际上争端的发生远超出这些具体的规定,双边投资协定中的单一模糊规定与现实中争端的多样具体构成了矛盾。

关于争端界定内容的协调,各个学者的观点不一,各国规定得又不尽相同,②加之金砖国家没有具体的界定条款可供参考,对范围界定进行理论上的探讨可能更加有利于具体协调方案的提出。以下主要在理论上对金砖国家争端范围界定条款的协调做尝试性探索。

关于投资争端的界定问题,联合国跨国公司中心早在 20 世纪 80 年代将投资纠纷概括为合同纠纷、技术纠纷和政策纠纷三种类型。③ 合同纠纷是指缔约双方在对既有合同中相关条款进行解释和适用时所引发的纠纷。技术纠纷可视为是合同纠纷的细化,具体指因缔约双方在一些专业技术上的认识问题不统一而引发的争议。政策性纠纷是指由于东道国政府和投资者发生利益对抗所引起的相关纠纷。政策性纠纷的引发原因超越了合同条款本身,其受东道国国家政治因素的影响较大,因此解决起来比前两种纠纷显得困难一些。

---

① 卡尔沃主义属于国际投资争端解决的一种方法,其核心在于强调国与国之间以及国民与外国国民之间的平等,其实针对当时资本输出国滥用外交保护而提出的。该学说主张各国主权平等、内外国人待遇平等,外国人对于投资或其他商事增益,只能在当地寻求救济。南美一些国家奉行卡尔沃主义,如阿根廷等国家。但是阿根廷晚近签订的 BIA 摒弃了这一原则,导致自己频繁被诉至国际法庭。

② Wikipedia, Investor-state dispute settlement,http://en. wikipedia. org/wiki/Investor-state_dispute_settlement,last visited on January 26,2014.

③ 段洁龙:《浅析投资争端的范围与国际仲裁》,载《外交学院学报》1987 年第 1 期。

本文研究的投资者与东道国政府间的投资争端也属于此种类别。

由于政策性争端问题涉及国家主权等政治问题,加上各国的经济、政治和文化背景不一,就造成各国对该问题的认识也不同。金砖国家属于发展中国家,通常以政府特别设立公司的形式对外进行经济交流。金砖各国国内法上已对上述公司区别于国家的具体特点进行了详细规定,但一些资本输出大国仍然将这些公司视为是国家的变种或者国家的分支,进而外国投资者与这些公司间的争端容易被归为国与国之间的冲突。美国等资本输出大国的上述做法在于尽量地使投资争端国际化,进而有利于其最大限度地保护本国投资者利益,达到以法律手段扶持其经济战略之目的。① 在国际投资中,金砖国家往往以资本输入国的角色对外进行 BIA 的签订。不同于投资方的尽量使投资者与东道国的争端解决国际化,金砖国家多数规定了反映用尽当地救济的保护性条款。同时,为了加大吸引外资,多数金砖国家又想在自身对投资可控的范围之内放开上述规定,作出妥协以平衡矛盾。因此不论金砖国家如何在争端解决问题上作出规定,吸引外资与保护本国主权及经济利益的矛盾始终存在。

比较金砖国家及美国等发达国家的 BIA 相关条款,在确定投资者与国家争端的范围上,各国一般采取两种方法:第一种是采用概括性规定的办法,即尽可能地对该争端进行总体上的阐释;②第二种是具体列举式的方法,即此种争端尽可能一一列举,试图穷尽各种争议。③ 从投资利益的保护角度看,确定投资者与国家间的争端范围并不是一个简单的概念界定问题,更重要的是该范围的界定与争端的最终解决存在深层次的联系。尤其是在 ICSID 在全球范围内得到广泛承认的大环境下,意义十分重要——争端范围的界定可能直接决定着相关争端是否提交该中心解决。

在对金砖国家间投资者与国家争端范围进行界定时要充分考虑上述金砖国家为发展中国家的现状,依据金砖国家 BIA 和发达国家的现有相关条款规

---

① 黄洁:《美国双边投资新规则及其对中国的启示——以 2012 年 BIA 范本为视角》,载《环球法律评论》2013 年第 4 期。

② 例如日本—埃及 BIA 中规定,投资者与国家争端是缔约国一方同缔约国另一方某一国民或公司之间发生的关于该国民或公司在缔约国该方领土内投资的任何法律“争端”或“争执”。

③ 在美国—埃及 BIA 中就有类似的规定:缔约国一方与缔约另一方国民或公司的纠纷是指:(1)缔约一方与缔约另一方国民或公司关于投资协议的解释或适用的争议;(2)违反投资保护协定中就某项投资所授予、创设的权利的争议;(3)缔约一方外资主管部门对缔约另一方国民或公司之投资许可的解释、适用的争议。

定进行综合分析。鉴于金砖国家的经济发展不如美国等发达国家、金砖国家的国内投资法尚不健全、对 BIA 中关于争端范围的研究还不成熟等原因,对投资者与国家间的争端范围界定不宜采取发达国家间——列举的形式。如果采用发达国家的逐项列举式,很可能给金砖国家间争端的解决带来硬性的"准入"条件,使本来的或者新类型的争端不能得到解决。还应考虑中国、印度等金砖国家未来可能作为发达的投资大国出现,相关的概括式条款不能较好维护金砖国家中未来投资大国的利益。在进行范围界定时,应参考已有 BIA 中符合金砖国家国情和投资现状的条款,将投资者和国家间的投资争端范围界定为通常出现的投资者和国家因直接投资而产生的争端,将不符合实际情况或可能出现的新型合同争议、技术合同争议通过协商另行界定的方式规定。这样既照顾了金砖国家的总体国情,也使各国的利益达到了平衡。

2. 协商谈判条款的协调

如前所述,金砖国家 BIA 中投资者与国家协商谈判解决争端条款主要存在以下两个问题:第一,协商谈判解决争端的规则依据规定宽泛;第二,协商谈判解决争端的时限规定不一。针对这两个问题提出如下协调建议。

第一,具体规定协商谈判解决争端的可参考规则。对协商谈判解决争端可参考规则的规定不应过于宽泛,应对友好协商的具体方式给出初步的设定。在规定具体的可参考依据时,除直接在相关条款中加入协商的具体程序外,亦可参照俄罗斯的做法,在协商解决条款中规定友好解决可参考的国际法路径,对具体方式给出提示性的国际法协商解决途径,引入了联合国国际贸易法委员会的既有调解程序进行内部协商。这种规定为后续协商的顺利开展提供了指引,节省了临时确定协商方式的时间,提高了争端解决效率。

第二,具体规定协商谈判解决争端的起始时限。虽然金砖各国 BIA 多有最长协商时间为 6 个月的规定,但解决争端的时间起算不应因此而无限拖延,以致长时间不能进入友好协商程序。因此,协商解决日期的起算可以考虑在争端实际发生的 3 个月内,自争议一方提起或通知对方时开始计算。通过这样的双重限制规定,一方面督促缔约各方对争端问题的及时反馈,另一方面亦避免了争端的久拖不决。

3. 争端解决国内法途径的协调

(1)用尽当地救济原则对金砖国家的现实意义

用尽当地救济原则的国际法渊源主要有两个方面:东道国的属地管辖原则和东道国对本国领土内的自然资源的永久主权原则。《解决国家与他国国民投资争端公约》第 25 条也规定:缔约国可以要求用尽当地各种行政或司法补救办法,作为其同意根据本公约交付仲裁的一个条件。由于金砖国家是发达国家投资的目的地,各国便可当然性地依据上述两大渊源制定符合自身利益的条款。但在该条款制定的同时,还应该考虑投资者母国对该条款的认识分歧。投资者母国多为发达国家,对国外法院诉讼和国际仲裁等方式比较热衷,其观点和作为发展中国家的金砖国家相悖。受美式 BIA 范本的影响,虽然金砖国家在观点上和发达国家有冲突,但是迫于发达国家已经创造的投资条约国际法习惯,金砖各国为了吸引更多的外资,在新近与发达国家签订的 BIA 中逐渐放弃了该原则。金砖国家的这一选择,可能会直接导致投资争议被提交到国际仲裁,当地救济就会难以得以利用,金砖国家本身的利益保护会陷入被动。

尽管将争端提交国际仲裁,尤其是提交 ICSID 仲裁,已经成为趋势,[①]但对目前作为投资东道国的金砖国家来讲,应当考虑对用尽当地救济原则予以某种程度的保留。因为 BIA 最初是以维护投资者利益而签订的,发达国家与发展中国家对 BIA 签订的期待本身就不相同:发达国家主要考虑对本国输出资本的权益保障,维护其海外投资利益;发展中国家试图通过 BIA 的签订,吸引更多的外国投资。[②] 不论是传统的 BIA,抑或是最新的 BIA,[③]其范本的制定和文本的签订均由发达国家掌握。而以主张投资自由化为代表的美国 BIA 范本较好地代表了上述情况。投资自由化对作为发展中国家的金砖国家提出了巨大的挑战,金砖国家的资源、主权都可能被发达国家作为争端直接提交国际仲裁庭仲裁,这无疑会带来严重不良后果。综上所述,用尽当地救济原则实际上是对金砖国家本身利益的一道较好的保护层,如果失去这层保护,金砖国家的国家利益就会难以得到全面保障。

(2)争端解决国内法律途径的协调

如前所述,在对金砖国家争端解决的国内法律途径进行具体协调时,应有限度地保留用尽当地救济原则:对关系国家公共利益的环境保护、可持续发

---

① Markus, Challenging International Arbitral Awards: To ICSID or not to ICSID? *Arbitration International*, Vol. 27, 2011, p. 106.

② 张光:《双边投资条约的公益化革新》,载《国际法学》2014 年第 1 期。

③ 学者们通常把 1959 年到 20 世纪 90 年代早期各国间签订的 BIA 称为"传统 BIA",这类 BIA 主要在发达国家与发展中国家间签订,集中反映作为资本输出国的发达国家的要求,其内容几乎绝对强调对外国投资者及投资的保护。同时,学者们把 20 世纪 90 年代中期以来更加追求投资自由化的 BIA 称为"新一代 BIA"或"晚近 BIA"。尽管投资条约领域的法制发展很快,但是在现有的 BIA 总量中,属于传统 BIA 的超过 2000 个,它们中的绝大部分仍然有效,而且通常构成国际投资争端解决的基础。

展、金融稳定等公益化事项的争端应选择国内法律途径解决,对其他事项可提交国际法律途径解决。采取以上协调方式,最大的原因在于用尽当地救济原则对金砖国家的现实利益保护意义重大。虽然金砖国家间的投资关系不像发达国家与发展中国家那样格格不入,但在关乎国家公共利益的保护上面,各国大都反对将其提交国际途径进行审查,此时对用尽当地救济原则进行适当保留。其他争端事项可采取国际法途径进行协调。

4.争端解决国际法途径的协调

(1)对特别(临时)仲裁庭选择的协调

在对专设仲裁庭的设置条款进行协调时,宜依照上文确立的协调原则和依据,从金砖国家的现实国情出发,寻求最大利益平衡。金砖国家由于前期并不都是《华盛顿公约》的缔约国,其早先签订的仲裁规则条款都引入了参考联合国国际贸易法委员会的仲裁规则,例如中国的 13 项主要 BIA 反映了这一状况(见表1)。① 但截至目前,金砖五国都已经成为《华盛顿公约》的缔约国,表面上看,该项条款似乎没有必要,但经过深入分析可以发现,如果把金砖国家的所有争端都提交到 ICSID 仲裁庭进行仲裁,金砖国家无疑要全面接受为保护发达国家投资者利益而设立的条款,其自身的利益很难得到全面保护。无论是金砖国家之间,还是金砖国家和其他发达国家之间,在签订 BIA 时,都不能仅仅接受旨在保护发达国家投资者的 ICSID 仲裁,在条款中保留专设仲裁庭将会成为维护金砖国家本身利益的一道保障。

表1　中国主要 13 项 BIA 中对投资争端解决机制的规定②

BIA 名称	争端解决方式	可仲裁事项	仲裁庭
中新 BIA	司法解决前置	补偿额	专设仲裁庭
中英 BIA	未规定	补偿额	仲裁员/专设仲裁庭/UN 仲裁③

① 根据《华盛顿公约》第 25 条第 1 款规定,主体必须符合一方是缔约国(或其是指派到中心的任何组成部分或者机构),另一方是其他缔约国国民的要求,因此,如果投资者母国或东道国其中一个不是《华盛顿公约》的缔约国,就不能适用。而《UNCITRAL 仲裁规则》未对适用的主体作类似的要求,只要当事各方书面同意,就可以按照该仲裁协议提请仲裁。理论上,从主体范围的角度看,《UNCITRAL 仲裁规则》的可适用范围更广,因此得到各国协调仲裁的重要参考依据。

② 梁咏:《中国投资者海外投资法律保障与风险防范》,法律出版社 2010 年版,第 298 页。

③ 这里将根据《UNTITRAL 仲裁规则》审理的专设仲裁庭简称"UN 仲裁庭"。

续表

BIA 名称	争端解决方式	可仲裁事项	仲裁庭
中澳 BIA	司法解决/仲裁择一	补偿额	ICSID
中巴 BIA	司法解决/仲裁择一	补偿额	国际仲裁庭
中蒙 BIA	司法解决优先(仅对外补偿额接受仲裁)	补偿额	专设仲裁庭
中哈 BIA	未规定	补偿额	专设仲裁庭
中印 BIA	司法解决优先(仅对外补偿额接受仲裁)	补偿额	专设仲裁庭
中沙 BIA	司法解决优先(仅对外补偿额接受仲裁)	补偿额	未规定
中赞 BIA	司法解决优先(仅对外补偿额接受仲裁)	补偿额	专设仲裁庭
中尼 BIA	司法解决优先(仅对外补偿额接受仲裁)	补偿额	专设仲裁庭
中南 BIA	穷尽当地救济后,司法解决/仲裁择一	未明确	专设仲裁庭
中德 BIA	未规定	全面	ICSID 优先,另约定 UN 仲裁庭或其他专设仲裁庭为例外
中俄 BIA	司法解决/仲裁择一	全面	ICSID 或 UN 仲裁庭

故金砖国家在签订 BIA 中应保留选择专设仲裁庭的条款。在该条款的设置方式上,金砖国家还要考虑好世界各国对 ICSID 仲裁庭的认可度。为吸引外资,在保留对原先 UN 仲裁庭规则选择的基础上,适当将 ICSID 的规定作为参考引入到专设仲裁庭的仲裁依据中。关于具体的引入方式,双方可在 BIA 中作出灵活性的规定,如通过设立争端解决事前小组,商议仲裁的参考依据。

(2)对 ICSID 仲裁选择的协调

如前文所述,金砖国家 BIA 在对 ICSID 仲裁的选择上存在五种方式。从不接受 ICSID 仲裁到将 ICSID 仲裁作为唯一选择,金砖各国对 ICSID 仲裁的态度差异较大,这给金砖国家 BIA 中 ICSID 仲裁条款的统一协调带来了巨大阻力。

在对金砖国家 BIA 中 ICSID 仲裁条款进行协调时,应首先分析 ICSID 的设置缘由。ICSID 的设置可以追溯到第二次世界大战结束后。那时世界上掀起了广泛的民族解放和民族独立运动,大批新兴发展中国家在运动过程中诞生。这些发展中国家对以往发达国家在其国内所控制的关系国民经济命脉的行业进行了国有化,以期求自身的独立。这一举动引发了发达国家的强烈不满,由此所引发的发达国家与发展中国家的争端日益增多。① 与此同时,由于战后经济需要复苏,发达国家正纷纷寻求在海外投资市场中汲取利益,对外投资迅猛增长。在此过程中,为了维护好本国投资者的利益与促进自身长远发展,发达国家急需一个长期有效的机制来调和上述矛盾,在这种背景下,ICSID 便应运而生。② 由于 ICSID 设立的特殊背景,其相关制度不可避免地倾向于照顾投资者的利益。金砖国家为发展中国家,而 ICSID 仲裁制度的制定旨在维护发达国家投资者的利益。如果金砖国家间 BIA 全面接受此种仲裁方式,在具体争端的处理上难免会不匹配。

在对金砖国家 BIA 中 ICSID 仲裁条款进行协调时,还要考虑美国等发达国家对 ICSID 仲裁的态度。美国在对外投资中有着丰富的缔约经验,其对 ICSID 仲裁条款的采纳与否是经过长期慎重考虑才作出的决定。③ 美国的具体做法将为金砖国家内部相关条款的协调提供重要借鉴。早期,以美国为代表的发达国家在国际投资中出于对其他国家国内法律体制的不信任,总是极力主张通过 ICSID 仲裁的方式解决问题,认为只有这样才能使本国投资者的投资争端得到高效、合理的解决。近年来,随着美国在 ICSID 被起诉的次数逐年增多,其最初的观点发生了动摇。④ 为了解决自身所面临的问题,美国便开始改变了对 ICSID 仲裁全面接受的一贯态度。2004 年《范本》对投资者的保护较以前《范本》有所减弱。这些新的改动与四大"安全阀"⑤的寓意不谋而合。美国对 ICSID 仲裁接受态度的转变,深刻地影响了全球 BIA 相关条款的走向,可谓意义深远。金砖国家要借鉴美国的经验,既要考虑 ICSID 仲裁的公信力,对其进行合理的选择;也要防止自身被频繁起诉,设置可提交 ICSID 仲裁的

---

① Possible Improvement of the Framework for ICSID Arbitration,ICSID Secretariat Discussion Paper,October 22,2004,para.6.

② 苏畅:《BITS 中的"中心"管辖条款研究》,2010 年大连海事大学硕士学位论文。

③ Possible Improvement of the Framework for ICSID Arbitration,ICSID Secretariat Discussion Paper,October 22,2004,para.5.

④ W. Michael Riesman, The Breakdown of the Control Mechanism in ICSID Arbitration, *Duke Law Journal*, Vol. 739,1990, p. 747.

⑤ "逐案审批同意权"、"当地救济优先权"、"东道国法律适用权"和"重大安全例外"权,是 ICSID 公约中的四个"安全阀"条款。

限定条件。

综上,金砖国家对 BIA 中 ICSID 仲裁条款进行具体协调时,应该放弃全面接受 ICSID 仲裁款项。还应该注意以下几个方面:

第一,保留关系国家重大利益的逐案审批同意权。如果保留任何争端的逐案审批权,中国等投资输出较大的金砖国家未免心存忌惮,可能会减少对其他金砖国家的投资。如果放弃逐案审批权,金砖国家的重要公共利益很难在以维护发达国家利益为导向的仲裁规则中得到全面维护。为了平衡金砖国家的整体利益,宜把关系国家公共利益的环境保护、金融稳定等争端进行保留,通过外交协商等非国际仲裁方式解决。

第二,保留用尽当地救济原则条款。用尽当地救济原则作为一项习惯国际法原则已为发达国家及发展中国家所普遍接受。

六、金砖国家间协调 BIA 投资者与国家争端解决条款建议稿

根据前文,金砖国家 BIA 中关于投资者与国家争端解决条款在争端解决的协商谈判途径、国内法途径、国际法途径等方面存在着诸多差异与不足,势必为协调金砖国家间 BIA 相关条款、促进金砖国家间相互投资带来不必要的法律障碍。为解决这一问题,金砖国家间应从自身的投资实践、各国的 BIA 相关条款规定、美国等发达国家的既有条款等多方面进行协调。

以下仅就金砖国家双边投资协定中关于投资者与国家争端解决主要条款提出建议稿。

《金砖国家间协调 BIA 投资者与国家争端解决条款》
主要内容建议稿

(一)争端范围

1.本文件中关于缔约一方投资者与缔约另一方间的争端主要是指因直接投资所引起的争端。"直接投资"是指缔约一方投资者以资金、货物、知识产权、金钱请求权,在缔约受方领土内获取的利润等财产,向缔约受方进行能够造成实效影响的投资,或者直接以投资者身份在缔约受方开展经营活动的投资。

2.本文件中关于投资者与国家间的争端亦包括投资者的"间接投资"。"间接投资"的主要形式是除直接投资外的其他投资,具体内容由缔约双方通

过协商途径解决。

(二)友好协商谈判

1.缔约一方投资者与缔约他方之间在缔约他方领域内因直接投资而产生的争端,或者上诉双方经商议共同认可的因间接投资产生的争端,应尽可能先行通过友好协商的方式解决。

2.提起争端诉求的缔约方应尽量按照诚实信用原则及时将争端的解决意向通知缔约他方,通知期限为争端事实实际发生之日起三个月。如果争端自任一当事方要求友好协商解决之日起六个月内未能解决,缔约各方应按下列规定解决争端。

(三)国内法救济

1. 缔约一方投资者与缔约他方之间在友好协商未果时可选择通过缔约他方国内行政、司法及仲裁方式解决,但是凡是关系缔约他方国家主权、国家经济安全、公共环境、公共文化等事项的争端,应当先行提交缔约他方国内行政、司法及仲裁解决。

2. 缔约一方投资者与缔约他方之间提交国内行政、司法、仲裁等方式解决时,应当用尽所有救济途径。但涉及缔约他方国家主权、国家经济安全、公共环境、公共文化等事项的争端解决是终局性的,对争端当事方具有拘束力。

(四)国际法救济

缔约一方投资者与缔约他方之间的争端解决,如依照上述规定不能得到解决或虽得以解决但对投资者严重不公,争议任何一方可将该争端提交:

1.除非争议当事方另有约定,依照《联合国国际贸易法委员会仲裁规则》设立的专设仲裁庭。双方亦可自行设立争端解决事前小组,商议仲裁的参考依据。或

2.因直接投资产生的争端,依据 1965 年 3 月 18 日在华盛顿开放签字的《关于解决国家与他国国民间投资争端公约》,由"解决投资争议"国际中心调解或仲裁。

七、结　语

本文对金砖国家 BIA 中投资者与国家投资争端条款所涉争端范围、争端解决主要方式和程序(特别是临时仲裁庭及 ICSID 仲裁解决)进行了尝试性探讨,指出其存在的主要法律问题和缺陷,结合 BIA 国际实例和相关法理提出金砖国家间就本条款进行协调的具体路径,为后续研究者提供了一些参考

和批判资料。

Studies on Investor-State Dispute Settlement Provisions of BRICS BIAs

Fan Zhenlu

Abstract: Since the financial crisis, the BRICS are actively seeking an economic growth of in order to alleviate the pressure of economic decline. BRICS have similar economic development backgrounds, mutual investment between them will be increased gradually along with the adjustment of the export-oriented investment strategy of their economic development strategy. The disputes between investors and states will also be growing at the same time. In order to solve the above problems, this thesis analyzes the definition of the investor-state disputes provisions, Investor-State dispute settlement provisions and the domestic & international remedies of dispute settlement in BRICS' BIAs. On this basis, this thesis attempts to points out the problems existing in the relevant clauses and puts forward the proposed dispute settlement provisions. The results of this thesis will have certain significance in promoting the smooth settlement of investor-state disputes among BRICS.

Keyword: BRICS, BIAs, investor-State, dispute settlement provisions, coordination

✤ *Berzin Olga* *

The definition of "organized crime group", "criminal community", "criminal organization" in Russian criminal legislation[**]

Abstract: Organized Crime Activity is the definition, which is known all over the world. However, in each state organized crime activity is represented by notions, which are captured in national criminal legislation. Moreover, experts not always know about these definitions and about their differences between each other. Information exchange on this matter can be very useful for the national legislation improvement and its unification with international norms and for scientific research development. The results of conducted research where issues are connected with identification such definitions as "organized crime group", "criminal community", "criminal organization" in Criminal Code of Russia are represented in the article from different positions (legislative, scientific and practical). Besides law-enforcement authority, practice of crime investigation committed in organized forms was analyzed. On this basis, existed problems and contradictions are emphasized and analyzed. Also established traditions of

---

* Berzin Olga, Doctor of Law, Professor of the Department of Criminal Law and Procedure, National Research University Higher School of Economics(Nizhny Novgorod).

** The article is one of the results of researching program "Legal aspects of doing Russian-Chinese business - Comparative Analysis" hold by professor Olga Berzin (doctor of law within the scientific club : Russian-Chinese Law Club) and carried out by her and students of the National Research University Higher School of Economics (Nizhny Novgorod).

organized crime research by Russian criminal science (criminal law, criminology, criminalistics) are mentioned in the article. The research of definitions, which are connected with organized crime and used in different legal systems, is the first step to further study of organized crime phenomenon. The development of international unified legislation and methodological recommendations of crime investigation, which are committed in organized forms, will be investigated in future.

Keywords: organized crime group, criminal community, criminal organization, entity of the criminal activity, organized crime, criminal law, criminalistics, criminology.

Contents

I. Introduction

II. Methods

III. Conclusions

I. Introduction

Nowadays combating organized crime is one of the most urgent and important challenges, both for single countries and for the international community. The main core of organized crime, which allows implementing its vast schemes, includes various associations of criminals, which are described by different terms, most of them legislated. At the same time different formulations can be encountered in various legal acts. For example, one of the main international legal instruments to fight organized crime, i.e. the UN Convention against Transnational Organized Crime of 15 November 2000 (hereinafter, Convention), has fixed such concepts as "Organized criminal group" and "Structured group". The Criminal Code of the Russian Federation (hereinafter, CC RF) includes concepts such as "Organized group", "Criminal community", "Criminal organization", "Extremist community", and "Gang". The Criminal Code of the People's Republic of China (hereinafter, CC PRC) contains terms such as "Criminal group" and

"Criminal organization".

Such a wealth of terms related to criminal organizations emphasizes on the one hand the complexity and inconsistency of such type of social formations, and on the other hand presents some problems in their study. In particular, it keeps law enforcement authorities from obtaining full information on organized crime. Is also impedes researches in this area, as well as developing unified and competent methodic recommendations for solving crimes committed in organized forms. In this regard, it is worthwhile pooling the experience in the study of criminal groups in different countries, as well as exploring different approaches to the formation of concepts, describing different types of criminal structures.

In particular, the Russian organized crime as a real phenomenon actually became an object of regard in the late 80-ies, when law enforcement agencies started increasingly to deal with hard criminal cases involving crimes committed in organized forms (Nikolaev 1988; Antonian 1989). It is commonly supposed that the Russian government recognized the existence of the organized crime in the country in 1989, when at the II Congress of People's Deputies of the USSR a resolution "On strengthening fight against organized crime" was adopted. Since then, the fight against organized crime has become one of the government's priorities.

The legal science quickly responded to the needs of the government, and since the late 1980s, began to form the methodological foundations of the organized crime theory (A.I. Gurov 1995; V.S. Ovchinskii VS 1993; A. I. Dolgova 1996; Konstantinov, 1997; Y. M. Antonian, Pahomov V. D. 1989; A.I. Gurov 1990; V.V. Luneev 2000, 2005 and others.). From this point on, this theory was enriched by researches in various areas of legal science. Thus we can say that the Russian legal science developed its own traditions in the study of organized crime. At the same time, organized crime is studied by such legal sciences, as criminal law, criminology, and criminalistics.

Each of these disciplines implies its own aspects of the organized crime studies.

In particular, the criminal legal science investigates the elements

essential to the organized criminal offences, expressed through the body of the crime formulation in order to establish the crime existence or otherwise.

Criminology performs studies to develop preventive measures, contents, structure, and types of organized crime, causes and conditions contributing to its development.

As for criminalistics, when studying organized crime it explores the "uniqueness of its structural elements related not to normative, but to active, victimologic, personal- psychological and other aspects, the law of their development, the nature of the relationship between these elements in order to isolate significant features that will allow to use the corresponding knowledge in order to solve crimes "[32: 44].

It should be noted that Russian criminalistics formed an independent special theory of organized criminal activity. Fundamentals of the theory were laid in the mid 90-ies (V.I. Kulikov 1994; V.S. Ovchinskii 1993; V.E. Eminov, V.S. Ovchinskii, N.P. Yablokov 1996; N.P. Yablokov 2002). Hereafter many scientists contributed to the development of this theory: Byikov V.M. 1986, 1991; A.F. Lubin 1997; A.F. Volynskii 2005; O.A. Berzin 2008 and others. This theory was enriched and expanded by study of individual aspects of organized criminal activity, mainly in relation to its individual types.

Thus, the Russian legal science studied many aspects of organized crime, organized crime activities, and structures embodying them. However, despite a significant amount of researches in this field no uniform, perfectly logical, science-based approaches to determine the terms for various forms of criminal associations and characteristics of each of these forms has been yet developed.

It seems that the development of common approaches to the term definition, as well as understanding of various types of collective offenders who commit crimes in organized forms, would not only contribute to the deepening and extension of the organized crime theory, but in the end, would ultimately increase efficiency in combating this dangerous phenomenon.

II. Methods

The solution of the specified problem requires an integrated use of various research methods, such as historical, logical, and comparative law researches. In addition, the methodology that is the basis of the research included specific techniques, which helped in the collection, analysis, and synthesis of empirical data, i.e. surveys, provided by a special program of research, interviews, expert assessment methods, literature and legislation data study and analysis, summarizing the experience of organized crime fighting.

Analysis of the research problem will be conducted in two stages: first, it is necessary to identify common abstract and necessary items, related to the cognitive activity of different types of criminal organizations based on the study of legislative formulations, and then compare them with empirical data.

Initially, the basic concepts of the CCRF were studied.

In accordance with Part. 3, Cl. 35 of CCRF the term "Organized group" means a stable group of persons united beforehand to commit one or more offenses.

In accordance with Part. 3, Cl. 35 of CCRF the "Organized Group of a Criminal Community (Criminal Organization)" is:

1) A structured organized group under a consolidated guidance whose members have united for the purpose of joint committing of one or several grave and especially grave crimes aimed at deriving direct or indirect financial or other material benefits.

2) An association of organized groups under a consolidated guidance whose members have united for the purpose of joint committing of one or several grave and especially grave crimes aimed at deriving direct or indirect financial or other material benefits.

The initial analysis of these concepts shows the following.

First, in defining the main types of organized criminal associations the legislator defines one concept relying on other one. Secondly, both listed in

the Criminal Code concepts remain underdetermined.

In accordance with the legislator's logic, the first and principal form of criminal association represents an organized group, and the second and the highest form of criminal association is a criminal association or a criminal organization. However, both of these concepts are based on the concept of "Group of persons", which means the joint participation of two or more persons in the crime commission (as per the formulation of Part 1, Cl. 35 of the Criminal Code, perpetrator).

It turns out that any kind of criminal entity is an "organization", because any social organization arises when two or more individuals are co-operating and act (function) in coordination in order to achieve a common goal to meet their needs. And despite the fact that organized groups may vary in numerical or qualitative strength, i.e. may represent small groups, associations, organizations, communities, and so on, all of them are in this case organizations. It turns out that both an organized group and a criminal association (organization) are only legally significant versions of social organizations [5: 60 - 76]. As other organizations, they may be small or large, meant for long or short-term activities etc.

Let us now discuss essential features of various forms of criminal associations. It must be emphasized here that in addition to the features mentioned in the Criminal Code, the essential elements of organized criminal structures are also indicated in the Resolution of the Plenum of the Supreme Court of June 10, 2010 No. 12 "On practice of legal investigation on establishing a criminal community (criminal organization) or participation in it".

As the main distinguishing features of an organized group of the CCRF indicates stability and a previous concert of its members to commit one or more offenses. At the same time stability is the main feature that distinguishes the concept of an organized group and that of a group of persons by previous concert (Part. 2, Cl. 33 of the Criminal Code).

As for the main distinguishing features of a criminal association, they are much more numerous. Firstly, a criminal association must have a group structure, i.e. if an organized group is structured, that is within the meaning of the law, if other features are on hand, it becomes a criminal association. However, it follows from the explanation of the Supreme Court that both an organized group and a criminal association can be structured. In particular, in one of its recent decisions, the Plenum of the Supreme Court specified that a "criminal association (criminal organization) differs from other types of criminal groups, including organized groups, by its more complex internal structure ...". Thus, the Supreme Court accepts that the presence of a structure can be characteristic not only for a criminal association, but also for an organized group. But in a criminal association, this structure should be "more complex". In this context, it becomes unclear who should determine the degree of complexity of the internal structure of a criminal organization and what are the criteria?

Further this Regulation explains that a structured organized group should consist of "units (subgroups, links, etc.) characterized by stability and coherence of action". It should be characterized with: a consolidated leadership, "interaction of its various units in order to implement their joint criminal intents, allocation of functions, possible specialization in the implementation of specific criminal actions and other forms of support of the criminal association (criminal organization)". It follows from the meaning of these provisions that criminal associations should be consist of individual interacting units in the form of subgroups or links, and, accordingly, organized groups cannot have such units. But the structure not always implies the presence of units, and in this sense, the provisions of the Resolution are in conflict with the relevant rules of the Criminal Code.

The next distinctive feature of the criminal community is the purpose of joint committing of one or several grave and especially grave crimes aimed at deriving direct or indirect financial or other material benefits. In this connection the following should be noted.

In any joint professional activities common the goal is a factor that unites people, it is associated with the needs of groups as integral entities. And, as any organized criminal activity is a kind of a joint activity, the overall objective of this activity is the main factor that unites the individual subjects of criminal activity in an integer criminal organization. Thus,

criminals are united in criminal groups and associations to commit crimes, i. e. in this sense, they always share their objective. The distinctive features here are, firstly, their gravity, and secondly, the goal of these crimes. Commission of grave or especially grave crimes with the purpose of a direct or indirect financial or other material benefit must be characteristic for the criminal networks. Adding a financial or material profits to the list of criminal network characteristics should be regarded as a positive action, because for several years after the adoption in 1996 of the Criminal Code scholars and practitioners have repeatedly pointed out that the main objective of almost any organized criminal activity is the deriving of ultrahigh profits both in legal and illegal business. In this regard, A.F. Lubin rightly notes that "the anticipation of the result of a criminal activity in the form of some benefit, profit, property is a natural sense" [16: 117], and that mercenary motives are characteristic for many crimes committed by organized criminal groups. So, for example, all studied by us criminal records suggest that all criminal associations were established to gain profit by their participants.

However, the severity of the crimes remains in the criminal law as an essential characteristic of criminal organizations. In this regard, we come round to opinion S.V. Nazemtsev, which states that "in this case, the law allows virtually with impunity creating organized units, at first intended for the commission of crimes that are not serious or very serious, and does not contribute to the prevention of heavy organized crime" [19: 16]. Based on the results of our research, we can hardly accept the above formulation of the legislator. We regard as a very demonstrative and justified the opinion of A.I. Dolgova, which states that the social danger of criminal organizations is related not only to serious crimes (from this point of view their social danger would be evaluated to the same extent, as that of serious crimes), but first of all that such an organizational structure, able to conduct various organized criminal activities in quite different versions, depending on the motivation of the subjects of its management and external environment, exists and functions [22: 10].

Meanwhile, the majority of crimes committed by criminal organizations, are related to economic crimes, which, although not classified as serious, but cause considerable economic damage, and thus bring great financial or material benefits. Therefore, the establishment of criminal organizations to commit these crimes, as directly required by criminal law, cannot be qualified under Cl. 210 of the Criminal Code, which is one of the essential factors, reducing the efficiency of the criminal law when fighting them. This, according to the respondents significantly impedes the fight against organized criminal groups, and allows their leaders to escape criminal liability.

A way out of this situation seems to exclude from the content of the article the indication of the crime category as the purpose of creating criminal association, and to recognize the "high social danger of criminal associations regardless of the gravity of the crimes for which they were created, since the creation of the criminal groups is not always associated with a clear outline of the range of actions that will be performed" [19: 16].

The analysis of the criminal law leads to a conclusion that the issue of a clear distinction between the concepts of an organized group and a criminal association (criminal organization) is not completely resolved.

Since the law gives no clear distinction of the definitions not only leads to a significant reduction in the effectiveness of the fight against these criminal units, but also to a distortion of statistical reporting about the actual state of organized crime. For example, according to the statistical reporting the total amount of crime in Russia for the group was 21, 2 thousand in 2010 (or 28.4%) of the total amount, in 2011 – 16,9 thousand (20.3%), in 2012 – 17,3 thousand (22.7%), in 2013 – 16,6 thousand (18.4%), in 2014 (HCY) – 10,2 thousand (23.5%). Meanwhile, V. V. Luneev rightly notes that "statistics of organized crime in Russia is not only incomplete, but also distorted, as the most intelligent, organized, conspiratorial, corrupt, and therefore more dangerous part of mafias escapes from under the control of law enforcement agencies. Only primitive organized groups are caught who commit elementary crimes, such as theft, robbery, extortion, murder, and etc. A statistical shift in this part of the organized crime simplifies and distorts the perception of it as a whole and makes it difficult to achieve the public awareness of the real challenges of

organized crime.

The main drawback in the information obtained is the absence of a clear legal criterion of organized groups ... There was no legislative determination of this term" [18: 541 – 542].

The lack of a clear legal definition of an organized group and a criminal association (organization) leads to the fact that a considerable part of heads and law enforcement officers have their own idea of criminal associations, is not consistent with the legislative definition and reality. They believe that this is an extremely complex formation with tiered organization, numerous participants (up to several hundred people!), a variety of controlled business entities of various forms of ownership, corrupt ties to federal and regional government bodies, and so on. According to our research, the main differences between criminal law concepts of an organized group and criminal community (organization), in practice, are determined on several grounds.

1. Numerical strength of criminal entities. A specific interest here is the solution to the question of the minimum number of partners in organized criminal structures. The legislatively defined lower limit for an organized group, amounting 2 partners, cannot be disputed. The legislator and judicial practice consistently adhere to the position, which is an illustration of the theoretical thought of N.S. Tagantsev: "Based on the subjective aspect, a gang involves the agreement of more than one person, even though the two" [28: 336]. The modern realities, however, indicate that the corresponding quantity in relation to organized criminal structures is much higher. Implicitly the legislator recognizes this fact too, constructing the definition of a criminal community and understanding it also as the union of organized groups created for the purpose of committing grave and especially grave crimes As you can see, the minimum limit of the participants in this case is 4 men. Meanwhile, the results of the study of operational and investigative practices show that the number of members of a criminal community may be less than 4 people. For example, the Investigative Committee of the Russian Interior Ministry accused in the organization of a criminal community as per Cl. 210 of the Criminal Code the main person involved in illegal supply in Russia a large batch of mobile phones in September 2006 According to

investigators, from July 2005 to February 2006, the detainee "organized a criminal group and together with two accomplices using forged documents has supplied mobile phones and accessories to them through Sheremetyevo-2 airport into the territory of Russia" [27]. As we can be seen from the example, in practice, there are criminal groups in the amount of 3 people. But this is the exception rather than the rule, because the majority of the surveyed law enforcement officers (67%) indicated that the main feature distinguishing the organized groups and criminal organizations (associations) is the number of active participants in these units. The experts noted that organized groups can consist of two or three people - 14%; from four to six people - 28%; seven to ten people - 46%; from eleven to twenty - 11%; over twenty people - 1%. Accordingly, the number of participants in organized crime groups should exceed fifteen or twenty people (according to 73% of respondents), and criminal structures of this type with fewer than five people do not practically exist (17%). The membership of gangs, according to research by some authors, most often amounts three to five people (73%), scarcer from six to ten (18%), also sometimes there are gangs with the number of members varies from fifteen to thirty [31: 5].

According to our research of data received from the Department for Combating Organized Crime in the Volga Federal District, the number of members identified in 2009-2013 organized criminal structures varied as follows: 4 people - 15%; 5 people - 14%; 6 people - 16%; 7 people - 12%; 8 people - 11%; 10 people - 7%; from 11 to 20 people - 21%, over 20 people - 4%.

2. Individual units in criminal associations (organizations), and their absence in organized groups noted 89% of the respondents as the second main feature difference between these criminal entities.

3. Number of crimes committed. For example, only 6% of respondents believe that organized groups are created to commit a single crime. The rest of the respondents agree that organized groups are created for the commission of two or more offenses. At the same time, organized criminal communities (organizations) are formed to carry out regular criminal activities. The investigated data of investigative practices indicate that

organized units committed 1 offense - 2％; 2-5 crimes - 11％; 6-10 crimes - 28％; over 11 crimes - 59％.

III. Conclusions

The study conducted leads to the following conclusions:

1. One should strive for a unified designation of organized crime subjects both at the domestic and international levels.

1.2. The author proposes the following unified formulations:

1.2.1. Organized group is an association of two or more persons established for joint commission of one or more offenses.

1.2.2. Criminal association is an association of two or more organized groups created for regular joint criminal activities.

2. The law should not only determine the terms of collective criminal associations, but also clearly indicate the features characteristic for each of them. The most important of these characteristics should be: the number of members and organization features, i.e. stability, common goal, interaction between the members for its implementation.

3. The term "criminal organization" should not be used interchangeably with the term "criminal association" because the concept of "criminal organization" can be used to refer to any kind of criminal structures as a single conditional concept.

References

1. Aminov D. I., Onekotoryih podhodah k novyim priznakam organizovannyih prestupnyih grupp v ugolovnom prave, Problemyi borbyi s organizovannoy prestupnostyu, 1996, pp.150 - 157.

2. Anderson A, A Red Mafia, A Legacy of Communism - Economic Transition in Eastern Europe and Russia: Realities of Reform, Stanford, 1995.

3. Antonyan Yu. M, Pahomov V.D., Organizovannaya prestupnost i borba s ney, Sovetskoe gosudarstvo i pravo, 1989, No. 7, pp. 65-73.

4. Antonyan Yu. M, Pahomov V.D., Organizovannaya prestupnost,
1989; Antonyan Yu. M, Pahomov V.D, Problemyi borbyi s organizovannoy
prestupnostyu, Minsk, 1991.

5. Aydinyan R., Gilinskiy Ya., Funktsionalnaya teoriya organizatsii i
organizovannaya prestupnost - Izuchenie organizovannoy prestupnosti:
rossiysko-amerikanskiy dialog: Sbornik statey, 1997.

6.Berzin Olga A., Formirovanie kriminalisticheskoy modeli prestupnoy
organizatsionno-upravlencheskoy deyatelnosti, yurid nauk, 2008.

7. Berzin Olga A., Yuridicheskaya tehnika formirovaniya ponyatiy
《organizovannaya gruppa》 i 《prestupnoe soobschestvo（prestupnaya
organizatsiya）》 v ugolovnom zakonodatelstve Rossii: istoriya i so-
vremennost // Yuridicheskaya tehnika, 2012, No. 6, pp. 85-92.

8. Byikov V. M., Kriminalisticheskaya harakteristika prestupnyih grupp,
Tashkent, 1986.

9. Byikov V. M., Prestupnaya gruppa - kriminalisticheskie problemyi,
Tashkent, 1991.

10. Criminal Code of the People's Republic of China, AIPS
《Konsultant-plyus》, data obrascheniya 25.09.2014 g.

11. Criminal Code of the Russian Federation, AIPS 《Konsultant-
plyus》, data obrascheniya 25.09.2014 g.

12. Gurov A. I., Professionalnaya prestupnost, Proshloe i
sovremennost, 1990.

13. Gurov A. I., Krasnaya mafiya, 1995.

14. Konstantinov A., Dikselius Banditskaya Rossiya, SPb., 1997.

15. Kulikov V. I., Osnovyi kriminalisticheskoy teorii organizovannoy
prestupnoy deyatelnosti, Ulyanovsk, 1994.

16. Lubin A. F., Metodologiya kriminalisticheskogo issledovaniya
mehanizma prestupnoy deyatelnosti, Dis... d-ra yurid. Nauk, N.
Novgorod, 1997.

17. Luneev V.V., Rossiyskaya organizovannaya prestupnost - novaya
ugroza? 2000.

18. Luneev V. V., Prestupnost HH veka. Mirovyie, regionalnyie i
rossiyskie tendentsii, 2-e izd., pererab. i dop., 2005.

19. Nazemtsev S.V., Sovershenstvovanie ugolovnogo zakonodatelstva i pravoprimenitelnoy praktiki organov vnutrennih del po borbe s gruppovyimi formami prestupnoy deyatelnosti: Avtoref. dis... kand. yurid. nauk., 2000.

20. Nikolaev N., Chto takoe organizovannaya prestupnost? Sotsialisticheskaya zakonnost, 1988, No. 9, pp.25-28.

21. Nikolaev N.O., problemah borbyi s organizovannoy prestupnostyu, Sotsialisticheskaya zakonnost, 1988, No. 6, pp. 33-35.

22. Organizovannaya prestupnost, 3 / Pod red. A.I. Dolgovoy, 1996, pp.10.

23. Osnovyi borbyi s organizovannoy prestupnostyu, Pod red. V.S. Ovchinskogo, V.E. Eminova i N.P. Yablokova, 1996.

24. Ovchinskiy V.S., Strategiya borbyi s mafiey, 1993.

25. Resolution of the Plenum of the Supreme Court of June 10, 2010 No. 12 "On practice of legal investigation on establishing a criminal community (criminal organization) or participation in it", AIPS《Konsultant-plyus》, data obrascheniya 25.09.2014 g.

26. Serio J.D., Rozinkin V.S., Thieves Professing the Code - The Traditional Role of Vory v Zakone in Russia's Criminal World and Adaptions to a New Social Reality, Crime and Justice, Europe, July 1995.

27. Soobschenie informatsionnogo agentstva 《WebDigest》 ot 30 sentyabrya 2006 g.

28. Tagantsev N.S., Russkoe ugolovnoe pravo, Chast Obschaya: Lektsii, 1994, T. 1.

29. Telnov P.F., Otvetstvennost za souchastie v prestuplenii, 1974.

30. UN Convention against Transnational Organized Crime of 15 November 2000, AIPS《Konsultant-plyus》, data obrascheniya 25.09.2014 g.

31. Volyinskiy V. A., Raskryitie i rassledovanie banditizma - pervonachalnyiy etap / V.A. Volyinskiy, I.V. Tishutina. - M., 2005.

32. Yablokov N. P., Rassledovanie organizovannoy prestupnoy deyatelnosti, 2002.

✳ 杨宗芳 *

金砖国家开发银行内部治理结构的法律建构

内容摘要:BRICS 在 2008 年金融危机爆发后经贸合作日益密切,成立金砖国家开发银行是其合作的重要组成部分。本文以金砖国家开发银行内部治理结构的法律建构为研究对象,从其权力机构、执行机构、监督机构的构建入手,提出三机构运行机制及协调机制的建设,最终形成较完整的内部治理结构的法律建构方案,以期对金砖国家开发银行的有效运行提供参考。

关键词:金砖国家开发银行　内部治理结构　权力机构　执行机构　监督机构

＊ 杨宗芳(1986—),女,西南政法大学国际法学院国际法专业 2011 级硕士研究生(指导教师邓瑞平教授),现任职于重庆中钦律师事务所,主要从事律师工作。本文由本卷编辑在作者 2014 年 6 月硕士学位论文基础上修改而成。

引言

金砖国家开发银行(以下简称"金砖银行")的倡议源于诺贝尔经济学奖获得者斯蒂格利茨(Joseph Stiglitz)和伦敦经济学院教授斯特恩勋爵(Nicholas Stern)的一份报告。该报告指出,目前新兴市场国家一方面存在较大的投资需求,另一方面存在大量可以调动的闲置资金。为了合理、有效利用新兴市场国家的资金,满足其日益增长的投资需求,新兴与发展中经济体需要建立一个金融中介系统,即由新兴经济体主导成立一个以充分利用过剩储蓄来满足其投资需求为宗旨的南—南开发银行(South-South Development Bank)。①

2012 年 3 月,金砖国家领导人对金砖银行的宗旨和目的进行了规划,并指示五国财长审查该倡议的可能性和可行性。2013 年 3 月 27 日,金砖国家领导人在南非德班举行第五次会晤,发表《德班宣言》,正式同意建立一个新的开发银行。② 虽然金砖银行的基本框架已定,③但如何建构和完善金砖银行在成立后的治理结构未达成共识。

根据收集到的各种文献分析,多数是对"金砖国家"的崛起、政治经济的合作等宏观方面进行探讨,④只有极少数是有关金砖国家开发银行建设的研究成果,⑤但均未涉及其内部治理结构的研究。金砖国家开发银行要有效运作,需首先对其内部治理结构进行合理设计。

---

① 徐秀军:《金砖国家开发银行:借鉴与创新》,载《中国外汇》2013 年 4 月 1 日。

② 《金砖国家领导人第五次会晤在德班举行——习近平出席并发表重要讲话决定建立金砖国家开发银行》,http://www.ycwb.com/ePaper/xkb/html/2013—03/28/content_1554604.htm,访问日期:2014 年 3 月 10 日。

③ 《"金砖国家开发银行"框架已定》,载《长江商报》,http://www.changjiangtimes.com/2013/08/454624.html,访问日期:2014 年 2 月 11 日。

④ 例如李放、卜凡鹏:《金砖国家崛起系列 1:中国·腾跃的东方巨龙》,民主与建设出版社 2013 年版;林跃勤、周文:《新兴经济体蓝皮书·金砖国家发展报告(2012):合作与崛起》,社会科学文献出版社 2012 年版;李丹:《"金砖国家"世界的希望》,北京工业大学出版社 2012 年版;边小东:《金砖国家金融体制改革与运行比较》,载《新兴经济体蓝皮书·金砖国家发展报告(2011)》。2011 年;林跃勤:《金砖国家金融合作——基于本币结算的视角》,载《新兴经济体蓝皮书·金砖国家发展报告(2012):合作与崛起》,2012 年;李永刚,《金砖国家金融合作机制研究》,载《新兴经济体蓝皮书·金砖国家发展报告(2013):转型与崛起》,2013 年。

⑤ 例:林钧跃:《征信体系项目建设与金砖国家开发银行发展》,载《全球化》2013 年第 6 期。

本文以金砖银行内部治理结构的法律建构为研究对象,通过把握世界上主要多边开发银行的权力机构、执行机构和监督机构及三者的运行机制的优劣,提出构建金砖银行内部治理结构的建议,以期形成一套较完整有效的金砖银行内部治理结构方案。

一、金砖银行权力机构及运行机制的建构

(一)名称

1.世界主要多边开发银行权力机构的名称

多边开发银行(Multilateral Development Banks,MDBs)是一些为发展中国家的经济和社会发展活动提供资金援助和专业咨询的机构,属国际发展公共机构,主要依靠富裕的工业化国家的资金支持。多边开发银行一般是指世界银行集团和四大地区性开发银行(非洲开发银行、亚洲开发银行、欧洲复兴开发银行、泛美开发银行集团)。①

关于世界主要多边开发银行的内部治理结构,通过相关协定对比②可以看到五大多边开发银行均由理事会、董事会(世行和泛美行有不同称谓)、行长及其他官员构成。综观建立各行的五个重要协定的总体条文我们能判断:理事会是权力机构、董事会是执行机构,没有专门的监督机构。

---

① 刘音:《多边开发银行政策贷款条件性的国际法问题研究》,云南美术出版社 2010 年版,第 12 页。本文所称世界主要多边开发银行,是指国际复兴开发银行(IBRD,又称世界银行,简称世行)、亚洲开发银行(Asian Development Bank,简称 ASDB 或亚行)、非洲开发银行(African Development Bank,简称 ADB 或非行)、欧洲复兴开发银行(European Bank for Reconstruction and Development,简称 EBRD 或欧行)、泛美开发银行(Inter-American Development Bank,简称 IADB 或泛美行)。

② 1944 年《国际复兴开发银行协定》第 5 条第 1 节规定:银行应设有一理事会、若干执行董事、一行长及其他官员和工作人员,以执行银行所决定的职责。1965 年《建立亚洲开发银行协定》第 20 条规定:亚行应设理事会、董事会、行长一人、副行长一人或数人以及所需要的官员和工作人员。1963 年《建立非洲开发银行的协定》第 4 条规定:银行应设有理事会、董事会、行长一人、副行长至少一人以及其他为履行银行可能确定的职责所需的官员和普通职员。1991 年《建立欧洲复兴开发银行协定》第 22 条规定:银行应设有理事会、董事会、行长一人、副行长至少一人以及其他为履行银行可能确定的职责所需的官员和普通职员。1959 年《建立泛美开发银行协定》第 8 条第 1 节规定:银行应该设理事会、执行董事会,行长、副行长至少一人以及其他为履行银行可能确定的职责所需的官员和普通职员。

据上,世行、亚行、非行、欧行、泛美行的权力机构的名称都为理事会(Board of Governors)。

2.金砖银行权力机构的名称

金砖银行权力机构的名称应为理事会,理由是国际通行做法即国际惯例(International Custom)。从1944年建立世行,到1959年建立泛美行、1963年建立非行、1965年建立亚行,最后到1991年建立欧行的近半个世纪,在建立多边开发银行的众多协定中,无一例外地将开发银行权力机构定名为理事会(Board of Governors)。

(二)权力机构的职权

1.世界主要多边开发银行权力机构的职权

职权系正式组织经由组织章程所赋予某项职位之权,指管理职位所拥有的特定权力,具有下达命令与要求部属服从的权力。[①]

世行理事会的职权为:批准新会员及决定其加入的条件;增加或减少银行资本总额;暂停会员资格;裁决对执行董事解释本协定所产生的异议;安排与其他国际机构的合作办法(暂时性和行政性的非正式安排除外);决定永远停止银行业;制定进行银行业务所必需或适合的规章制度及其资产的分配;决定银行净收入的分配;决定付给执行董事的报酬及行长的薪金及其服务契约的条件。[②] 亚行理事会的权力范围为:接纳新成员和确定接纳条件;增加或减少亚行的核定股本;中止成员资格;对董事会解释或实施本协定中所提出的上诉作出决定;批准与其他国际组织缔结合作总协定;选举亚行董事和行长;决定董事、副董事的酬金和行长服务合同内所定的薪金及其他条款;在审查审计员的报告后,批准亚行的总资产负债表和损益报告书;决定亚行的储备金以及纯收益的分配;修改本协定;决定亚行停业和分配亚行的资产;行使本协定明确规定属于理事会的其他权力。[③] 非行理事会的职权为:减少银行的法定股本;建立或接受特别基金的管理;授权同尚未取得独立地位的非洲国家当局缔结一般的合作协议,或同尚未取得银行成员资格的非洲国家政府缔结一般的合作协定,以及同其他政府和其他国际组织缔结这种协定;决定董事和候补董事的报酬;遴选本机构外的稽核,以核定银行的资产债务表和损益报告,并遴选

---

① 雷兴虎、胡桂霞:《论董事行使职权的事前、事中和事后制衡机制》,载《政法论坛》2001年第2期。

② 1944年《国际复兴开发银行协定》第5条第2节。

③ 1965年《建立亚洲开发银行协定》第28条第2款。

所需要的其他专家,以审查银行的一般经营管理和就此作出报告;在审查稽核的报告后,批准银行资产债务表和损益报告;行使本协定中明文规定的理事会具有的其他权力。① 欧行理事会的职权为:接纳新成员和确定接纳条件;增加和减少欧行的核定股本;终止成员国资格;对董事会解释或实施本协定中所提出的上述作出决定;批准与其他国际组织缔结合作总协定;选举银行的董事及行长;决定董事、副董事的酬金和行长服务合同内所定的薪金及其他条款;在审查审计员的报告后,批准银行的总资产负债表和损益报告书;决定银行的储备金以及纯收益的分配;修改本协定;决定银行停业和分配银行的资产;行使本协定明确规定属于理事会的其他权力。② 泛美银行理事会的职权为:接纳新成员和确定接纳条件;增加和减少欧行的核定股本;选举行长及决定其报酬;终止成员国资格;决定执行董事和候补董事的薪酬;对董事会解释或实施本协定中所提出的上述作出决定;批准与其他国际组织缔结合作总协定;在审查审计员的报告后,批准银行的总资产负债表和损益报告书;决定银行的储备金以及纯收益的分配;选择外部审计师来证明一般资产负债表和损益表的机构;修改本协定;决定银行停业和分配银行的资产。③

2.金砖银行权力机构职权的设计

金砖银行理事会的职权范围由理事会作为最高权力机构的性质所决定,是其行使最高权力的职能的表现。结合世界主要多边开发银行的相关规定和金砖国家实际情,金砖银行理事会的职权范围设计,至少有如下几个方面:

(1)成员及人事任免。包括批准新会员及决定其加入的条件、暂停或终止成员资格、选举银行董事及行长。金砖银行的原始成员包括金砖五国,但当银行随着经营和发展的需要,有其他国家加入时,需要有统一的规则规定新成员的加入条件。新会员的批准以及成员资格的暂停、终止只能由理事会决定。行长是银行的代表者和最高执行者,指引着金砖银行的方向和发展道路,董事是银行的执行者,同样决定着银行的发展方向,所以对二者的任免必须由最高权力机构即理事会决定。

(2)银行资产管理。包括增加或减少银行资本总额、建立或接受特别基金的管理、决定银行停业和分配银行的资产、在审查审计员的报告后批准银行的总资产负债表和损益报告书等。银行资产管理的意义重大,一丝一毫的变化

---

① 1963 年《建立非洲开发银行的协定》第 29 条第 2 款。
② 1991 年《建立欧洲复兴开发银行协定》第 24 条第 2 款。
③ 1959 年《建立泛美开发银行协定》第 8 款第 2 节。

都会影响到银行的兴衰,所谓牵一发而动全身。故涉及银行资产管理的事项必须由权力机构理事会来决定。

(3)协定的修改和解释。包括修改本协定、裁决对董事会解释协定所产生的异议等。因世界和各成员处于现实中,当协定的规定跟不上时代发展需要时,理事会应有权对协定进行修改。随着时代的发展,董事会在执行相关决策时会对协定进行解释,其解释所发生的异议应该由理事会最终裁决。

(4)批准各种合作协定。指批准与其他国际组织或国家或地区缔结的各种合作协定。金砖银行作为一个多国家、跨区域的国际经济组织,其发展离不开与其他国际组织、国家或地区的密切合作,应当赋予理事会批准与其他国际组织或国家、地区缔结的各种合作协定的权力。

(三)权力机构的成员组成

1.世界主要多边开发银行权力机构的成员组成

世行理事会由理事及副理事组成,并在理事中选出 1 名理事为主席,每一理事及副理事任期 5 年,由其本国任命,并得连任,但副理事仅在理事缺席时始有投票权。[①] 亚行理事会由理事及副理事组成,并在理事中选出 1 名理事当主席,理事和 1 名副理事的任期由任命国自定,但副理事只有在理事缺席时才有投票权。[②] 非行由理事和候补理事组成,在年会上指派 1 名理事为主席,二者的任期均为 5 年,但是成员国可以在任何时候解除其职务或重新指派其他的理事或候补理事,候补理事只有在理事缺席时才有投票权。[③] 欧行的理

[①] 1944 年《国际复兴开发银行协定》第 5 条第 2 节第 1 款规定:国际复兴开发银行的理事会由每一会员国按其自行决定的方法指派理事及副理事各 1 人组成;每一理事及副理事任期 5 年,由其本国任命,并得连任;副理事仅在理事缺席时始有投票权;理事会应推选理事 1 人为理事会主席。

[②] 1965 年《建立亚洲开发银行协定》第 27 条第 1 款规定:亚洲开发银行各成员国均应在理事会中有自己的代表,并应任命 1 名理事和 1 名副理事;理事和 1 名副理事的任期由任命国自定;除理事缺席情况外,副理事无投票权;在年会上,理事会应指定 1 名理事担任主席,任期直至选出下届主席和理事会举行下届年会为止。

[③] 1963 年《建立非洲开发银行的协定》第 30 条第 1 款:非洲开发银行每一成员国都应有代表参加理事会,并应指派理事和候补理事各 1 人;理事和候补理事应在经济和财政问题上具有高深的造诣和丰富的经验,同时必须是成员国的国民;理事和候补理事的任期各为 5 年,得按照指派的成员国的意愿,在任何时候解除职务或重新指派。候补理事除在其现任理事缺席时外,没有投票权;理事会在其年会上应指派其中 1 名理事为主席,任职至下届理事会年会选出主席为止。

事会由理事和候补理事组成,在年会上指派 1 名理事为主席,二者的任期由任命国自定,候补理事只有在现任理事缺席时才有投票权。[①] 泛美行理事会由理事和副理事组成,并在年会上选举 1 名理事为主席,二者的任期均为 5 年,但成员国可以在任何时候解除其职务或重新指派其他的理事或候补理事,候补理事只有在理事缺席时才有投票权。[②]

据上,世界主要多边开发银行的权力机构即理事会成员由两部分组成,一是各成员国派出的一名理事,二是各成员国派出的一名候补理事(也称副理事)。理事会主席从理事中选举产生。下文分别对其理事与副理事在人数、职权、任期方面进行比较分析。

(1)理事

A.人数

在人数方面,五大银行均未规定具体的数字,但实质上人数是确定的,原因在于由每一成员国指派,即一个多边开发银行有多少个成员国,就有多少位理事。

B.职权

五大多边开发银行无一例外地规定理事享有投票权。投票权(Right to Vote)指理事在理事会上对银行决策进行投票的权利。作为最高权力机构的理事会本身是个无形机构,真正看得见的是其组成成员理事和副理事,要让理事会的决策权以看得见的方式实现,赋予理事或副理事投票权最为直接。因此理事享有投票权是由理事会的属性所决定的。

C.任期

对理事任期的规定主要有三种:第一种是直接在协定中规定任期,但成员国可以在任何时候解除其职务或重新指派其他的理事,如非行和泛美行;第二种是任期由任命国自定,如亚行和欧行;第三种是直接规定任期为 5 年,可连选连任,如世行。

---

① 1991 年《建立欧洲复兴开发银行协定》第 23 条第 1 款规定:欧洲复兴开发银行的每一成员国都应有代表参加理事会,并应指派理事和候补理事各 1 人;理事和候补理事的任期有任命国自定;候补理事除在其现任理事缺席时外,没有投票权;理事会在其年会上应选举其中一名理事为主席,任职至下届理事会年会选出主席为止。

② 1959 年《建立泛美开发银行协定》第 8 条第 1 节规定:泛美开发银行每一个成员国都指派 1 位理事和副理事,任期均为 5 年,得按照指派的成员国的意愿,在任何时候解除职务或重新指派;候补理事除在其现任理事缺席时外,没有投票权;理事会在其年会上应选举其中 1 名理事为主席,任职至下届理事会年会选出主席为止。

（2）副理事

副理事在人数和任期上跟理事的规定是一致的,唯独职权不同,即副理事没有独立的投票权,只有在理事缺席时才享有投票权。副理事设立的设立目的,从"副"、"候补"即可看出是作为替补的身份出现的。客观上,理事作为自然人会受到老、病、死等不可抗力因素的影响,即有可能面临理事缺席的问题,当此问题出现时,副理事或候补理事便代替理事行使投票权。这就意味着副理事或候补理事的投票权跟理事的投票权没有本质区别,只有行使时间之分。

2.金砖银行权力机构的人员组成设计

金砖银行权力机构应由理事、副理事组成,在理事中产生 1 名理事会主席,理由有三:需尽量与世界主要多边开发银行的规定保持一致;权力机构的组成完整,各个成员能够各司其职,理事缺席时由副理事补位;任何一个机构不能缺乏领导,理事会主席的设置,实质是为理事会设置一领导来统领理事会,使其有效运作。

（1）理事

A.人数

理事的人数按照成员国的个数来确定是科学的。只有每个成员国都指派出一名理事,才能在理事会上有发言权从而更大限度地代表每个成员国的利益。更重要的是,金砖银行是第一次由发展中的大国在没有发达国家领衔的情况下成立的,[①]将为打破西方垄断创下丰功伟绩。在这种背景下应更加注重各个成员国的话语权,否则会步大国垄断之后尘,不能凸显金砖银行的设立宗旨。

B.职权

理事的职权包含权利和义务两方面的问题。金砖银行的理事作为其最高权力机构的组成成员,应在享有最高权力的同时承担相应的义务。

在权利方面,首先应赋予理事享有投票权,因为理事职权中的投票权是成员国话语权的重要体现;其次应明确理事的其他职权,如参加理事会年会等各种会议的权力以及提前安排会议、对首席执行董事的建议权等。

在义务方面,理事必须:全面了解并支持金砖银行的宗旨,按时参加理事会的各种会议,提前为会议做准备,对理事会不能公开的事项予以保密,为金砖银行的有效运行提供明智的和公正的指导,有效地避免成员国各方的利益

---

① 徐明棋:《金砖开发银行打破西方垄断》,载《文汇报——国际新闻》2013 年 3 月 30日。

冲突,参加特别委员会组织的特别活动。①

C.任期

金砖银行理事的任期应采直接在协定中规定的方式确定任期为 5 年,但是成员国可以在任何时候解除其职务或重新指派其他的理事或副理事。兹分析如下:

首先,任期由任命国自定,会出现理事的任期 1 年、2 年、3 年、4 年、5 年不等,使每一个成员国的理事的任期不一致,导致每次参与年会的理事不稳定,影响会议议题的有效及时解决。虽然国际经济的发展是持续不断的,但总体发展方向在一定时期内是相对稳定的,即一个周期内讨论的主要问题应该是大体一致的。例如,从 2008 年金融危机爆发到 2014 年,世界经济仍将处在危机后的调整期,各主要发达国家在刺激政策下实现恢复性增长,但国际经济环境不确定性增加,②这 6 年的时间内议题均应该包括"如何在金融危机中平稳过渡"。如果金砖银行理事的任期由任命国自定,将导致其中的某段时期讨论的是同一个议题,但是参加会议的理事上一年与下一年不同,甚至出现上一年是这一批理事,下一年是另一批理事的情形,使议题的讨论失去连贯性,影响问题解决的效率。由任命国自定任期不是最佳选择。

其次,直接规定任期为 5 年并可连选连任,可能出现的问题是:如果成员国在理事任期未满前发现其指派的理事有违纪违规行为、能力与现阶段讨论的议题不相匹配或其他指派国认为可以解除其职务重新指派理事的情形时,成员国得尊重协定而不能按照自己的意愿解除或重新指派理事。这样的规定在实施中有可能会侵犯各成员国的主权。由协定直接统一规定理事任期为五年的做法,没有从更大程度上尊重各成员的主权,允许各成员国按照自己的意志解除和重新指派理事,故其不是最佳的选择。

最后,"直接在协定中规定任期 5 年,但得按照指派成员国的意愿,在任期任何时候解除职务或重新指派"是一种最佳方案。它吸取了其他两种方案的优点,摒弃了其他方案的不足,既保证了理事会议人员的相对稳定性,又使成员国可以在任何时候解除其职务或重新指派其他的理事,充分尊重各成员国

---

① A Position Description for Board Members from A Handbook on NGO Governance by CEE Working Group on Nonprofit Governance, http://www.ecnl.org/dindocuments/18_Governance%20Handbook.pdf,last visited on 13 Feb. 2014.

② 陈文玲:《把握世界经济形势 提高中国御险能力》,载《中国经济时报》2014 年 02 月 13 日,http://review.cnfol.com/jingjiguancha/20140213/16963427.shtml,访问日期:2014 年 3 月 14 日。

的主权。

（2）副理事

A.人数

各成员在金砖银行的副理事人数应为 2 名。理事作为最高权力机构的理事会的成员，一旦缺席，将会严重影响会议进程，设置副理事的目的是弥补理事空缺。当副理事也因为各种原因缺席，会无人代表本国在理事会中行使权力。设置 2 名副理事充分保障了理事会会议的及时顺利召开和及时高效决策。

B.职权

副理事的职权除没有独立的投票权（只有在理事缺席时才享有投票权）外，其他的应与理事的职权保持一致。这是由副理事的替代性质所决定的，即副理事只是在理事缺席的时候才能发挥其作用，参事议事。

C.任期

副理事的任期应与理事的任期一致，即直接在协定中规定任期 5 年，但是成员国可以在任何时候解除其职务或重新指派其他的副理事。

（3）理事会主席

为了平衡各成员国的利益，金砖银行理事会主席应采取各创始成员委派的理事轮流担任的办法（即轮值主席制），任期为自本次年会结束之日起至下一次年会结束之日止。

（四）权力机构的运行机制

1.世界主要多边开发银行权力机构的运行机制

权力机构的运行机制是指权力机构存在和发展的内在机能及其运行方式，是引导和制约权力机构决策和与之相关的各项活动的基本准则及相应制度。世界主要多边银行的运行机制主要包括以下制度。

（1）提案制度

提案（draft resolution，motion，proposal），即提交会议讨论决定的建议。国际组织权力机构运作的方式主要是通过召开理事会，但该会议的召开首先得有议案，因此提案对于其权力机构的运行起着至关重要的作用，是构建权力机构运行机制的首要设计，但世界主要多边银行的相关协定中没有对提案进行规定。

（2）理事会会议制度

世行理事会会议有三种：一是每年一次的年会；二是经执行董事会召集或

理事会规定的其他会议;三是由一定比例的成员国请求执行董事会召开的理事会议。① 亚行的会议类型跟世行一样,规定了理事会会议的法定人数要求,还指明理事会可建立一种制度,允许董事会在一定条件下无须召开理事会针对特定问题投票。② 非行和欧行关于理事会的会议的规定与亚行一样。③ 泛美行的会议制度与非行、亚行、欧行基本一致,只是基于泛美行自身的特点引入了州长的概念,其本质是一样的。④

　　总体上,世界主要多边开发银行的理事会会议制度有以下主要内容:一是会议类型,包括每年年会、经执行董事会召集或理事会规定的其他会议、由一定比例的成员国请求董事会或执行董事召开理事会议;二是理事会法定人数,即代表成员国投票权总数的 2/3 的过半数理事;三是可不召开理事会的情形,由理事会制定规章规定,董事会可不召开理事会对某一特定问题进行投票表决。

　　(3)理事会决策程序制度

　　决策程序指通过特定方式、规则来决定国际组织的某项决议草案能否得到通过和实施。⑤ 从国际组织的实践看,决策程序按照决议是否经过投票表

---

　　① 1944 年《国际复兴开发银行协定》第 5 条第 2 节第 3 款规定:理事会每年开年会一次;经理事会规定或经执行董事会召集,亦得举行其他会议;当有 5 个会员国或持有 1/4 总投票权的会员国请求时,执行董事亦应召开理事会议。

　　② 1965 年《建立亚洲开发银行协定》第 29 条规定:理事会应举行年会以及理事会规定的或董事会要求召开的其他会议;董事会在收到五个亚行成员提出的要求时,即可要求召开理事会会议;代表成员方投票权总数的 2/3 的过半数理事,即构成理事会任何会议的法定人数;理事会可建立一种议事程序,允许董事会在它认为适当时无须召开理事会会议而取得理事对某一特定的问题投票。

　　③ 1963 年《建立非洲开发银行的协定》第 31 条、1991 年《建立欧洲复兴开发银行协定》第 25 条规定:(1)理事会应举行年会和它规定或由董事会召集的其他会议。经银行的 5 个成员国或经占成员国总投票权 1/4 的成员方的请求,得由董事会召开理事会会议。(2)占成员国总投票权至少 2/3 的理事或其候补理事的总人数中的多数,构成理事会任何会议的法定人数。(3)理事会可以通过规章制订一项程序,允许董事会在它认为适当时,可以不召开理事会会议而取得理事对某一特定问题的投票。

　　④ 1959 年《建立泛美开发银行协定》第 8 条第 2 节规定:理事会应举行年会和它规定或由董事会召集的其他会议;经银行的 5 个成员国或经占成员国总投票权 1/4 的成员国的请求,得由董事会召开理事会会议;理事会的任何会议的法定人数应是绝对大多数州长的总数,包括绝对多数地区州长的成员,代表不少于总数的 3/4 成员国的投票权;理事会可以通过规章制订一项程序,允许董事会在它认为适当时,可以不召开理事会会议而取得理事对某一特定问题的投票。

　　⑤ 于永达:《国际组织》,清华大学出版社 2011 年版,第 89 页。

决可分为不投票表决制度(协商一致)和投票表决制度两类。世界主要多边开发银行中没有设置协商一致的表决制度,且根据多边开发银行的特征,不提倡金砖银行设置协商一致的表决制度。在此主要探讨的是投票表决制度。

国际组织的投票表决制度包含表决权的分配制度和表决权的集中制度(即规定什么样的表决结果才算有效通过)。

表决权的分配制度有一国一票制和一国数票的加权投票制,表决权的集中制度包括全体一致通过制和多数通过制(包括简单多数和特定多数)。[①] 一国一票制指所有成员国都享有平等的一个投票权。一国一票的加权投票制是指以国际组织特定成员国的责任、贡献、利害关系等为标准,赋予各成员国不同票数或不同等质量的投票权。全体一致通过制,在投票权的分配上实行一国一票制度,会议所产生的重要决议一般均需与会者全体通过,否则将不发生效力。多数通过制是指国际组织的议案必须经出席及投票的成员国多数同意才可以通过(简单多数是指有过半数成员国的同意票即可通过,特定多数是指国际组织根据自己的章程或议事规则规定对于重要问题或特定事项的表决必须经过规定的过半数的特定数目方可通过)。[②]

世行规定成员国拥有的票数是 250,另根据股份的持有量增加相应的票数。[③] 亚行的成员国将投票数分为基本投票权数和比例投票权数。[④] 非行每一成员国持有的投票权数是 625,并根据各成员国在银行的股本数每增加一股本增加一投票权。[⑤] 欧行的各成员国的投票权数应等于其在银行的资

---

① 李秋容:《论国际组织的表决制度》,载《经济与社会发展》2005 年(第 3 卷)第 4 期。

② [日]三宅一郎:《投票行动:微观政治学》,冯建新译,经济日报出版社 1991 年版,第 56 页。

③ 1944 年《国际复兴开发银行协定》第 5 条第 2 节第 4 款、第 5 款和第 5 条第 3 节规定:每一会员国享有 250 票,每持有股份一股另增加一票;除另有特别规定外,本行一切事项均依多数票决定之。

④ 1965 年《建立亚洲开发银行协定》第 23 条第 1 款、第 2 款规定:每一成员的总投票权包括基本投票权数和比例投票权数;基本投票权数是全体成员的基本投票权数和比例投票权数总和的 20% 在全体成员中平均分配的结果;比例投票权数应等于该成员持有的亚行股本数;在理事会的投票中,每名理事应有权投他所代表投票权数;除本协定另有明确规定外,理事会讨论问题时,由出席会议的理事的过半数投票权作出决定。

⑤ 1963 年《建立非洲开发银行的协定》第 35 条第 1 款、第 2 款规定:每一成员国有 625 个投票权,此外,按该成员国所持有的银行股本,每一股本另加一个投票权;在理事会投票时,每一理事应有权按他所代表的成员国的票数投票;除本协定中另有明文规定外,理事会受理的一切问题应以会上投票权的多数作出决定。

本存量。① 泛美行每一成员国的投票数为 135,每持股份一股增加一票。② 可以看出,五大多边行表决权的分配制度为一国数票的加权投票制。

关于表决权的集中制度,各多边开发银行理事会采用的表决规则是多数一致原则(简单多数结合特别多数),即一般情况下理事会受理的一切问题以会上投票权的多数作出决定,协定明文规定特殊事项采取其他表决规则的除外。

2.金砖银行权力机构运行机制的设计

(1)提案制度

鉴于世界主要多边银行权力机构运行中没有设置提案制度,但提案制度将对其权力机构的运行机制产生积极的影响,故对金砖银行的提案制度提出构建。

提案分为预提与正式提。预提即非正式提,可由任何一成员国的理事提出,经过四分之一理事或理事会主席同意后可将此预提上升为正式提,作为一个正式议题交由理事会投票决定。

(2)理事会会议制度

金砖银行理事会会议制度除包括会议类型、法定人数以及可不召开理事会的情形外,还应明确理事会每年年会在银行总部召开。

(3)理事会决策程序

在金砖银行理事会决策程序设计上,分配制度应该采用一国一票制,集中制度应该采用多数一致原则(简单多数加特别多数)。分析如下:

首先,分配制度方面采用的一国一票制度体现了对每一成员国的尊重,是国家主权平等原则(the principle of sovereign equality of states)的体现。在当今的国际关系中,坚持国家主权平等原则仍具有重要的现实意义。③20 世纪以前的国际组织大多采用这种制度,联合国大会也采用一国一票制度。因此采用一国一票的分配方式从更深层次说是各国维护国际法基本原则的体

---

① 1991 年《建立欧洲复兴开发银行协定》第 29 条第 1 款和第 2 款规定:每个成员的投票权的数量应等于其认购股份在银行的资本存量;在理事会投票时,每一理事应有权按他所代表的成员国的票数投票;除本协定中另有明文规定外,理事会受理的一切问题应以会上投票权的多数作出决定。

② 1959 年《建立泛美开发银行协定》第 8 条第 4 节规定:每一会员国享有 135 票,每持有股份一股另增加一票。在理事会投票时,每一理事应有权按他所代表的成员国的票数投票;除本协定中另有明文规定外,理事会受理的一切问题应以会上投票权的多数作出决定。

③ 杨泽伟:《国家主权平等原则的法律效果》,载《法商研究》2002 年第 5 期。

现,是符合国际潮流的,应该在世界上大部分国际组织的运行机制中广泛推广。而一国数票的加权投票制度违背了国家主权平等原则,容易形成一国独大的局面。典型的例子是美国不仅在世行中占了相当大比例的投票权,且世行历届行长都要求具有美国国籍,世行在很大程度上成为美国的银行。虽然其逐渐进行了一些改革,①但由于没有对投票制度本身进行改革,美国的大国主导的主权不平等的局面将永远不会改变。故金砖银行在投票权分配制度上实行一国一票制度是最佳选择。

其次,集中制度方面采用的多数一致原则(简单多数加特别多数)适应金砖银行成员的复杂性特点和理事会高效决策。金砖银行成员国组成有一定复杂性,采用全体一票通过的方式不现实,要想让每个成员国对一项决议全部都形成一致的意见在实践中几乎不可能,全体一票制将导致相关决议形同虚设,造成理事会行使最高权力的困境。根据国际上其他组织包括世界主要多边银行的实践和惯例,多数一致原则具有很强可行性和可操作性。简单多数制在提高决议效率方面有较大优势,但因要求相对较低,会导致一般的决议可以通过多数一致的原则通过,对于一些事关重大、影响范围广的议案,就显得过于草率,降低了理事会决议的权威性。为了弥补简单多数一致原则的缺陷,有必要将其与特别多数一致原则相结合,在遇到一些重大、影响范围广的事项时,采用特别多数一致原则决定,即由投票权的 2/3 多数表决通过决定。

二、金砖银行执行机构及运行机制的建构

(一)名称

1.世界主要多边开发银行执行机构的名称

如前述,除了世行和亚行规定其内部治理结构有理事会、执行董事会、一行长及其他官员和工作人员外,其他多边开发银行均由理事会、董事会、行长及其他官员构成。故世界主要多边开发银行执行机构的名称有两种:董事会(Board of Directors),如非行、欧行、泛美行;执行董事会(The Board of Executive Directors),如世行和亚行。

---

① 如世行发展委员会 2010 年 4 月 25 日通过了世行新一阶段投票权改革方案,中国成为世界银行第三大股东国,仅次于美国和日本。张晓华:《世行投票权重新切蛋糕 国际金融话语权东移》,载《南方都市报》2010 年 04 月 27 日,http://finance.nfdaily.cn/content/2010—04/27/content_11433455.htm,访问日期:2014 年 2 月 17 日。

2.金砖银行执行机构的名称

金砖银行执行机构的名称应为董事会（Board of Directors）。理由是：(1)执行董事（又称常务董事，简称常董）是具一个机构、公司或股份有限公司行政负责权限或法人代表的经理或董事。(2)亚行、非行、欧行的执行机构名称为董事会，金砖银行的执行机构可以援用董事会。

(二)执行机构的职权

1.世界主要多边开发银行执行机构的职权

世行、泛美行的有关协定对其执行机构的职权没有专门进行列举性规定，只是进行一个概括性规定，即负责处理银行的日常业务，应行使理事会所委托的一切权力。[①]

亚行、非行、欧行的有关协定对其执行机构的职权采取专门条款的方式进行列举性规定。亚行董事会的职权包括：理事会的筹备；根据理事会的总方针，对银行相业务作出决定；在年会上提请理事会批准财政年度报告；批准亚行预算。[②] 非行董事会职权包括：负责指导银行的一般经营，选举行长、副行长，筹备理事会，对银行的相关业务问题作出决定及其他跟银行经营业务相关的职权。[③] 欧行理事会职权包括：在不损害理事会权力的前提下负责指导银行的一般经营，理事会委托的权力如为理事会的召开做准备，按照理事会总的指示对银行业务作出决定或提供技术支持，向每届年会提出每一财政年度的

[①] 1944年《国际复兴开发银行协定》第5条第4节第1款规定：执行董事会负责处理银行的日常业务；为此，应行使理事会所委托的一切权力。1959年《建立泛美开发银行协定》第8条第3节第1款规定：执行董事会负责处理银行的日常业务；为此，应行使理事会所委托的一切权力。

[②] 1965年《建立亚洲开发银行协定》第31条规定：董事会负责指导亚行的一般业务经营，为此目的，除行使本协定明确赋予它的权力之外，还行使理事会授予它的一切权力，特别是：理事会的准备工作；根据理事会的总方针，就有关贷款、担保、股票投资、亚行借款、提供技术援助及亚行其他业务作出决定；在每届理事会年会上，提请理事会批准财政年度报告；批准亚行预算。

[③] 1963年《建立非洲开发银行的协定》第33条规定：在不损害本协定第29条规定的理事会权力的情况下，董事会应负责指导银行的一般经营，并为此目的，除本协定明文规定的权力外，还行使理事会委托给它的一切权力，特别是：选举行长，并经行长提名选举银行副行长一人或数人，并确定他们的任期；准备理事会的工作；按照理事会总的指示，就特定的直接贷款、担保、向合股资本投资和银行借贷等问题作出决定；确定直接贷款的利率和担保的佣金；向每届年会提出每一财政年度的账目和年度报告供理事会批准；确定银行行政部门的一般结构。

账目和年度报告供理事会批准,批准预算。①

总体上,世界主要多边开发银行执行机构职权范围的规定有两种:一是概括性规定,即只规定其职权是负责处理银行的日常业务;二是列举性规定,即将执行机构的职权范围具体详细地列举,具体到每一个事项范围,其中具体事项包括理事会会议的筹备、批准预算、在理事会的总指导下为各项业务的开展作出决定;提供财政和年度报告供理事会批准等。非行还赋予了董事会选举行长、副行长并确定他们的任期的权力。

2.金砖银行执行机构职权的设计

金砖银行执行机构职权的设计应该结合世界主要多边开发银行的两种方式进行,即概括性规定加列举性规定。概括性规定指在协定中规定执行机构的职权是负责处理银行日常业务。列举性规定是指在协定中明确列举出执行机构的职权范围,包括筹备理事会会议、草拟预算和决算、提出财政和年度报告供理事会批准等。此种设计的理由是:如果只采用概括性方式,虽然知道大的职权方向,但很有可能让执行机构在执行事务过程中遇到某些事项分不清是否属于自己的职权范围;如果只采用列举性方式,可能会出现以下现象:当发生某些特殊问题需要执行机构解决时,董事会会因没明确规定其职权而不去解决和处理。只有把两种方式结合起来规定金砖银行执行机构的职权,才能更宏观更全面地明晰执行机构的职权。

(三)执行机构的成员组成

1.世界主要多边开发银行执行机构的成员组成

世行的执行机构由执行董事、副董事、行长组成,②泛美行由执行董事、候

---

① 1991 年《建立欧洲复兴开发银行协定》第 27 条规定:在不损害本协定第 29 条规定的理事会权力的情况下,董事会应负责指导银行的一般经营,并为此目的,除本协定明文规定的权力外,还行使理事会委托给它的一切权力,特别是为理事会的召开做准备;按照理事会总的指示,就特定的直接贷款、担保、向合股资本投资和银行借贷等问题作出决定以及提供技术支持;向每届年会提出每一财政年度的账目和年度报告供理事会批准;批准预算。

② 1944 年《国际复兴开发银行协定》第 5 条第 4 节、第 5 节规定:执行董事应为 12人;在执行董事出缺期间,由副董事代行其职权;执行董事应选行长 1 人。

补董事、行长组成,①亚行的执行机构由董事、副董事、行长组成,②非行与亚行一样,③欧行与亚行、非行一致。④ 虽然董事与执行董事、副董事与候补董事在名称称谓上有所不同,但实际含义、职权各自并无不同,故世界主要多边开发银行执行机构的组成人员为董事(执行董事)、副董事(候补董事)、行长。

(1)董事(执行董事)

A.人数

世行将执行董事人数设定为 12 人,其中 5 人应由持有最大股份的 5 个会员国各派 1 人担任,其余 7 人从这 5 个会员国指派的理事以外的所有理事中选举产生。⑤ 泛美行对执行董事人数设定了下限及其产生办法,一个执行董事应当由在银行有最大股份的成员国任命,不少于 3 人的董事应来自非成员国,不少于 10 个董事应该由成员国选举产生。⑥ 亚行将董事的人数设定为 10 人,其中 7 名由亚太地区理事选举产生,3 名由非亚太地区理事产生。⑦ 非行将董事人数设定为 9 人,由不担任理事和候补理事的成员构成。⑧ 欧行将董事的人数设定为 23 人,由不担任理事的成员构成,其中 11 位由代表特定国家的理事选举产生,12 位由董事选举产生,董事会有权根据银行的发展情况增减人数。⑨

---

① 1959 年《建立泛美开发银行协定》第 8 条第 3 节规定:执行董事不少于 16 人;每个成员国执行董事应有一名候补董事在其缺席时替他行事,董事或候补董事需为成员国的公民;应选行长 1 人。

② 1965 年《建立亚洲开发银行协定》第 30 条规定:董事会由 10 名不担任理事会理事的成员组成;每名董事应任命 1 名副董事,在董事缺席时行使董事的全部权力;选出亚行行长。

③ 1963 年《建立非洲开发银行的协定》第 33 条规定:董事会由不担任理事或候补理事的 9 名成员组成,董事会根据成员国总投票权中的多数票选出银行行长。

④ 1991 年《建立欧洲复兴开发银行协定》第 26 条规定:董事会由 23 个不担任理事的董事构成,每 1 名董事都应指派 1 名候补董事,在他缺席时代他行事;行长 1 人。其他的规定与非行相同。

⑤ 1944 年《国际复兴开发银行协定》第 5 条第 4 节。

⑥ 1959 年《建立泛美开发银行协定》第 8 条第 3 节。

⑦ 1965 年《建立亚洲开发银行协定》第 30 条。

⑧ 1963 年《建立非洲开发银行的协定》第 33 条。

⑨ 1991 年《建立欧洲复兴开发银行协定》第 26 条规定:董事会由 23 个不担任理事的董事构成,其中 11 位由理事选举,代表比利时、丹麦、法国、德国、希腊、爱尔兰、意大利、卢森堡、荷兰、葡萄牙、西班牙、英国、欧盟和欧盟投资银行,另外 12 位由董事会选举出代表其他成员国;董事会可以根据银行的发展变化随之增加或减少董事的人数。

B.职权

世界主要多边开发银行的董事(或执行董事)都有管理银行日常经营业务的职权,且有参会权和投票权。[①] 多边开发银行作为国际性的银行,跟一般银行机构一样有借贷等相关业务。如何让这些业务有效运作,最直接的方法是赋予其执行机构的重要组成人员之一即董事以管理银行日常经营业务的职权。而参会权和投票权以实现日常经营业务的管理权的手段而存在。

C.任期

世行执行董事的任期为 2 年,没有明确规定是否可以连选连任。[②] 泛美行执行董事的任期为 3 年,可连选连任。[③] 亚行董事的任期为 2 年,可连选连任。[④] 非行董事的任期为 3 年,可连选连任。[⑤] 欧行董事的任期为 5 年,可连选连任。[⑥] 五大行均规定董事任职至选出合格的下一任董事时止。各银行还对前任董事(执行董事)在缺职的处理情形进行了规定。世行和泛美行规定,如某一选任董事在其任期终了前缺职超过 90 天以上,应由原选举该前任董事的理事另选一董事以继其未满的任期。亚行、非行、欧行规定,前任董事缺职 180 天以上的,应由新继任的董事补上。

(2)副董事(候补董事)

A.人数

副董事(候补董事)的人数与董事的人数一致,因各多边开发银行规定每一董事(执行董事)均应指派 1 名副董事(候补董事),在其缺席时代表董事行

---

① 1944 年《国际复兴开发银行协定》第 5 条第 4 节、1965 年《建立亚洲开发银行协定》第 30 条、1963 年《建立非洲开发银行的协定》第 33 条、1991 年《建立欧洲复兴开发银行协定》第 26 条、1959 年《建立泛美开发银行协定》第 8 条第 3 节。

② 1944 年《国际复兴开发银行协定》第 5 条第 4 节。

③ 1959 年《建立泛美开发银行协定》第 8 条第 3 节。

④ 1965 年《建立亚洲开发银行协定》第 30 条。

⑤ 1963 年《建立非洲开发银行的协定》第 33 条。

⑥ 1991 年《建立欧洲复兴开发银行协定》第 26 条。

使权力。① 因此各多边开发银行副董事的人数与董事的人数相同。各银行还有一些特别规定,如亚行规定一国不得有两名以上的董事和候补董事,非行和欧行规定董事和副董事不得有同样的国籍且二者均为成员国国民,泛美行规定董事和副董事得为成员国公民。

B.职权

由于副董事(候补董事)的身份性质,其职权只有在代董事行使权力时才有与董事一样的权力即参会权和投票权,一般情况只有参会权,没有投票权。

C.任期

各多边开发银行规定,副董事(候补董事)的任期与董事一致。例如,世行执行董事的任期为 2 年,可连选连任,其副董事的任期也是 2 年,可连选连任;非行董事的任期为 3 年,可连选连任,其候补董事的任期也是 3 年,可连选连任。

(3)行长

A.人数

世行、亚行、非行、欧行、泛美行行长的人数为 1 人,副行长的人数为 1 人

---

① 1944 年《国际复兴开发银行协定》第 5 条第 4 节规定:每一执行董事应指派一副董事,在其本人缺席时,全权代行其职权;指派副董事的执行董事出席时,副董事可参加会议,但无投票权。1965 年《建立亚洲开发银行协定》第 30 条规定:每名董事应任命 1 名副董事,在董事缺席时行使董事的全部权力。董事和副董事应是成员国的国民;一国不得有两名或两名以上董事,也不能有两名或两名以上副董事;副董事可以参加董事会会议,但只有在代理董事行事时才有表决权。1963 年《建立非洲开发银行的协定》第 33 条规定:每一名董事都应指派 1 名候补董事,在他缺席时代他行事;董事和候补董事应为成员国的国民,但任何候补董事都不得与其董事具有同一国籍;候补董事可以参加董事会会议,但只有在代替董事行事时才有投票权。1991 年《建立欧洲复兴开发银行协定》第 26 条规定:每一名董事都应指派 1 名候补董事,在他缺席时代他行事;董事和候补董事应为成员国的国民,但任何候补董事都不得与其董事具有同一国籍;候补董事可以参加董事会会议,但只有在代替董事行事时才有投票权。1959 年《建立泛美开发银行协定》第 8 条第 3 节规定:每个成员国执行董事应有 1 名候补董事在其缺席时替他行事,董事或候补董事需为成员国的公民。

或多人(各大多边开发银行没有明确规定副行长的具体人数)。① 世界银行行长(President of World Bank,又称世界银行总裁)是世界银行集团的最高负责人。根据传统,由其最大的股东——美国提名,并由美国人担任。② 亚洲开发银行设行长(The President)1 名,行长下设 3 名副行长(副总裁),分管东、西国别区、财务和行政。③ 泛美行行长和行政副行长,主持银行的业务工作。④

各行特别规定行长不能是理事、董事及这二者的副职。世行的惯例是其行长由美国人担任,⑤亚行明确行长应该是成员国的国民。

综观各大银行各为行长的共同点,是在金融领域有很高造诣、在世界范围内有声望的人士。

B.职权

世行和欧行行长的职权可归纳为以下几个方面:处理银行的日常业务,组织、任免、辞退官员和其他工作人员,对银行负责。⑥ 亚行行长的职权:处理银

---

① 1944 年《国际复兴开发银行协定》第 5 条第 5 节规定:执行董事应选行长 1 人,理事、执行董事或两者之副职皆不得兼任行长。1965 年《建立亚洲开发银行协定》第 30 条、第 35 条规定:理事会以全体理事的过半数(代表成员总投票权的过半数)通过选出亚行行长。行长应是亚太地区成员的国民;行长任职期间,不得兼任理事、董事或二者的副职;董事会应根据行长的推荐任命 1 名或几名副行长。1963 年《建立非洲开发银行的协定》第 36 条规定:董事会根据成员国总投票权中的多数票选出银行行长。1991 年《建立欧洲复兴开发银行协定》第 26 条规定:由多数票选出行长 1 人,不能是理事候补理事,也不能是董事及副董事。1959 年《建立泛美开发银行协定》第 8 条第 3 节规定:由多数票选出行长 1 人,行长不能是理事、董事及二者的副职。

② "世界银行行长",http://www.worldbank.org/,访问日期:2014 年 3 月 15 日。

③ "亚洲开发银行行长",见 http://www.adb.org/zh/main,访问日期:2014 年 3 月 16 日。关于非行行长,可见"非洲开发银行行长",http://www.afdb.org/en/;关于欧行行长,可见"欧洲复兴开发银行行长",http://www.ebrd.com/pages/homepage.shtml。

④ "泛美开发银行行长",http://www.iadb.org/en/inter-american-development-bank,2837.html,访问日期:2014 年 3 月 16 日。

⑤ "盘点历任世界银行行长",新华网 http://news.xinhuanet.com/fortune/2012—04/17/c_122992150.htm,访问日期:2014 年 3 月 16 日。

⑥ 1944 年《国际复兴开发银行协定》第 5 条第 5 节、1991 年《建立欧洲复兴开发银行协定》第 26 条规定:行长为银行工作人员的主管,在执行董事的指导下处理银行日常业务,并在执行董事总的管理下负责官员和工作人员的组织、任命及辞退;行长、官员和工作人员在执行其任务时,应完全对银行负责,而不对其他官方负责;各会员国应尊重此种职责的国际性,并应制止在他们执行职务时对他们任何人施加影响的企图;行长任命职员和工作人员时,最重要的,应以其是否能达到最高的工作效率和技术能力为标准,并应尽可能注意按广泛的地区性录用人员的重要性。

行日常业务,组织、任命、辞退银行官员或其他工作人员,向董事会提出副行长的人员。① 非行和泛美行的职权:处理银行的日常工作,责任人员的编制工作,按银行制度、条例任免工作人员,制定条例选任副行长。②

C.任期

尽管在相关协定中没有明确规定世行行长的任期,但是根据对历届行长的分析可知其任期为 5 年,可连选连任。亚行、非行、泛美行行长的任期均为 5 年,可连选连任。③ 欧行行长的任期为 4 年,可连选连任。④ 亚行还专门对缺职 180 天以上的行长的处理进行了规定。

2.金砖银行执行机构成员组成的设计

(1)董事

A.人数

各大多边开发银行根据自身特点进行董事人数安排,因而各不相同。例

---

① 1965 年《建立亚洲开发银行协定》第 30 条、第 35 条规定:行长为亚行工作人员的首长,在董事会的指导下处理亚行日常业务,并根据董事会制定的规章,负责亚行官员和工作人员的组织、任命及辞退;行长任命官员和工作人员时,首先要确保最高水平的效率和专业能力,并应适当注意从尽可能广泛的地区基础上录用人员;在行长出缺或不能履行职务时,由副行长,在有几名副行长时则由第一副行长行使行长的权力,履行行长的职责;副行长可参加董事会会议,但在会上无投票权;但当根据情况由副行长或第一副行长代理行长职务时,可投决定票。

② 1963 年《建立非洲开发银行的协定》第 36 条规定、1959 年《建立泛美开发银行协定》第 8 条第 3 节规定:行长应为银行职员的首长,在董事会的指导下处理银行的日常业务;行长应负责人员的编制工作,按照银行制定的条例任命和解雇银行的官员和普通职员,并按照合理的管理条例和财政政策确定雇佣的条件;行长应为银行的合法代表。银行应制定条例,规定在行长缺席或行长职位出缺时何人应为银行的合法代表并履行行长的其他职责;行长在任用官员和普通职员时,应首先考虑具备最高标准的效率、技术上的造诣和正直;他应充分注意在非洲各国的国民中间召用人员,特别是对行政性质的高级职位而言;他应在尽可能广泛的地理基础上招用职员。

③ 1965 年《建立亚洲开发银行协定》第 30 条规定:行长任期 5 年,可连选连任;但当理事会以全体理事的 2/3(代表成员总投票权数的 2/3 以上)投票通过作出终止其职务的决定时,行长即应终止任职;若行长职位不论任何原因在任期结束前出缺 180 天以上,理事会应根据本条第 1 款的规定,选出 1 名继任人,在余下的任期内任职。1963 年《建立非洲开发银行的协定》第 36 条规定:行长的任期为 5 年,连选得连任;如董事会根据成员国总投票权 2/3 的多数票,决定终止行长的职务,行长应终止任职。1959 年《建立泛美开发银行协定》第 8 条第 3 节规定:行长的任期为 5 年,可连选连任。

④ 1991 年《建立欧洲复兴开发银行协定》第 26 条规定:行长的任期为 4 年,可连选连任。

如，亚行以亚洲会员为主，大部分董事从亚洲选出；世行和泛美行强调股份的重要性，必须有占大部分股权的成员国派出或选举出，这是由世行和泛美行大国主导的特点所决定的；欧行要求 11 名董事均由欧洲国家的理事选出，这是由欧行的成员国大多来自欧洲的特点决定的。

金砖银行的董事人数应该根据成员国的特殊性来设置。为了使各成员国的利益得到有效的平衡，金砖银行的董事至少应为 5 人，且从各创始成员指派 1 名，董事不得是理事会成员，后加入者指派董事可以由理事会选举产生或该成员国直接指派 1 名。当理事会认为董事的规模需要调整时，可以决定增加或减少董事的人数。

B.职权

借鉴世界主要多边开发银行的董事（或执行董事）的规定，金砖的董事有管理银行日常经营业务的职权，有参会权、发言权、建议权和投票权。

C.任期

董事的任期应该与理事的任期相同即 5 年，可连选连任。还应规定，董事未履行好相关义务时可以通过董事会决议解除董事的职务。原因有三：一是在连选连任上遵循国际惯例，与世界主要多边开发银行连选连任的做法一致；二是使理事与董事的任期保持一致；三是从源头上提示董事时刻记住自己的职责，一旦超越法定权限即将被取消董事资格，以保持董事的职业素养。

D.董事长

董事长由董事会全体成员从董事中选举产生，任期 2 年，可连选连任，但在任期内的国籍不得与理事会主席、监事长相同，其职责是主持董事会的日常工作，代表董事会向理事会负责。

（2）副董事

A.人数与职权

金砖银行在名称上宜直接规定"副董事"，不宜采用"候补董事"名称。在人数上应与董事的人数相同。因副董事执行职务的过程是维护其国家利益的过程，副董事应为成员国的国民，不得是理事会成员。副董事的职权应为：在董事缺席时享有投票权。

B.任期

金砖银行副董事的任期应是 5 年，可连选连任。副董事没有尽到相关义务时理事会可按规定通过决议解除副董事的职务。

（3）行长、副行长

A.人数设置

金砖银行应当设行长 1 人,由在国际金融领域有高深造诣和品格高尚的人担任,但在同等条件下成员国的国民优先。设副行长若干人,由成员国和其他国家的国际金融职业经营管理人担任。行长、副行长不得是理事会、董事会的成员。

B.职权与职责

行长的职权应是,根据协定的规定和董事会的指导全面负责处理银行的日常经营管理业务。其具体职责包括:为银行的法定代表人和银行职员的首长,执行理事会和董事会的决定并报告工作,草拟经营发展规划和年度计划,草拟银行经营管理具体制度,负责银行人员的编制,按银行规定的条件提出任免副行长和各部门正、副职负责人的建议名单,按银行规定的条件任命和解雇基层官员和普通职员,按照银行的规定和财政政策确定雇佣的条件,履行银行授权的其他工作。

副行长的职权是,按行长的分工并协助行长负责银行的部分日常经营管理业务。

C.任期

行长、副行长的任期应为 5 年,可连选连任。对履职不力或有其他不适合继续任职的行长和副行长,经董事会提议、理事会决定解聘。

(四)执行机构的运行机制

1.世界主要多边开发银行执行机构的运行机制

(1)董事会(执行董事会)提案制度

世界主要多边银行对执行机构运行中的提案制度没有明确规定,但提案制度在执行机构运行中具有重要作用,其执行机构运行未设置提案制度实属缺陷。

(2)董事会(执行董事会)的会议制度

世行和泛美行的执行董事会会议制度基本相同,即执行董事会可以根据业务需要经常召开会议,会议法定有效条件为出席会议的法定董事人数过半数且不少于半数总投票权。[①] 亚行、非行、欧行的董事会会议制度基本相同,即董事会可根据银行业务需要召开经常性会议;代表成员国投票权总数的 2/3 以上的过半数董事构成董事会的法定人数;成员国中无董事时可派 1 名代

---

① 1944 年《国际复兴开发银行协定》第 5 条第 4 节、1959 年《建立泛美开发银行协定》第 8 条第 3 节规定:执行董事应常驻银行总办事处办公,并根据银行业务需要经常开会;执行董事每次会议的法定人数应为过半数董事,并持有不少于半数的总投票权。

表参加会议,但无表决权。①

（3）董事会的决策程序制度

世界五大多边开发银行董事会的决策程序制度是一致的,即表决权的分配制度为每一董事有权按选出他时所得的票数投票,表决权的集中制度为多数一致（简单多数加特别多数）。②

2.金砖银行执行机构的运行机制的设计

（1）董事会提案制度

任何董事有权就银行的经营业务和管理事项向董事会提出议案,经半数董事同意后,列入董事会会议议程,由董事会投票决定。

（2）董事会会议制度

会议类型应为经常性会议,董事可根据业务需要随时召开会议。由于董事会的职权是执行银行日常业务,而日常业务琐碎,需在遇到较重要的问题时立即召开会议解决,因此经常性会议有利于及时高效解决银行业务问题。

董事会会议的法定人数宜为过半数且不少于半数投票权的董事出席。当成员国无相应的董事时,可以委派代表参加会议发表意见或建议但无表决权。

（3）董事会决策程序制度

董事会的决策程序制度应与理事会相同,即在分配制度方面实行一国一票制,在集中制度方面采用简单多数并适当兼顾特别多数的多数一致原则。原因在于尽管理事会是权力机构,董事会是执行机构,但两者运行的本质是相同的,即都是要通过决策程序实现银行管理和经营的有效、顺利进行。

三、金砖银行监督机构及其运行机制的建构

世界主要多边开发银行对监督机构的设置和运行机制没有明确规定。通

---

① 1965年《建立亚洲开发银行协定》第32条、1963年《建立非洲开发银行的协定》第34条、1991年《建立欧洲复兴开发银行协定》第28条规定:董事会通常应在银行总部办公并根据银行业务需要随时召开会议;代表成员国投票权总数的2/3以上的过半数董事,即构成董事会任何会议的法定人数;理事会应订立规章,规定如果董事中无某一成员国的国民,则在审议特别与该国有关的问题时,该成员可派1名代表出席会议,但无表决权。

② 1944年《国际复兴开发银行协定》第5条第4节、1965年《建立亚洲开发银行协定》、1963年《建立非洲开发银行的协定》第33条、1991年《建立欧洲复兴开发银行协定》第29条第2款、1959年《建立泛美开发银行协定》第8条第4节规定:在董事会投票时,每一董事有权按选出他时所得的票数投票,上述票数应作为一个单位投票;除本协定另有规定外,董事会受理的一切问题应以会上投票权的多数作出决定。

过上文的分析可知,作为多边开发银行的金砖银行具有以下法律特征:一是具有较广泛的成员国;二是具有独立于成员国的财产;二是具有独立的法律资格,能以自己的名义参与国际政治经济等活动。① 这些特征与公司相似。在现代经济社会中,公司控制权和所有权的高度分离必然需要一个专门机构对经营管理机构进行监督,防止其损害公司股东和公司利益,公司内部专门监督机构的设置和运行是现代公司制度发展的必然要求。② 作为与公司法律特征相似的金砖银行,在运行过程中同样可能会出现理事、董事、行长损害银行及其股东利益的情况,为预防此损害的发生,在构建金砖国家开发银行的内部治理结构时,可以按公司的模式构建完善的内部监督机构。

(一)名称

关于公司的监督制度,当今世界大致有两种:独立董事制度(The Independent Director System)和监事会制度(The Board of Supervisors System)。独立董事制度发端于美国。美国、英国公司法均确立单层制的公司治理结构即公司机构仅包括股东大会和董事会,无监事会。独立董事实际上行使了双层制中监事会的职能。③ 监事会制度由德国创立,公司由董事会负责经营管理,但要接受监事会的监督,董事也由监事会任命。④ 我国于2005年在新公司法中规定了监事会制度,形成了我国公司治理结构中独立董事与监事会并存的监督模式。

根据独立董事制度可知,公司中没有独立的监事机构,只是董事会在运行过程中充当了监督机构的职能,故不符合金砖银行构建专门监督机构之目的,而监事会制度能达到此目的。故金砖银行监督机构的设置应采取监事会制度,其机构名称应为监事会(The board of supervisors)。

(二)监督机构职权的设计

金砖银行监事会的一般职能是按协定规定和理事会的决定监督银行经营活动,重点监督理事、董事和行长履行职责情况。监事会需强化监督检查职

---

① 占云生等:《多边开发银行的信用特征及主要风险》,载《时代经贸》2012年10月(第256期)。

② 于洋:《论公司内部监督机构在公司治理结构中的重要性》,载《法制与社会》2010年第3期。

③ 汉密尔顿:《美国公司法》,齐东祥等译,法律出版社2008年版,第124页。

④ 怀克、温德比西勒:《德国公司法》,殷盛译,法律出版社2010年版,第178页。

能,加强对理事、董事和行长的考核评价,有效约束理事、董事和行长的履职行为。具体言之,金砖银行监事会的主要职责包括:向理事会会议提出监督提案;列席董事会会议;检查银行财务,调查银行的业务与财务状况;对董事、行长执行职务时违反相关协定的行为进行惩罚监督;对损害银行权益的董事,有权要求其改正并作出相应弥补;履行协定规定和理事会授权的其他职责。

(三)监督机构的成员组成的设计

金砖银行监事会成员应该包括监事、监事长。

1. 监事

(1)人数

金砖银行的监事人数应与董事的人数一致,即监事至少为 5 人,每个创始成员指派 1 名。后加入的成员国可以推荐监事但应由理事会选举产生。理事会认为监事会的人数需要调整的,可以决定增加或减少监事的人数。

金砖各国指派的监事不得是金砖银行理事会、董事会的成员,其他监事可以由成员国以外的国民担任。此种设计的目的在于最大程度保障监督机构的中立性和独立性。

(2)职权

监事的职责是对银行的经营管理活动进行监督,包括出席监事会会议并享有建议权和投票权;向监事会提出监督提案;提议召开临时监事会会议;列席董事会会议,但不享有投票权;对不履职或损害银行利益的所有管理人员和普通职员提出处理意见;履行协定规定、理事会和监事会授权的其他职责。

(3)任期

为了保证监督机构组成人员的任期与权力机构、执行机构组成人员任期的一致性,监事的任期宜为 5 年,且可连选连任。

2. 监事长

(1)人数

为保障监事会的有效运行,监事会应设监事长 1 人、副监事长 1 人,由各监事轮流担任,且不得与理事会主席、董事长、行长的国籍相同。此种设计的理由是:当监事长不能履行职责时,由副监事长代为履行;轮流担任能使每位监事都能站在公正立场维护银行及其股东利益,有效监督各成员国的理事、董事、行长和部门负责人等高、中层管理人员,避免一国操纵董事会、监事会。

(2)职权

监事长的职责是全面负责监事会的日常工作,具体包括:主持监事会会议,向理事会报告监事会工作,对监事会成员进行职责分工,主持起草银行的监督管理细则,履行协定规定和理事会授权的其他职责。

副监事长在监事长不能履行职责时代行监事长职权。

(3)任期

监事长、副监事长的任期宜为 2 年,自轮流上任之日起至上任后第二次年会。

(四)监督机构运行机制的设计

1.监事会提案制度

金砖银行监事会的提案分为预提案与正式提案。任何监事均有权提出预案,经过半数的监事同意后上升为正式提案,提交监事会会议投票决定。

2.监事会会议制度

金砖银行监事会会议分年度会议、经常性会议和临时会议。年度会议每年召开一次。经常性会议每两个月召开一次。临时会议可根据经营管理机构及其负责人履行职权时出现的问题,经监事长提议或经两名监事提议,随时召开。

监事会会议法定人数宜根据会议的类型分别确定。年度会议应由全体监事出席方为有效,经常性会议和临时会议应由全体监事 2/3 以上出席方为有效。

如果成员国无监事,可以指派代表列席监事会会议。该代表在会议上有发言权、建议权,但无表决权。如果无监事的成员国对监事会作出的决议有异议,应在该次会议结束后按照程序向监事会提出。

3. 监事会决策程序制度

监事会的决策程序可实行反向一致和票决制度,即重大事项经全体监事协商一致且不反对议题及其内容即为通过,重要事项经全体监事 2/3 赞成票通过,一般事项经全体监事半数赞成票通过。

四、金砖银行三机构协调机制的建构

金砖银行的理事会(权力机构)、董事会(执行机构)、监事会(监督机构)构成了其完整的内部治理机构。虽然这三大机构相互独立地履行权责,但在银行的实际运行中是相互依存的,最终目标是共同的、一致的,需要构建三机构的协调机制。在此方面,金砖银行无法借鉴世界主要多边开发银行的类似协

调机制,需要借鉴股份有限公司治理结构中的协调机制进行创新。

在股份有限公司中,股东大会是最高权力机构和最高决策机构,负责决定公司的重大事项,向股东负责;董事会是公司的最高执行机构,代表公司对各种业务事项作出意见表示或决策,组织实施和执行这些决策,负责公司的日常经营;监事会对董事会执行的业务活动实行监督。[①] 股份有限公司的上述三机构形成了独立运行、相互制衡但又相互协调的完整治理机制。

金砖银行三机构协调机制的建构可借鉴上述机制并创新。(1)理事会在银行内部治理结构中具有最高权力地位,是最高权力机构和最高决定机构,其做的决定具有最高效力,董事会和监事会必须执行理事会作出的任何决定。(2)董事会在银行内部治理结构中具有最高执行机构的地位,受理事会领导并对其负责,在协定规定和理事会授权的范围内负责银行的日常经营业务及其管理,受监事会监督,使银行的经营活动朝预定目标健康有序地发展。(3)监事会在银行内部治理结构中具有最高监督机构的地位,受理事会领导并对其负责,在协定规定和理事会授权的范围内对董事会的日常经营业务及其管理活动、银行全体管理人员和普通职员进行监督,使银行朝预定目标正确、合法、有效地发展。

五、金砖银行内部治理结构的主要条文建议稿

综合前述的研究与构建,拟就金砖银行内部治理结构的主要条文提出以下建议稿。

(一)理事会

1.理事会是本银行的最高权力机构和最高决定机构,对银行的重要事项作出决定,包括:

(1)决定新成员的加入条件和批准新成员,暂停或终止成员资格;

(2)修订和解释本协定,裁决董事会、监事会在解释和适用本协定中的分歧;

(3)决定调整董事会、监事会的组成人数,任免董事会、监事会组成人员,任免行长、副行长,决定银行高层管理人员薪酬;

(4)决定增加或减少银行资本总额,建立或接受特别基金的管理,决定银行停业和分配银行的资产;

---

① 蒋学跃:《法人制度法理研究》,法律出版社 2007 年版,第 94～102 页。

（5）批准本银行经营发展规划和年度计划；

（6）批准本银行的预算和决算；

（7）批准银行的总资产负债表和损益报告书；

（8）审议和通过董事会和监事会的工作报告；

（9）决定向董事会、监事会的授权；

（10）制定本银行基本管理制度；

（11）批准银行签署的各种协定；

（12）履行本协定规定的其他职责。

2.理事会由各成员委派的理事 1 名、副理事 2 名组成。其任期分别为 5 年,但得按照指派成员国的意愿在任期任何时候解除职务或重新指派理事、副理事。理事会主席由各创始成员委派的理事轮流担任,自理事会本次年会结束之日起至下次年会结束之日止。

3.理事的职权包括:对银行的经营发展提出建议,出席理事会各种会议并对各项议题进行投票,对董事会和监事会成员、行长和副行长的任免提出建议,为银行有效运行提供明智和公正的指导,有效避免成员国间利益冲突,参加特别委员会组织的特别活动,行使本协定规定的其他职权。在理事缺席或无法履行职责时由派出国的 1 名副理事代行职权。理事会主席的职权是主持理事会的日常工作和行使本协定规定的其他职权。

4.任何理事可以就本银行的经营发展、业务和管理提出建议,经 1/4 理事或理事会主席同意后,列入理事会会议议题并由理事会投票决定。理事会每年在银行总部召开一次年会,但具有下列情形之一时,可以召开临时会议:1/5 成员提议,1/4 理事提议,董事会或监事会提请,理事会主席认为必要。出席理事会会议的法定人数为出席会议的理事达到成员国投票权总数 2/3。理事会会议由理事会主席召集或主持。理事会会议议题由出席会议的理事投票决定是否通过。一般议题经理事会全体成员过半数赞成票通过,重要议题经理事会全体成员过 2/3 赞成票通过。

（二）董事会

1.董事会为本银行的最高执行机构,负责处理本银行的日常经营业务及其管理,包括筹备理事会,执行理事会的决定,向理事会报告工作,拟定和执行经营发展规划和年度计划,制定经营及其管理细则,决定经营管理机构或派出机构的设置与职能,制定中层及以下管理人员和普通职员的招聘、解聘条件和薪酬政策,审议本银行签署的各种协定,行使本协定规定的其他职权或理事会的授权。

2.董事会至少由 5 名董事和 5 名副董事组成,由创始成员各委派 1 名董事和 1 名副董事,董事、副董事不得是理事会、监事会成员。新加入的成员的董事、副董事由理事会选举产生。董事、副董事的任期为 5 年,可连选连任。副董事在董事不能履行职责时代行职权。董事、副董事未履行相关义务时,经董事会提议由理事会决定解除职务。董事长由董事会全体成员从董事中选举产生,任期 2 年,可连选连任,但其任期内的国籍不得与理事长、监事长相同,其职责是主持董事会的日常工作,代表董事会向理事会负责。

3.任何董事可以就银行的经营业务及其管理提出建议,经董事长同意或超过 1/3 董事同意,列入董事会会议议题,由董事会会议投票决定。

4.董事会会议为经常性会议,每月定期在银行总部召开一次;如遇特殊情况,经董事长提议或 1/4 董事提议可临时召开。董事会会议须经不少于 2/3 投票权的董事出席方为有效。成员国无相应董事时可以委派代表列席董事会会议,该代表有相关的建议权但无表决权。

5.董事会会议决策实行票决制,重要事项过全体董事 2/3 赞成票通过,其他事项过全体董事半数赞成票通过。

(三)银行副行长

1.本银行设行长 1 人、副行长若干人。行长、副行长任期 5 年,可连选连任;可以是世界各国金融领域造诣深、品格高尚的人,但同等条件下来自成员国者优先。

2.行长的职权是负责本银行的日常经营管理业务,包括作为本银行的法定代表人开展各种对外活动,执行理事会、董事会的决定,向董事会、理事会报告工作,拟制本银行业务发展规划和年度经营计划,向董事会、理事会提出经营管理建议,拟制有关经营管理细则,拟定中层及以下官员和普通职员的任免条件和薪酬,行使本协定和理事会、董事会的授权。

3.副行长协助行长分管银行的部分业务工作,向行长负责。

(四)监事会

1. 监事会是本银行的最高监管机构,负责本银行经营及其管理的日常监管工作,包括执行理事会的决定、向理事会报告工作,检查本银行的财务状况,对本银行所有管理人员和普通职员违反协定和管理制度的行为进行监督检查,对违反本协定和职业操守的人员提出惩处建议,行使本协定规定的其他职权和理事会的有关授权。

2. 监事会至少由 5 人组成,由创始成员各委派 1 名,不得是理事会董事会成员,新加入成员国的监事由理事会选举产生;任期为 5 年,可连选连任。

监事长、副监事长由各成员的监事轮流担任,任期为 2 年,但其任期内的国籍不得与理事会主席、董事长、行长相同。监事长的职责是主持监事会日常工作并代表监事会向理事会负责。监事长不能履行职责时由副监事长代为行使。

3. 任何监事可以就监事会职责范围内的事项提出建议,经监事长同意或超过 1/3 监事同意,列入监事会会议议题,由监事会会议决定。

4. 监事会会议为年度和经常性会议。年会每年在银行总部召开 1 次。经常性会议每月在银行总部召开一次如遇特殊或紧急情况,经监事长或 1/3 监事提议,可以召开临时会议。监事会会议的法定人数为出席会议的监事过全体监事 2/3。成员国无监事时,可以派代表列席会议,该代表有发言权、建议权但无表决权;如对监事会的决议有异议,应在监事会会议后按程序向监事会提出。

5.监事会决策实行反向一致和票决制度。重大事项经全体监事协商一致且不反对议题及其内容即为通过,重要事项过全体监事 2/3 赞成票通过,一般事项过全体监事半数赞成票通过。

Construction of the BRICS Development Bank's Internal Governance Structure

Yang Zongfang

BRICS have developed steadily the increasingly close economic and trade corporation after the financial crisis in 2008, the establishment of BRICS Development Bank is one of the most part of the corporation. This paper is to analyze the legal construction of internal governance structure of the BRICS Development Bank, propose the building of the operating and coordination mechanism of the organ of authority, executive body, supervisory, and finally put forward legal scheme for internal governance structure so as to provide reference for the effective operation of the BRICS Development Bank.

Keyword:BRICS Development Bank, Internal Governance Structure, authority body, executive body, supervisory body

Rodrigo do Val Ferreira *

Law and Social Order: An Outline on Major Brazilian Legal Reforms on Years 2013 — 2014

JUNE PROTESTS

On June 2013, Brazil was shaken by one of the greatest social mobilizations, since 1992, when President Fernando Collor de Mello was deposed, on accusations of corruption. Again, hundreds of thousands of people gathered on the streets of all major Brazilian cities, fighting for what was, at least in the beginning, an unclear reform.

In sum, the June Movements, as it became known, was triggered by a raise of R $ 0.20 - equivalent to approximately RMB 0.50 - on public transportation fares, in Sao Paulo, Brazil's largest city. The initial protest was organized by a small leftist group founded in 2005, during the World Social Forum, fighting for fee public transportation. After having succeeded in the inclusion of millions of people from poverty into the middle class, the general slowdown on the Brazilian economy was seen, by a number of

---

* Rodrigo do Val Ferreira(谷伟锋), Brazilian, Research Scholar of the Academe of BRICS Laws, Southwest University of Political Science And Law; Master Degree in Law and Social Sciences and MBA in International Relations, Brazilian lawyer in China for a long time, Founding Partner of a cross-border investment platform called ALA HOLDING GROUP (an Asia Latin America Group), Arbitrator of the Shanghai International Economic and Trade Arbitration Commission (Shanghai International Arbitration Centre), Executive Secretary of Foro Brasil China (a group gathering the senior most representatives of all Brazilian investments in China).

people, including that group, as a threat to their long struggle for improvements on social standards. Despite the small amount involved, the raise on public fares, not followed by improvements on the quality of the services, meant the Brazilian government was not doing enough for the most fragile portion of its population.

What started as a small legit protest, however, suddenly escalated into a massive movement, after Sao Paulo State police used excessive force, hitting some of the journalists that were covering the events on its path, shifting public opinion in favor of the protestors. Even though the police was subordinated to a local state government, controlled by an opposition party to the federal government, this was the trigger for large media groups (still nowadays in the hands of only 7 wealthy families) and opposition forces to hijack and scale up the events.

With the help of social media, in the same way as with Arab Spring, Occupy Wall Street, Los Indignados, Taksim Square, Maidan Square, among others; opposition forces, some of them ideologically contradictory to the initial protestors, also joined the protests aiming to create social instability and weaken the government. At this point, even though it was clear that reforms were needed and that a great portion of the society was unhappy with the government, it was very unclear what were the true actual demands.

THE LEGAL AGENDA

Two weeks after the beginning of the protests, there were hundreds of claims being shouted on the streets, but very few of them actually linked to the initial motive, the raise on public transportation fares. Among the demands, some were claiming for a government response on punctual policies, such as democratization of the Brazilian media, improvements on mass transportation systems, better administration of public expenditures, fight on corruption, etc., while others were largely empty expressions of hatred and discontentment, in special from the right wing sector, unable to democratically displace the left wing from federal government, since 2002.

On June 18, 2013, it started to circulate on the internet an anonymous

video focusing the main demands into 5 essential topics to be addressed by the Brazilian government. As a first attempt to organize a diffuse social claim, the 5 topics soon became central points for the protestors. These were: (i) rejection of a proposal of constitutional amendment that would eliminate investigative powers from the public procurator, known as PEC 37; (ii) renouncement of the president of the senate, Senator Renan Calheiros; (iii) investigation and punishment to corruption accusations linked to the infrastructure projects related to the FIFA 2014 World Cup; (iv) enactment of a law imposing severe status to crimes related to corruption; and (v) end of privileged jurisdiction for criminal law suits against public officials. Slowly, a legal reform agenda was rising from the noises and shouts of an unorganized social unrest.

On June 24, 2013, after conducting meetings with the leadership of the Free Public Transportation Movement, as well as 26 mayors of major Brazilian cities and Governors of all Brazilian States, President Dilma Rousseff announced her official response to the Brazilian society, in what became known as the 5 social pacts. Later, about President Dilma's reaction, Hillary Clinton wrote: "*Dilma is a formidable leader whom I admire and like. (..) She showed her mettle in 2013, when Brazilians, frustrated by slowing growth, rising prices, and the perception that the government was more focused on preparing for high-profile events like the 2014 World Cup and 2016 Olympics than improving life for the average citizens, took to the streets in protest. Instead of rebuffing or beating and jailing protestors, as many other countries have done, including Venezuela, Dilma met with them, acknowledged their concerns, and asked them to work with the government to solve the problems*".①

Within the 5 pacts, President Dilma proposed to the nation: (i) an ample improvement on public transportation, with increase on investments, tax incentives, civil participation on enactment of new policies, among others; (ii) political reform through a plebiscite, as well as crackdown on corruption, including recognizing corruption as a severe crime, with higher

---

① Hard Choices: A Memoir, page 261 (Hillary Rodham Clinton).

punishments; (ⅲ) increase investments in public health, including incentives and subsides to motivate doctors to work on poorer regions; (ⅳ) dedication of 100% of oil royalties and 50% of pre-salt oil royalties exclusively on education; (ⅴ) maintenance of Brazil's fiscal policies with well controlled government expenditures, as well as target inflation rates.

AFTERMATH

Following those troubled days on June 2013 and President Dilma's 5 pacts plan, some of the legal reforms took place right away, such as the raise on severity for crimes related to corruption, enacted the day after Dilma's speech. Others were also approved right after, even though with slight modifications brought in by the oppositions parties, as the distribution of the oil royalties, that in the end also contemplated a 25% fund on public health. Others, on the other hand, were left for a long debate in 2014, during our presidential elections, and are still pending.

Just like 2013, 2014 meant for the Brazilian legal system times of great debate and fight for change. During the 2014 electoral campaign that preceded the elections, several major substantial reforms were addressed by the candidates.

In its core, two of the main claims largely demanded during the 2013 riots: (ⅰ) the plebiscite for political reform and (ⅱ) democratization of the Brazilian media. These are, at the moment, some of the issues President Dilma, now reelected by a short majority of votes, will need to address, despite the strength of the opposition.

If we would like to give an ancient Chinese philosophical meaning to the years 2013 and 2014 in Brazil, it is possible to conclude that, having indulged in corruption or at least being unable to sufficiently prevent it, the Mandate of Heaven was nearly withdrawn twice (during the protests and elections) from Brazil's left wing Labors Party, after 14 years in power. Due to the lack of a firm political agenda from the opposition parties, as well as President Dilma's prompt response, addressing the major demands with ample legal reforms, Heaven decided to give Dilma one more chance, with a second 4 years term mandate. Whether she will be able to reunite the society

into one direction, address the people's main concerns and keep improving social standards in Brazil, it is a new chapter of our History, to be seen. Future will tell us, starting on January 1, 2015.

✳ 姜 朋*

身份差别与劳工平权:巴西家政佣工权利新法及其启示

内容摘要:2013 年巴西议会通过了第 72 号宪法修正案,赋予家政佣工与其他工人基本相同的劳动权利。在宪法条文中详细开列劳工权利巴西宪法的一大特色。反观中国,家政佣工与其受雇的个人或家庭之间被认为属于雇佣合同关系,而非劳动关系,家政佣工只能根据合同约定或《侵权责任法》的规定寻求法律救济,无法像劳动关系下的劳动者那样享受相关的劳动权利以及社会保障。我国劳动立法在对家政佣工(以及其他受雇于个人的雇工)的权利保护方面仍有很大的改进空间。

关键词:巴西 家政佣工 劳动权利

如果认识遥远的国家对我们来说是重要的和有用的,那么肯定地说,把工作做得更好,并更好地认识那些使我们在自己的国家中能够生活得

---

* 姜朋,法学博士,清华大学经济管理学院副教授、清华大学经济管理学院中国—拉丁美洲管理研究中心研究员。

更幸福的主要方法,其重要性和用途也不会小于前者。

————[英]边沁《政府片论》

一、就业领域的身份差别

中国的就业关系存在着明显的身份差别。更确切的说法是,法律一方面通过识别双方的身份及其之间的合约类型,确定双方的权利义务关系;另一方面基于这种权利义务关系固化了当事人(尤其是就业者)的身份。[①] 以直接受雇的家政佣工为例,现实中大部分家政公司采用的是"中介制",即只是作为中介机构提供居间服务,介绍个人或家庭雇主与家政工签订"雇佣合同",并收取介绍费。雇员提供劳务,雇主向家政工付费。最高人民法院《关于审理人身损害赔偿案件适用法律若干问题的解释》(法释〔2003〕20 号)第 11 条第 1 款规定:"雇员在从事雇佣活动中遭受人身损害,雇主应当承担赔偿责任。雇佣关系以外的第三人造成雇员人身损害的,赔偿权利人可以请求第三人承担赔偿责任,也可以请求雇主承担赔偿责任。雇主承担赔偿责任后,可以向第三人追偿。"其中"雇主"一词与第 12 条所用的"用人单位"判然有别。而第 11 条第 3 款更明确了这一点:"属于《工伤保险条例》调整的劳动关系和工伤保险范围的,不适用本条规定。"于是,受雇于"雇主"的家政工被排除在了劳动合同关系和相应的社会保障范围之外;遇有纠纷时,其无法援引《劳动法》、《劳动合同法》、《劳动争议仲裁法》、《工伤保险条例》的规定,而只能根据合同约定或《侵权责任法》的规定寻求法律救济。[②]

这种用工身份以及权利上的差别在巴西也存在。由于历史的原因,巴西家政佣工长期无法像其他劳工一样享有宪法上规定的劳工权利。不过,经过不断争取,家庭佣工的法律地位逐渐得到改善。1972 年的第 5859 号法律为家政佣工提供了基本的劳动和社会保障。2006 年的第 11.324 号法律规定家

---

① 姜朋:《劳动合同与身份差别》,载《中国法律》2009 年第 2 期。

② 刘明辉:《推动家政工权益保障立法的经历与感悟》,载胡大武主编:《理性与选择——家政工人研讨会论文集》,中国政法大学出版社 2011 年版,第 8、9 页。相关案例见陈维礼诉赖国发雇佣合同纠纷案(四川省广汉市人民法院一审,四川省德阳市中级人民法院 2000 年 3 月 15 日终审)。又如,"刘守范诉易家清因其子在受雇期间发生工伤事故致死请求赔偿纠纷案",最高人民法院中国应用法学研究所编:《人民法院案例选(1992—1999 年合订本)·民事卷》下,中国法制出版社 2000 年版,第 1647~1649 页。

庭雇主需向家政佣工提供休息日和休假,禁止 18 岁以下的人从事家佣工作。[1] 最新的变化发生在 2013 年复活节后,巴西参议院批准了第 72 号宪法修正案,赋予家政佣工 17 项宪法性劳动权利,从而使得家政佣工享有了与其他工人基本相同的劳动权利。[2]

二、巴西宪法规定的基本劳工权利

专门为某一特定群体的劳动权利修改宪法,这种做法非常有特色。就世界范围来看,类似的做法并不多见。比如在美国,有关就业机会均等、职业安全健康等劳工权益方面的立法直到 1964 年民权法案通过后才开始出现。[3] 又如在法国,尽管其宪法委员会认为劳动者享有的"有宪法价值的权利"包括了工会自由权、罢工权、参与企业管理和劳动条件决定的权利、健康权、物质保障权、休息和娱乐权、就业权,但劳动法、工会法和社会保障方面的基本原则仍是由议会根据 1958 年《宪法》第 34 条通过制定法律的形式确定的。2000 年法国成立了专门的劳动法典编纂委员会,历时 4 年整理完成了新的《劳动法典》,自 2008 年 5 月 1 日起适用。该法典由法律和法规两部分组成,共 9964条,分别用 L 和 R 标明。[4] 再如我国,1982 年制定的《宪法》仅有 4 个条文涉及劳动者权利:第 42 条公民有劳动的权利和义务,第 43 条休息权,第 44 条退休制度,第 45 条社会保险和社会救济。

劳工权利一直是巴西宪法高度关注的话题。早在 1934 年,巴西宪法就提出,建立劳动法庭,赋予政府确立最低工资的权力,保证工人罢工的权利。[5]1937 年宪法规定,"罢工是对劳资双方都有害的反社会行为,与国家的最高利

---

① 王海林:《巴西家佣的"历史性时刻"》,载《人民日报》2013 年 4 月 16 日。

② 《平权:巴西女佣终于有了加班费》,载《商业周刊(中文版)》2013 年 5 月 10 日第 9期。此前,2012 年年底,巴西众议院二读通过了该修正案(PEC)。当然,巴西宪法规定的劳动权利尚未全部使用于家政佣工,如夜班加班费和失业保险等方面的支付规定仍需再立新规。王海林:《巴西家佣的"历史性时刻"》,载《人民日报》2013 年 4 月 16 日。

③ Frank Dobbin, John R. Sutton, The Strength of a Weak State: The Rights Revolution and the Rise of Human Resources Management Divisions. *American Journal of Sociology*. Vol. 104 No. 2 (September 1998), p. 441.

④ 郑爱青:《法国劳动合同法概要》,光明日报出版社 2010 年版,第 1~3 页。

⑤ 董经胜:《巴西现代化道路研究——1964—1985 年军人政权时期的发展》,世界图书出版公司 2009 年版,第 15 页。

益相违背"。① 现行的 1988 年宪法第 7 条更是不惜笔墨,详细列举了 30 多项基本劳工权利:

第 7 条:下列权利属于城乡劳动者,其目的在于改善他们的社会条件:

(1)法律保护被雇主单方解雇或无正当理由解雇的雇员,关于解雇赔偿以及其他权利的法律另定;

(2)在非自主失业情况下享受失业保险;

(3)获得解雇赔偿基金的赔付;

(4)最低月工资,由国家法律统一规定,以满足劳动者及其家庭在居住、食物、教育、医疗、休闲、衣物、卫生、交通和社会保障等方面的基本生活需要,但该工资禁止被用于上述各项之外的其他目的;

(5)获得与工作范围和复杂程度相应的保底工资;

(6)不得降薪,除非集体合同或劳动合同另有约定;

(7)法律保证收入存在差异的劳动者的工资永不低于最低工资标准;

(8)年终奖励月薪,应以全额已付薪水或年金总额为基数;

(9)夜班工资应高于白班;

(10)薪酬受保护,法律规定克扣工资将构成犯罪;

(11)在工资之外,分享利润或收益,例外地,依法参与公司的管理;

(12)每个独立的低收入劳动者都可依法获得家庭补助;

(13)正常工作时间不应超过每天 8 小时,每周 44 小时,劳动者可以根据协议或集体谈判选择接受有额外补偿的工作获减少工作时限;

(14)除非经集体谈判约定,6 小时连续工作即构成一个工作日;

(15)每周休息时雇主付费,休息日首选星期日;

(16)加班费标准至少应比正常班高 50%;

(17)年度带薪休假期间的薪酬至少应比正常工资高出 1/3;

(18)女性的产假为 120 天,且不应导致劳动者失去工作和工资;

(19)新生子女的父亲可依法休产假;

(20)女性在劳动市场上依法获得特别激励和保护;

(21)遭解雇前依法获得提前告知,告知期应与服务期限成比例,至少 30 天;

(22)减少与健康、卫生和安全规范等相关的劳动风险;

(23)从事高强度、易致病或危险性工作可依法获得额外补偿;

---

① 董经胜:《巴西现代化道路研究——1964—1985 年军人政权时期的发展》,世界图书出版公司 2009 年版,第 17 页。

(24)(退休时取得)退休金;

(25)子女直到 5 岁都可以在日托或学前机构获得免费的照料;

(26)集体磋商合同和协议认可的内容;

(27)账户依法自动获得保护;

(28)工伤保险,由雇主支付,其不包括雇主存在故意或过失情况下的赔偿金;

(29)城乡劳动者提起的与劳动关系有关的债务纠纷诉讼,其诉讼时效期间为 5 年,在劳动合同终止后为 2 年;

(30)禁止任何基于性别、年龄、肤色或婚姻状况而设定的差别工资和用工标准;

(31)禁止在工资和用工标准上歧视有残疾的人;

(32)禁止任何基于体力、技术和智力工作或各种职业的歧视;

(33)禁止在夜班、危险或不健康工作中使用不满 18 岁的未成年人,使用 14 岁以上的未成年人做学徒除外;

(34)长期雇员和零工享有相同的权利。

家庭佣工确定地享有第 4 项、第 6 项、第 9 项、第 15 项、第 17 项、第 18 项、第 19 项、第 21 项和第 24 项下的权利,并且被纳入社会保险体系。[①]

除了宪法规定以外,巴西的劳动法源还包括联邦《劳工法典》(the Consolidation of Labour Laws,Consolidação das Leis do Trabalho,简称 CLT)。其初颁于 1943 年,后经多次修订,共有超过 900 个条文。巴西宪法中的劳动权利条款在确认(重申)已有的《劳工法典》规定的同时——比如 1946 年宪法第 157 条就确认了 1943 年《劳工法典》中的劳动者权利(但没有赋予劳动者参加工会和罢工的权利)——还通过增加新的劳动权利起到了对该法修订和补正的作用,1988 年宪法就将加班补助标准由 120% 提高到 150%,将女工产假由 3 个月(产前 1 个月,产后 2 个月)延长到 4 个月,将带薪假期的薪酬由原来月工资的 1/3 提高到 3/4。

三、巴西的劳动用工形式

除了家政佣工(Domestic employee),巴西劳工法还规定了 5 大类劳动用

---

① 巴西宪法 2010 年版葡萄牙语文本见于 http://www.wipo.int/wipolex/zh/text.jsp? file_id＝267224。更早的 1993 年版的英译本见 http://fxylib.znufe.edu.cn/new/ShowArticle.asp? ArticleID＝2783。2013 年 9 月 4 日访问。

工形式,分别是:正式劳工(CLT Worker)、实习生(Interns)、见习工(Trainees)、合作社员工(Cooperative Worker)和自我雇佣者(Self-employed)。

正式劳工即巴西《劳工法典》(CLT)所规定的劳动者,是巴西最主要的用工形式。其须满足"劳工社会援助标准法"(Carteira de Trabalho e Assistência Social,CTAS)要求的全部主要雇用条件,且与雇主之间具有合法有效的劳动合同关系,从而享有巴西劳工法所规定的全部权利并承担相应的义务。

实习生是在各类教育机构(如高中、大学、研究院或技术学校)正式注册的学生。他们有权兼职从事与所学课程有关的工作,每天工作时间不得超过 6 小时。除了带薪休假以及交通补贴外,实习生不适用《劳工法典》。不过,实习生虽然无权享受法定最低工资待遇,但大部分雇主会支付"实习生奖学金"(scholarship intern,Bolsa estágio),其金额甚至高过联邦最低工资。根据2008 年 9 月 25 日的第 11.788 号法律,雇主并没有向实习生提供社会保险的义务。因此,公司使用实习生的成本比雇用正式劳工的成本要低。

见习工是已经从教育机构毕业的学生,享有《劳工法典》规定的权利和义务。公司必须为其提供社会保障。只是由于还在接受培训阶段,其工资低于有经验的工人,但不得低于联邦最低工资。

合作社的工作人员与合作社之间不是劳动关系,前者更像是合作社的合伙人而非雇员(《劳工法典》第 442 条)。

自我雇佣者是在为自己工作,其向其他法律实体提供服务,而不必满足劳动关系下诸如服从上级、持续工作和按月取薪等法定条件。出于税收方面的考虑,实践中,自我雇佣者通常会注册自己的法律实体。[①]

四、家政佣工的权利

2013 年通过的第 72 号宪法修正案无疑使巴西家政佣工与正式劳工平权的进程又向前迈进了一步。除了之前已为宪法承认的权利外,此次修正案提出实行家政佣工工作证制度,赋予家政佣工每日 8 小时最长工作时间(最长 2 小时的午饭时间)、领取加班工资,以及适用解约基金(Fundo de Garantia por

---

① 以上 6 种用工形式,参见 Ligia Maura Costa. Brazilian Labour Framewor: Does Labour Law Matters for Companies Doing Business In Brazil? *Journal of Management and Entrepreneurship*, vol. 6, 2013, p. 16.

Tempo de Serviço,FGTS)规则等权利。[①]

1. 最低工资。巴西联邦政府有权决定最低工资额。各州也可以制定地方的最低工资标准,但要高于联邦标准。工会可以在与雇主签订的集体合同中约定行业最低工资标准,但其不得低于政府标准。2011 年 2 月,巴西议会通过法律,规定在未来 4 年内每年调整一次最低工资标准,调整幅度参考通胀水平及上年的经济增长速度。当年底,巴西总统罗塞夫签署法令,从 2012 年 1 月 1 日起将全国最低工资标准提高 14%,由 545 雷亚尔(约合 293 美元)提高到 622 雷亚尔(约合 334 美元)。[②]

2. 最长工作时间。巴西 1988 年宪法将最长工作时间设定为每天不超过 8 小时,每周最多 44 小时,雇主须为加班员工额外支付 50% 的工资。晚上 10 点到凌晨 5 点,属于夜班时间。其间,52 分 30 秒视为 1 小时。也就是说夜班工作 7 小时相当于 8 小时。

3. 带薪休假。员工带薪休假期间,雇主需要额外支付比正常工资多 1/3 的工资。[③] 而在 1988 年之前,带薪休假期间雇员的工资只能拿到正常工资的 1/3。[④]

4. 产假。巴西 1988 年宪法将女工产假由 3 个月(产前 1 个月,产后 2 个月)延长到 4 个月(120 天)。妻子生育的男性也获得了 5 天的"产假"(陪产假期)。[⑤]2011 年的宪法修正案允许女性有 6 个月产假,男性有 10—15 天的陪产假期。女性自怀孕到产后半年,雇主不得以任何理由将其解雇。[⑥]

5. 解约基金(FGTS)是一项强制性储蓄计划,设立于 1966 年,由政府性金融机构 Caixa Econômica Federal(ECF)负责运作管理。2013 年修宪后,巴

---

① 《平权:巴西女佣终于有了加班费》,载《(彭博)商业周刊/中文版》2013 年第 9 期,第 21、22 页。Emenda Constitucional no 72, http://pt. wikipedia. org/wiki/PEC_das_Dom%C3%A9sticas。2014 年 11 月 24 日访问。

② 官方数据显示,巴西共有 4000 万基层劳动者和退休人员的收入水平由最低工资标准决定。《巴西将大幅提高最低工资标准》,载《经济日报》2011 年 12 月 27 日。

③ 巴西宪法(1988)第 7 条第 1 款第 17 项。

④ Ricado Paes de Barros, Carlos Henrique Corseul, *The Impact of Regulations on Brazilian Labor Market Performance*, James J. Heckman, Carmen Pagés ed. Law and Employment:Lessons from Latin America and the Caribbean (Chicago and London:The University of Chicago Press,2004) 276, 277.

⑤ Ibid,277.

⑥ 兰莉敏:《巴西劳工法发展历程及其特征》,载《长江大学学报》(社会科学版)2011 年第 7 期。

西的家庭雇主要像企业雇主一样向 CEF 支付将相当于家政佣工工资 8％的金额。这笔钱将被划入作为受益人的佣工的个人银行账户。佣工在因雇主原因离职时有权提取其个人 FGTS 账户中的全部余额（如用以治疗重大疾病和购买居住用房）。此外，根据巴西法律，在由于雇主原因离职的情况下，雇主还要向雇员支付相当于后者 FGTS 个人账户全部金额 40％的现金赔偿，另有 10％须交纳给政府。① 非常明显，巴西宪法提高了家政佣工法律地位后，直接导致了一些家庭开支成本上升，自觉负担过重的家庭开始辞退原有佣工，一些职业女性也选择重返家庭，以便照顾孩子。

五、启示

巴西通过立法直接赋予家政佣工和劳动关系下的"劳动者"相同的劳动权利的做法（直接赋权模式），其立法成本虽然可以忽略不计，但责成个人（或家庭）雇主为家政工行使权利提供相应的便利，在实际操作中可能遇到诸如所谓法不责众，以及如何确保相关司法救济能够及时、有效等许多困难。

2012 年 11 月，北京市启动了家政服务企业员工制试点，首批 5 家企业同千余名家政工（保姆、月嫂或母婴护理师）签订劳动合同、缴纳社会保险，并提供免费培训。后者可与北京市职工一样享受医保待遇，退休可领取养老金。② "员工制"下，由于有了劳动合同关系，家政工属于家政服务公司的正式员工；家政公司与雇主（客户）签订合同，派遣家政工去工作，并向雇主收取相关费用，扣除 25％～30％管理费用后再向家政工支付薪酬。③

不同于巴西通过修改宪法直接赋权的模式，北京的"员工制"试点希望通过安排家政公司与家政工缔结劳动合同，将后者的身份由雇工转变为"劳动者"，从而改善其法律地位。我国现行劳动法律有意将雇佣劳动者排除在"劳动关系"及"劳动者"之外，这多少与其成型于计划经济时代的历史背景有关——计划经济时代正是以消灭私人劳动为己任的，而更早的法律则对于客观存在的雇工现象采取了承认和接纳的态度。《工会法》（1950 年）第 1 条明确规定工会会员的来源包括"中国境内一切企业、机关和学校中以工资收入为其生活资料之全部或主要来源的体力与脑力的雇佣劳动者"和无固定雇主的

---

① Ligia Maura Costa，2013. 解约基金也可译为遣散费基金。
② 温蕾：《家政试点员工制，保姆月嫂上社保》，载《新京报》2012 年 11 月 7 日。
③ 杨锋：《月薪 28800？ "天价月嫂"称不知情》，载《新京报》2013 年 12 月 21 日。

雇佣劳动者。① 应当说,这与当时的劳动用工状况是契合的。

北京的"员工制"改革明显有绕过、不去触碰现行立法有关雇佣劳动者法律地位的意图。这样做固然有很现实的考虑,但也存在着过于曲折的问题:法律将相关劳动权利赋予特定法律关系下的供职于"用人单位"的"劳动者",而非直接赋予每个有劳动能力且需要劳动的个体公民的。如果家政企业出于成本的考虑,并不热衷配合,"员工制"改革也就势必无法推行下去。或者家政公司出于自身利益考虑,要求家政工每月必须完成一定量的任务配额,就极有可能形成目前北京出租车业的乱象:大部分出租车司机名义上是出租汽车公司的职工,但其因在劳动合同之外与公司另行签订了承包或租赁合同,须按月向公司缴纳承包费(份子钱),从而实际上克减了出租车司机作为劳动者的应有权利——如休息权和劳动报酬权。② 殷鉴未远,不可不察!

可以肯定的是,对于家政佣工的平权问题,无论是巴西那样的直接赋权模式,还是像北京的"员工制"试点那样迂回曲折地诉诸"用人单位—劳动者"模式,在我国目前情况下都存在相当的难度。实现劳动平权目标(尤其是针对受雇于个人的雇工,包括家政工),任重道远。但唯其艰难,也正好表明,法律在这方面,还存在着很大的改善空间。

Identity Difference and Fair Treatment on Labor Rights: The New Trend of Brazil Legislation on Domestic Employee and Its Inspiration to China

Jiang Peng

Abstract: In 2013, 72nd Constitutional Amendment of Brazil granted the domestic employee same rights and obligations to formal workers, such as

---

① 1949 年 4 月 18 日,刘少奇在同中共天津市委员会的讲话中提出,"凡是出卖自己劳动力(包括体力的与脑力的),并靠薪水收入为主要生活来源或全部生活来源的,都可以加入工会。……凡以出卖自己制造的产品为其生活全部或主要来源的,如独立劳动者,哪怕半无产阶级,都不能加入工会。自由职业者,也不能加入工会。对于受雇佣的老妈子,现在以不组织为好。工人家属不能参加工会。产业工会应不分公营私营组织到一块。对经理等不要明文规定这些人不能参加工会,职员是工人阶级的一部分,大职员是特殊的。……脑力劳动者也是无产阶级的一个阶层,因此只要以薪金收入为其全部或主要生活来源的脑力劳动者,也可以加入工会,但属于私人工厂里的厂长、经理、人事科长等不能加入工会。"刘少奇:《在中共天津市委员会上的讲话》,中共天津市委党史资料征集委员会编:《刘少奇在天津》,天津人民出版社 1993 年版,第 8~9 页。

② 徐楠:《后公司时代的郑州出租车》,载《南方周末》2008 年 11 月 20 日。

minimum wage, maximum number of working hours, paid vacations, 13th salary, maternity leave, social security benefits, etc. However, in China, domestic employees are seldom mentioned by the Labor Law and kept away from the formal employee. They could only claim their rights by citing the Tort Law or labor contract. Comparing the two countries' legislation systems on statutory labor rights of domestic employee, it is clear that there is a long road to China's labor legislator to walk to provide an equally treatment to all kinds of China's workers including domestic labor.

Keywords: Brazil; domestic employee; labor rights